JN035306

MUSEUM
INFORMATICS
SERIES

8

博物館情報学シリーズ……8

ミュージアム・ライブラリと
ミュージアム・アーカイブズ

水谷長志［編著］

樹村房

「博物館情報学シリーズ」の刊行にあたって

今日の博物館はもはや建物としての博物館ではなく，今や地球市民に情報を提供するシステムへと変身した。情報社会の到来によって，これまでの娯楽，教育，教養が変化し，多かれ少なかれ日常生活はインターネットの恩恵を受けている。きわめてアナログ的世界であった博物館・美術館がデジタル世界との関係を発展させ，ネットワークで結ばれている状況も普通の姿になった。その意味で，ネットワークは地球市民と博物館・美術館をつなぐ大きな架け橋である。

20世紀の工業社会はコマンド，コントロール，チェックの3Cによって制御されていたといわれるが，21世紀の情報社会はコラボレーション（協働），コミュニケーション（双方向），コンプリヘンション（共通理解）の3Cによって構成される社会である。博物館，図書館，文書館のもつ文化資源の共通性とピエール・ノラのいう「記憶の場」すなわちコメモラシオン（記憶・記録遺産）も博物館情報学のキーワードであろう。暗喩的にいえば，博物館情報学はカルチャー，コメモラシオンの本質的な2Cの基盤の上に，上記の3Cが組み合わさって成立する学問体系といえるかもしれない。

現在，博物館界は情報に対してどのような取り組みをしているのか，今日までの到達点や研究成果を一度俯瞰してみようと「博物館情報学シリーズ」を企画した。以下，簡単に本シリーズの構成について述べておきたい。

第1巻は博物館情報学の基礎としての「情報資源と目録・カタログ」を中心にまとめた。第2巻は「コレクション・ドキュメンテーションとデジタル文化財」を取り上げた。これまでの博物館学の中で，正面から取り上げられてこなかった目録やコレクション・ドキュメンテーションを主題として真正面から取り上げたのは本シリーズの特徴であろう。第3巻は情報発信を重視しながら博物館のSNSを中心に「ソーシャル・ネットワーキング」について考察した。技術革新の最も速い分野であるため，本巻は内容のアップデートも必要であろう。第4巻と第5巻は博物館と来館者をつなぐコミュニケーションも情報によって成立する活動であるため，博物館機能としての「展示」活動と「教育」活動を取り上げた。第6巻と第7巻は，人工的に創りだす映像空間「プラネタリウム」と生態系施設「動物園・水族館」について焦点を絞った。これらの施設が如何にデジタルと関係が深いかが理解されるであろう。そして最後の第8巻は，博物館・図書館・文書館の連携の実践として「ミュージアム・ライブラリとミュージアム・アーカイブズ」を中心テーマとした。本シリーズの中でも目玉の巻のひとつである。

記述にあたっては，各巻とも専門的な内容に踏み込みながらも新書レベルの平易さで解説することを心がけたつもりであるが，中には耳慣れない専門用語が登場することもあるかもしれない。本シリーズがひとつの知的刺激剤となり，批判・言説・修正・再考を繰り返しながら，博物館情報学がさらなる進化を遂げていくことを切に願うものである。

2016年12月

企画編集委員を代表して
筑波大学教授　水嶋英治

まえがき

昭和27(1952)年，戦後，初の国立美術館として，京橋に開館した東京国立近代美術館(1-2章)。同年，一歩先んじて同じ京橋の地にブリヂストン美術館として開館し，2020年，全面リニューアル，名称も改めて開館したアーティゾン美術館(4章)。30年の長き準備室の時代をくぐり抜けて2022年の春，まさに本書を用意している今年，満を持して開館した大阪中之島美術館(3章)。そして，明治5(1872)年，近代日本の文教施設のほぼすべての濫觴(らんしょう)とも言える湯島聖堂大成殿の文部省博物局による博覧会から，今年，数えて150周年を迎えようとする東京国立博物館(5章)。

本書は，国立美術館，公立美術館，私立美術館，国立博物館のそれぞれに個性と語るに十分な歴史を有する4館のミュージアムの中のライブラリとアーカイブズについて，現場に軸足を置きつつ語られた報告である。

1章は，東京国立近代美術館での経験を中心に本書のイントロダクションとなるべく「ミュージアム・ライブラリの5つの原理と課題」を述べたものである[1]。

2章は，東京国立近代美術館の本館のアートライブラリにおける取り組みと情報資源の組織化を中心に，Mの中のLの様態を幅広く多様に，かつ手堅く述べたものである。

3章は，大阪中之島美術館に設けられたアーカイブズ情報室での収集と公開をアーカイブズの定義に遡り，ミュージアムにおける機関と収集のアーカイブズの二面にわたって論考し，述べたものである。

4章は，作品の歴史情報とその資料の集成行為を「ドキュマンタシオン」の語に収斂させて，美術館の中の学芸部門における専門職能が，より深い連携をもって協同／協働する姿を述べたものである。

5章は，東京国立博物館の資料館の中においてその役割を異にする情報資料室と百五十年史編纂室と情報管理室から，それぞれにＭの中での情報連携へのアプローチを述べたものである。

館（ミュージアム）の中のライブラリとアーカイブズの連携は，〈内なる〉MLAのトライアングルであるが，かつて同じ構図をRLG/OCLCでの要職を務められたジェームズ・ミハルコ（James Michalko）氏は，‘MLA under same roof’という秀逸なキャッチコピーとイラストで示してくれた。本書においてもしばしば現れるMLAの連携の諸相は，まさに本書の果たす役割の眼目を示すものの中心にある。

ＭとＬとＡにはそれぞれに仕事の流儀とマナーがある。その拠って立つ原理は，curatorshipであり，librarianshipであり，archivy[2]と呼ばれるものである。その原理には当然のことながら差異がある。それぞれがこの原理に則りつつ，かつ相互に連携することが，今日のＭ・Ｌ・Ａの可能性をさらに開き，そこにいっそうの愉悦があることをお伝えできれば幸いである。

2022年9月

編著者　水谷長志

引用参考文献・注

1：水谷長志「ミュージアム・ライブラリの原理と課題：竹橋の近代美術館での30年から伝えられること／伝えたいこと」『現代の図書館』57(3)，2019，p.107-117を改題して再掲。

2：Dictionary of Archives Terminology, SAA, archivy. https://dictionary.archivists.org/entry/archivy.html, (accessed 2022-07-03).

ミュージアム・ライブラリとミュージアム・アーカイブズ
もくじ

1章

ミュージアム・ライブラリの原理と課題
―― 竹橋の近代美術館で学んだ5つの命題から

はじめに ――5つの「命題」から学んだこと

筆者は1985年4月から2018年3月末日に至る三十余年，竹橋（千代田区北の丸公園）の東京国立近代美術館のアートライブラリに勤務し，18年の春から現職に異動している。

途中，2年余，乃木坂（港区六本木）の国立新美術館設立準備室を併任したが，竹橋のアートライブラリがキャリアのホームであった。ただし，着任時にはライブラリをもたない，屋根裏に書架の並びだけのある企画・資料課資料係員，文部技官研究職が私の肩書であった。当時，つまりは独立行政法人国立美術館以前（2001年3月以前）においては，東京・京都・奈良の国立博物館同様，東京・京都の国立近代美術館，国立西洋美術館，国立国際美術館は文化庁施設等機関である博物館相当施設であり[1]，そこに働くいわゆる学芸員は技官（研究職）であり，事務官とは別に存在し，その世界にいまは筑波大学となっている図書館情報大学卒が紛れ込んだのだった。西洋史を図書館情報大学以前の大学で学んだが，美術史も美学も博物館学や学芸員資格も無縁のままに美術館勤務が始まったから，「門前の小僧」状態であった。

当時，公開の美術館の図書室は東京都美術館にある限りであり[2]，上野の東京国立博物館に資料館はあったが，国立美術館には美術書と書架はあっても，公開のアートライブラリは１館とて無かったから，勢い，海外の art library の世界に知恵と情報を頼むほかなかったし，その動勢に同じく目を向けているらしい関係者も，のちにアート・ドキュメンテーション研究会（現学会，Japan Art Documentation Society, 1989-, www.jads.org，以下 JADS）をともに立ち上げた当時都立中央図書館に勤務のＨ氏と武蔵野美術大学美術資料図書館のＯ氏を除けば，ほぼ皆無のように見受けられた。

現在の JADS や美術図書館連絡会（The Art Library Consortium：ALC，以下 ALC，美術図書館横断検索のためのコンソーシアム，alc.opac.jp）の活動，あるいは新規開館あるいは大規模リニューアルの美術館には，ほぼ必置で公開のアートライブラリが計画図面に落とし込まれている現況は，まさに隔世の感がある。時間は確実に過ぎた。

けれども，本稿を準備する過程で，その時間の中で感得した知恵と原理を振り返るならば，私のキャリアのごくごく初期に遭遇した英米の美術図書館協会（Art Libraries Society：ARLIS）のファウンダーや主要メンバーがかつて提示した命題や問いかけが，一貫して，直面する課題の解決における重要な参照系であり続けたことが改めて確認されるのであった。

ゆえに旧聞に属しはするが，本稿においては以下，５つの「命題」から学んだことを紹介するをもって，本書の序章 —— イントロダクション —— となり，シリーズ最終巻の巻頭にふさわしからんことを願いたい。

1.1　ARLIS ファウンダー，TF の命題から学んだこと (1) ——つながること（co-operation）

ARLIS は 1969 年に英国において産声を上げた。1972 年に北米に飛び火して，ARLIS/UK & Ireland（以下，A/UK）および ARLIS/NA（North America）（以下，A/NA）と名称し，ほかに ARLIS を名乗る組織は，オーストラリア・ニュージーランド，オランダ，北欧，ドイツ等に拡大し，上述の日本の JADS もまた，ARLIS を名乗りはしないが（その由縁は後述する），ARLIS 類縁組織（affiliated-organizations）として位置づけられており[3]，例えば，A/UK の機関紙 *Art Libraries Journal*（以下，*ALJ*），A/NA の *Art Documentation* と JADS の『アート・ドキュメンテーション研究』の相互交換などの交流は継続されている。

ARLIS 誕生の直接のきっかけは，イースト・アングリア大学図書館の副館長であったトレヴァー・ファウセット（Trevor Fawcett，以下 TF）が *Library Association Record* 誌に投稿した一通の手紙から始まる[4]，と定説されている。

> 主題専門をもつ図書館員，あるいは稀覯（こう）書など特殊形態資料の扱いを専らとする図書館員はその専門を同じうする者たちとの間につくられる互恵的協力の体制（co-operation）のあることの有難味をいち早く理解するものである……ファイン・アートもアプライド・アートもすべて含んでの美術全般に携わる図書館員の間にも，早速にも互いのための協力組織をつくろうではないか。

との呼びかけが，同誌に載ったのが1968年3月。1969年，ARLIS創設大会を開き，同年10月に*Newsletter*を創刊，70年に22名の参加者によるセッションの開催，71年に会員名簿を刊行，72年の年次大会に北米からの参加者を得て，73年にはA/UKとA/NAの2つのARLISがアフィリエイトの関係を結んでいる[5]。

日本の美術図書館員の間にも，TFが主導し創設した美術図書館員による相互協力のネットワークの必要性が急速に高まったのが，1980年代の後半においてであった。そして，ARLISを名乗らないものの，1989年の発足時から，さまざまな経路においてJADSは，海外ARLISとの間にアフィリエイトの関係を築こうとしてきた。

1.2　ARLISファウンダー，TFの命題から学んだこと(2)——多様性(diversity)

1985年の年が明けてようやく春からの勤めが竹橋の近代美術館に決まったとき，その準備はまずは図書館情報大学図書館に幸いにも架蔵されていたA/UKの機関誌*ALJ*（創刊1976年）と1977年にほぼ10年の蓄積をもってA/UKが満を持して刊行した初のモノグラフである*Art Library Manual*（以下，*Manual*）[6]に目を通すことであった。この*Manual*および後日，1985年にIFLA Publicationsシリーズの34冊目となる*A Reader in Art Librarianship*（以下，*Reader*）をともに編集し，自らも寄稿しているのが，*ALJ*の創刊エディタであるフィリップ・ペイシー（Philip Pacey，以下PP）である。*Manual*のイントロダクションの冒頭に編者であるPPが引用していたのが，やはりTFのメッセージであった。

「完璧なるアートライブラリアン（The Compleat Art Librarian）」

と題する一文は，*Reader* にも復刻されていて，容易に当たれるのでぜひ全文をお読みいただきたいが[7]，PP が引いたのは，美術図書館員がまさに直面する困難とそれゆえの喜びを直截に語るメッセージから始まっていた。

> 美術図書館員の直面するもっとも顕著な困難は，扱う主題領域の圧倒的な広さである。おそらく，ほかのいかなる専門よりも，多種多様な資料とメディアを扱わなくてはならないだろう。印刷された文献資料のみならず，数限りないイメージとオリジナル作品の代替物に取り囲まれているのである。

編者である PP は，TF のこのメッセージを敷衍するかのごとくに，美術図書館が抱え，美術図書館員が対峙する資料とメディアの多様性（diversity）を本書の章立てに反映している（表1-1参照）。

もちろん，*Manual* はインターネット以前であるとともに，デジタルアーカイブの姿もない時代の産物であるが，この章立てに現れる多様な資料群のうち，現在のアートライブラリから姿を消したものは，一つとして無いのである。さらにアートライブラリの多様性は拡張していることを改めて本書に立ち返って確認していただきたい。

Manual 以後，例えば，Jones & Gibson の *Art libraries and information services: development, organization and management* (1986)[8] から，Benedetti の *Art museum libraries and librarianship* (2007)[9] に至るまで，幾冊かの良き美術図書館学のテキストとなるものも出版されているが，アートライブラリの資料の歴史とそれにふさわしい扱いの基本となるものを知るには，この *Manual* の存在

表 1-1　*Art Library Manual* の目次

1. General art bibliographies（一般美術書誌）
2. Quick reference material（一般参考図書）
3. The art book（いわゆる美術書）
4. Museum and gallery publications（美術館刊行物）
5. Exhibition catalogues（展覧会カタログ）
6. Sales catalogues and the art market（図書および作品の販売・オークション資料）
7. Standards and patents（規格と特許資料）
8. Trade literature（一般書籍目録）
9. Periodicals and serials（逐次刊行物）
10. Abstracts and indexes（抄録・索引誌）
11. Theses（学位論文）
12. Primary sources（一次資料，アート・アーカイブズを含む）
13. Out of print materials（絶版図書資料）
14. Reprints（復刻図書）
15. Microforms（マイクロ資料）
16. Sound recordings, video and films（録音・映像資料）
17. Slides and filmstrips（スライド・フィルム）
18. Photographs and reproductions of works of art（資料写真・複製美術品）
19. Photographs as works of art（作品としての写真）
20. Printed ephemera（チラシ・パンフレットなど散逸しやすい印刷物［エフェメラ］）
21. Book design and illustrations（装幀・挿画資料）
22. Artists' books and book art（アーティスト・ブック，作品としての本）
23. Loan collections of original works of art（美術図書館が館外貸し出しする作品）
24. Illustrations（イラストレーション）

の意義はいまなお大きく，まだまだ継続するだろうし，立ち返るべき基本書であることをここに記しておきたい。

1.3　アメリカのAMLの先駆者，JWの一生から学んだこと —— 一人図書館員(one person librarian：OPL)の悩みと矜持

アートライブラリの相互協力のためのネットワークとその資料の多様性を維持保証するのは，あくまでもその当事者である美術図書館員を置いてほかにはない。一人図書館員(one person librarian：OPL)であることの多いアート・ミュージアム・ライブラリ［アン］（以下，AML）にとって，とりわけ「門前の小僧」のごとき1985年の，当時の私にとっては，*Reader*に再録されているジェーン・ライト（Jane Wright，以下JW）が1908年の*Public Libraries*に寄稿した「美術図書館員の願い（Plea of Art Librarian）」に現れる以下の切々たる心情が強く共感された。

> 美術図書館は，広くは知られてもいませんし評価されているとも言えません。加えて，学芸員やほんのわずかの学生の利用のために主として存在している，と言ってよいでしょう。しかし，この国で博物館や美術館がさらに発展するに従って，美術図書館の重要性はいよいよ増してきました……本や銅版画や写真やその他いろいろに納められ，蓄積されてきた過去の豊穣な遺産を，より有効に利用者に供すること，これ以上に，図書館員にとって刺激的でワクワクする仕事がありましょうか。

このようにAMLの将来への夢と仕事の喜びを語る一方で，JWは，

美術館の図書室に勤めたことが私にとっては間違いではなかったか，と心の底で疑問に思うことがある……たしかに私が体験する世間はひどく限られたものでありますし，皆が言うようにどんな街であっても，美術に関心のある人間などその数はさしたるものではないのでしょう……私は人知れず，一人で，助けてくれる人もなく，ごく限られた人々のために，多くのものを用意しながらそのうちのほんのわずかしか提供できないまま働いています。

という弱気もまた垣間見せていた。

2008年，A/NAの機関誌*Art Documentation*にJWのこの一文が100年を経て，JWと同じシンシナティ美術館のライブラリアンによって紹介されている[10]。

これまで，「(JWが) インテリジェントでハードワーキングな人」と評されてきたこと，JWの「願い」が，OPLのミュージアム・ライブラリアンからの歴史的にも最初の呼びかけとして，たびたび，引用されてきたと書かれていた。

*International Bibliography of Art Librarianship*をまとめたパウラ A. バクスター（Paula A. Baxter）は，この「願い」の解題において，「ジェーン・ライトによるこの美術図書館員のミッション・ステートメントは予言的（prophetic）ですらある」と述べていた[11]。

なぜこのようにJWの「願い」は美術図書館の文脈で飛びぬけて高い顕彰を得てきたのだろうか。歴史的に嚆矢ということはたしかにあるだろうけれど，想像するに，いずこのAMLでも，そこに働くOPLは，JWとまったき同じ感慨を，一度はもってきたに違いない。すでに美術館の中に公開のライブラリがあることが，相当程度に一般化した現代にあっても，その思いに変わらないことは多いだあろう。

このJWの「願い」をJADSの『通信』に全文を翻訳した由縁にも通底するのだが，OPLという事態がAMLの宿命的側面の一つであることは，改めて確認しておくべき重要事である[12]。

JWは，1908年にこの「願い」を寄稿して間もなく，シンシナティの美術館からプリンストン大学の美術・考古学部の博物館・図書館に異動した。そこでは，多分，OPLではなく，シンシナティでの嘆きもなかっただろう。

1929年6月8日の *The New York Times* の訃報欄は，'Miss Wright, Expert on Art, Curator at Princeton University Museum' が長いヨーロッパ漫遊の旅からの帰国の途上，パリにおいて客死したことを報じていた。

先に紹介したA/NAの *Art Documentation* 誌の記事には，1907年，シンシナティ美術館のライブラリ，天井高く，ギリシアのカリアティードも施された室内にたたずむJWが右手奥に小さく写し込まれている（図1-1）。その姿からは，『パリのアメリカ人』というよりも『旅情』のキャサリン・ヘップバーンが演じたジェーンを思い起こしてしまう。が，いずれにせよ，AMLの先駆者としてのJWの「願い」はいまなお生き続けているということであろうし，その願いに込められた「予言」が当たっているか否かは，いまこそ問われているということなのだろう。

現状のミュージアム・ライブラリの「人」の課題は，以下の章において触れる「空間」や「資料」の課題と並んで，大きな陥穽あるいは変え難い特性を抱えている事実に触れないわけにはいかない。

東京国立近代美術館の本館にあるアートライブラリは，現在職制

図 1-1　*Jane Wright (standing), Cincinnati Art Museum Library, 1907. Photograph courtesy of Mary P. Schiff Library & Archives, Cincinnati Art Museum and ARLIS/NA.*

上，企画課情報資料室であり，室長は主任研究員または研究員（独法以後「官」の字は使わない）が専任として配置されており，専任としてはOPLであるが，その元には研究ないし事務補佐員が複数名と補助的業務委託等協力者が配置されているから，全体から見ればまったくのOPLとは言えない。

本館情報資料室長は，現在，三代目を数えている。開館以来，2012年に60周年を迎え，間もなく70周年にもなる機関の1ポジションが，わずかに三代というのは，国立美術館の全体を見渡しても，ほかにあまり例を聞かないが，在京3国立美術館においては同じ役目を果たす室長の在任期間を想像するに，大きな変動は予見できない，というきわめて特徴的な人事ポジションであることを指摘できる。

初代および二代，つまりは筆者は司書資格者ないし図書館情報学専修のシングル・デグリーであった。美術については，繰り返すが，「門前の小僧」であったし，初代はOJTによって，日本近代美術家についてのもっとも優れた美術書誌・年譜の編纂家として，圧倒的に多数かつ精緻な業績を残す高名な先達であった。

現在の在京三館の情報資料室長（東京国立近代美術館，国立西洋美術館，国立新美術館）においては，すでに大きく様変わりして，美術史の博士号取得者，博士候補有資格者を含んで学位保持者であり，美術史のファースト・デグリーのうえに，司書有資格者あるいはアーカイブズ学の既習者となっており，他専門図書館分野に先んじてダブル・デグリー相当がその任に当たっている。この傾向は一部，公私立美術館においてもその萌芽が見て取れるのであり，大筋において，図書館員の専門性を鑑みるに，歓迎すべき変化である，とともに今後の人材の継続的発見，および職域の保全，確保において，在任期間を含んで，これまで以上の慎重さが求められていくことは必定であろう。

一方，国立美術館において，室長のもとに現実のライブラリを底支えするスタッフが，任期5年間厳守の補佐員であることの限界は，室長がOPLであることとともに，いっそう，決定的な制度的陥穽としてあり，筆者には変革の手の及ばない圧倒的壁であったが，少なくとも現在なお，同様である事態が続いている。同等に近い状況は，ALC参加館にもほぼ共通しているのが，実はミュージアム・ライブラリの多くの課題の筆頭であると言ってもよいかもしれない。

1.4 NAL, V&Aの館長JvWとの対話を通して学んだこと —— なぜ, ARLIS/Japanではなかったのか？

1969年に誕生したARLISは, A/NAの発足とともにA/UKとなり, 1976年に同組織は, *Newsletter*とは別個に本格的機関誌*Art Libraries Journal*（以下, *ALJ*）を創刊した。同誌は, 現在なお, A/NAによる*Art Documentation*と並んで, あるいはIFLA美術図書館分科会のセッション報告を掲載することを鑑みれば, やはり世界のアートライブラリアンにとっては, もっとも頼りになり, 期待の大きいリーディング・ジャーナルである。

*ALJ*は, 時折, 国別特集号（special issue）を組むが, 2013年のVol.38, No.2の特集は"art documentation in Japan"であった。筆者は, その巻頭において, 'Art Libraries and art documentation in Japan, 1986-2012: progress in networking in museums, libraries and archives and the Art Libraries' Consortium'を寄稿する機会を得たのであるが, ARLISの発祥であるA/UKの機関誌に寄稿する, しかも歴史的概観をベースに語るとき, 1989年のアート・ドキュメンテーション研究会の発足について, とりわけ,「何故, ARLIS/Japanでなかったのか？」から説き始めないわけにはいかなかった。

以下, *ALJ*の寄稿拙文の元になる和文に適宜手を入れて再録することをもって, 本章の疑問符に答えることとしたい。

1. JADS, 1989- なぜ, ARLIS/Japanではなかったのか？

伝統あるARLIS/UK & Irelandの*Art Libraries Journal*が日

本の美術図書館，アート・ドキュメンテーションおよびこの語を含む私たちのJADS，そしてデジタルアーカイブの近況について報告する特集を組むことを快諾された本誌編集委員会にまず深く感謝の意を表したく存じます。

筆者は，本誌（*ALT*）に寄稿するのは3度目でありますが，1度目は1988年のIFLAシドニー大会美術図書館分科会でのプレゼンテーションの再録[13]で，2度目はJADSの誕生を報告する1989年の記事でした[14]。

1989年の記事にあるように，日本にはARLISのような美術図書館を横につなぐ美術図書館員のための職能組織は1989年まで存在していませんでした。ARLISおよびIFLA美術図書館分科会の存在については，決して多くはないものの，注視している美術図書館員が日本にもいました。その証拠にJADSの誕生，さらには1986年のIFLA東京大会の開催に先んじて，日本の美術図書館およびアート・ドキュメンテーションに関わる課題を当時，武蔵野美術大学美術資料図書館の事務長であった大久保逸雄さんが，IFLAマニラ大会美術図書館ラウンドテーブル（1980）において提起していたのですから[15]。

ARLIS/Japanに相当する組織の無いままに迎えた1986年のIFLA東京大会の美術図書館分科会のセッションは，当時の同分科会議長であったマーガレット・ショーさん（Margaret Shaw，Librarian, National Gallery of Australia）の卓越したオーガナイズとナンシー・アレンさん（Nancy S. Allen，Librarian, Museum of Fine Art, Boston）をはじめとするエレガントなプレゼンテーションによって，成功裡に幕を閉じて，同席した日本の美術図書館員に大きな感動と日本にもARLISが必要なこと，そしてさらにIFLAとの連携の強化を図ることの重要さを改めて認識させました。

その意味では，JADSはIFLA東京大会の申し子であり，海外ARLISの先輩諸氏の導きによって誕生したと言えましょう。

では，なぜJADSであって，ARLIS/Japanではなかったのでしょうか。そしてこの命名の功罪は発足から20年余を経過して，どういう結果をもたらしたのでしょうか。

筆者は，1989年のJADS創設時の状況を*Art Libraries Journal*への第2の寄稿文において，次のように説明していました。

> 私たち日本の美術図書館員は欧米のARLIS同様，関連する研究者，学芸員，美術史家，編集者，出版者そして情報学の専門家たちを含んで，きわめて広い領域からの参加を望んでいます。図書館員ではない，このように広く多様な領域の専門家に向けて「図書館」の語を発するとき，残念ながら，ただひと度でも，この語の使用をもってただちに，縁遠い組織との感をもたれる傾向が想像されましたし，その感は事実，強くありました。多様なフィールドとの間に共通し，かつ喫緊の関心事を，ともに集い，協議し，共有化するために，あえて組織の名称から「図書館」の字句を除いて，「アート・ドキュメンテーション」を採用したのです（ただし，個人的感懐ではあるのですが，「図書館」という語へのこのように一般化されがちな感応自体については，日本固有のものであり，かつ私自身は，そのことを受け入れるのに積極的ではないのです。「図書館」という語にあるところの精神的な，かつ高貴ともいえる何かを尊ぶこと，

そしてなお，アート・ドキュメンテーションの活動から「図書館」の消えないことを願うのです)。

上記段落の末尾に位置する（　）内の筆者個人の感慨に対し，後にJADSと国立西洋美術館が招聘講演をお願いしたヴィクトリア・アンド・アルバート美術館（以下，V&A）の図書館の —— ここは国立美術図書館 (National Art Library) の名称を冠しているのですが —— その館長であるヤン・ファン・デル・ワテレン氏（Jan van der Wateren, Curator and Chief Librarian, National Art Library, Victorian and Albert Museum，以下 JvW）は，JADSの命名について，「［ライブラリ］の格調高い歴史にもかかわらず，今の時代にこの「ライブラリ」や「ライブラリアン」の言葉を取り除いたことは，一つの革新的な動きであると考える」[16] と評したことがあります。

以後のJADSの活動は，JvWの評価を実践するように，日本において図書館の枠を超えて領域横断的，学際的な活動を示して，他に類を見ないユニークな団体として地歩を固めました。さらに，2009年（JADSの20周年）を境に，日本の多くの文化遺産継承機関とその関係者を巻き込んで議論が進んでいる，いわゆる「MLA連携」を最初にかつ継続的に提起してきたのがJADSであり，その源には，“hope for the participation of people from a wide range of fields”があったがゆえであります。ただし美術図書館員の職能団体として見る限りにおいては，今日の日本の図書館員，特に専門図書館，なかでもミュージアムのライブラリにおける人事的専門職能制度の脆弱さに対し，有効な対応策をJADSが示しえなかったという強い反省の念があるのも，また事実でした。

以上，長い旧稿の和文原稿の再録となったが，ARLIS/Japan ではなく JAD（ocumentation）S となった由来と「MLA 連携」の萌芽は，かくのごとくに連絡していたことを改めて歴史的経緯として記しておくことの必要を強く感じたがゆえであることをご理解いただけたら幸いである。

1.5　AL & AA, MoMA 館長 CP の問いかけから学んだこと——部分と全体：あるいは分担(artels)／分散と集中(monoliths)

ロンドンには JvW が館長を務めた国立美術図書館を名乗る V&A の図書館以外にも多くの優れた美術館図書室があって，テイト・ギャラリーのライブラリをはじめ，すぐにいくつも指おり数え上げることができるし，美術資料写真のウィット・ライブラリ，亡命ドイツ人アビ・ヴァールブルク（Aby Warburg, 1866-1929）の創始によるウォーバーグ研究所（The Warburg Institute）のライブラリもまた，美術／文化史図書館として異彩を放っている。だから，V&A にナショナル・アート・ライブラリがあっても，そこが英国の美術図書のすべての領域をカバーするわけではないのは，当然である。

もともとは A/UK の発起人の一人であり，英国から NY に渡って，ニューヨーク近代美術館，MoMA のアートライブラリ（AA）／アートアーカイブズ（AA）を担って館長となったクライブ・フィルポット氏（Clive Phillpot，以下，CP）が 1988 年に提起した命題は，いまこそ日本のアートライブラリの今後を考えるうえで，きわめて示唆に富むものと思われる。最後の 5 つ目の命題として，現実的な課題の明示化と解決のためのささやかな糸口になることを願いつつ，その論考の一端を紹介したい。

CP の論考は「国立美術図書館：モノリス or アルテル」と題するもので，A/UK の *ALJ* の 1988 年の号に載ったものだが，初出は英国ブライトン IFLA 大会美術図書館分科会での発表ペーパーである[17]。前述のとおり，*ALJ* は IFLA 大会の美術図書館分科会での成果を再録することが多く，その意味でもキー・ジャーナルとなっている。

さて，モノリス（monolith）とは，「一枚岩」と訳せばよいものだろうが，スタンリー・キューブリック監督の映画『2001 年宇宙の旅』に度重なって現れる硬質かつ漆黒の，すべてを拒絶しなおすべてを飲み込むかの完全無比の存在を想起させる。アルテル（artel）とは，旧ソ連邦での「組合組織」の意だが，CP の論考の文脈では，かつて OCLC と並び，米国研究図書館の書誌ユーティリティであった RLIN を稼働させた RLG（Research Libraries Group）という組織体とこれを形成する個々の研究（専門）図書館を指している。

CP が，‘Monoliths or Artels?’ と問うた命題はこうだ。

> 唯一無比の完璧な国の美術図書館は，唯一の国立図書館よりもはるかに夢想的であり，現実的ではない。国内のすべての美術図書館の総体（集合体）をもってして初めて「ナショナル・アート・ライブラリ」となることが可能であり，かつ美術図書館の多様性や豊富なアクセスや収集方針の幅の広さなどをいっそう保持しうるのである。そのためには，効率的な「調整」と最大限の「協力」を最小限の一極「集中」でもって，行うことが必要なのである。美術図書館の共同体的同盟（RLG こそ今その好例であるのだが）によってこそ唯一無比の「モノリス」的

図書館をはるかに凌駕する国の美術図書館となるのである。

CPの本論の初出は，1987年であることに注目していただきたい。CPにとってRLGこそは，アートライブラリにとっての好ましいartelであったし，1980年代の末にRLGを背景に大きな成果を残したAAPC（Art and Architecture Program Committee）の活動は幅広く喧伝されていた。その後の曲折の結果，AAPCの精神と活動はOCLCへと移り，ADGC（Art Discovery Group Catalogue）[18]やThe Future of Art Bibliography[19]へと結実していると言えるだろう。

本稿において最後にCPの命題を取り上げた本旨は，AAPCやADGCを紹介することではない。

「モノリスではなくアルテルを！」と説いたCPのメッセージそのもの，あるいは美術図書館という一専門主題の図書館における「部分と全体」の課題と言ってもよいだろう。

その課題を2面として挙げるならば，

・「部分と全体」の課題 — その1：「部分」の総和が一国の美術および美術資料の「全体」となるための「つながり」
・「部分と全体」の課題 — その2：「全体」の一部となりうるための「部分」としての個々の美術図書館，とりわけ美術館図書室の備えるべき「要件」

という，2つの検証が今後いよいよ必要になる。

美術館の図書室においては，例外なくいずれの図書室においても筆頭に数え上げられる資料であるのが，展覧会カタログである。展覧会カタログを例にこの2面について考えてみよう。

かつて残念ながら2004年10月末日をもって閉館したが，展覧会カタログのための専門図書館，アートカタログ・ライブラリー（財団法人国際文化交流推進協会）が赤坂にあって，そのすべてのカタログを移管継承した国立新美術館が設立準備室だったころ，同室のニュース誌に「夢の砦 — アートライブラリ　展覧会カタログのために」[20] と題し，次の一節を書いたことがある。

人々が行き交うように，作品も，いま，静かに安全に細心に，運ばれていきます。／美術館から美術館へ，個人のお宅から美術館へ，道路を，空路を，山を越え，海を渡り。／そして，展覧会は開かれて，閉幕とともに，ふたたび，静かに，もとの安息の地へ帰ります。／展覧会は，このように作品が集まり，また，散りゆく，一刻（ひととき）の夢の場です。わくわくしませんか。そして，夢の面影（おもかげ）は，観る人の心のうちとカタログ（図録）に残ります。私たちは，アートライブラリ（美術図書室）を作ります。そこにある主役は，一期（いちご）の夢をよみがえらせる，展覧会のカタログです。

この拙文は，旧アートカタログ・ライブラリーの蔵書を含んで当時の ALC の参加館（すべてではないが）のカタログにより編まれた『展覧会カタログ総覧』の序文「夢の砦 — 展覧会カタログのため」にも引いたように[21]，「（展覧会が終われば）残るのは“カタログ”」[22] だけであり，かつそのカタログの，例えば明治以降現代までの，すべからくの総体は，カタログを第一の資料とする美術館図書室の誰もが，その片鱗すら垣間見たことはないのである（図 1-2 参照）。

美術図書館員はボルヘスの『バベルの図書館』のつぶやきに倣うまでもなく，「美術図書館があらゆる展覧会カタログを蔵していると公表されたとき，その第一印象は途方もないよろこびといったも

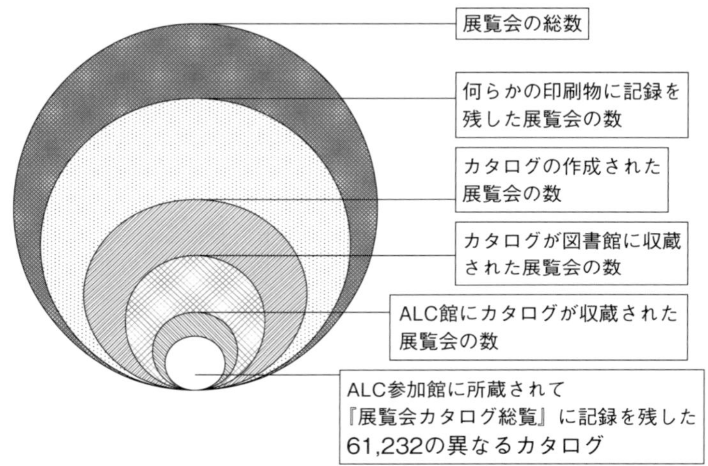

図 1-2　展覧会とそのカタログ — 数の見通し

のであった」と内心思い続けてきたのである。

ALCが誕生した2004年以来の展覧会カタログに関わる「夢」は，少しずつ参加館も増えて実現に近づいているし，検索技術も向上したが，この組織の名称にある「C」，すなわちConsortiumが，CPが思い描くartelに成長するまでの道のりはまだ遠い。遠いながら，「つながり」の結構は築けている。「部分と全体」の課題 — その1は，すべてではなくとも路線は描けたと言ってもよいだろう。

「部分と全体」の課題 — その2の「要件」の筆頭第一は，JWの章で触れた「人」だ。

筆者の竹橋でのキャリアにおいて，2002年の公開のアートライブラリの開室によって，いったんは解消したものの，間もなく旧に復して，苦戦が復活した最たるものは，そしてALC参加館はもとより，見聞するほとんどすべてのミュージアム・ライブラリの抱える最大の課題は，「空間」，資料の置き場所そのものである。

竹橋で言えば，開室の当初から資料の一部は外部倉庫に置くことを始めざるをえなかったし，その後も拡大こそすれ，縮小は無い。2012年に刊行した『東京国立近代美術館60年史』の「本館の情報資料事業」[23]において，最も字数を費やしたのは，まさに書庫スペースの獲得までの苦戦する「歴史」であった。

初代の資料係長には退職の最後の最後まで，京橋から竹橋への美術館の移動再開によって全き新館を得たにもかかわらず，屋根裏部屋の書架の並び以上には書庫と呼べるものを確保されることはなかった。

ここで改めて「部分と全体」を思い描くならば，「つながる」個々の「部分」の内実の明晰化が必要であり，それは共同分担蔵書構築のスキーマを描くことによる蔵書範囲の限定化を意味することであろう。

かつてA/UKの草創時にTFが示した2つの命題，「つながること」(co-operation)と「多様性」(diversity)は，CPの「モノリスとアルテル」の対比からアルテルを選択する思考と行為のうちにおいて，まさに継承され，内在化しているのだ，と思われるのである。

おわりに —— IFLAという傘のもとに

MoMAのフィルポットさんやボストンのアレンさんは1986年のIFLA東京大会に出席され，初めて日本で開催のIFLA美術図書館分科会は盛況のうちに幕を閉じた。

筆者はJADS，あるいは日本のARLISはこの1986年をもって始まると幾度か書きもし，口答で発表もしてきた。

IFLA 東京大会をはさんで長くこの美術図書館分科会の議長を務めたマーガレット・ショーさん（Margaret Shaw, Former Librarian of Australian National Gallery, Standing Committee member, and Chair of and Honorary Adviser to IFLA Section of Art Libraries）は，2007 年の *ALJ* に 25 年の IFLA 美術図書館分科会の歴史を振り返る論考において，本分科会が多くの世界中からの（'from around the globe'）アートライブラリアンを引き合わせ，かつその国の（'in the locality'）美術図書館員を結び付ける組織を生んできた。日本の JADS こそまさにその顕著な（notable）事例である，と指摘していた[24]。

ショーさんは，この論文の「結語」において，美術図書館にこそ，まさにふさわしいメッセージを書き綴っていた。その 3 つのメッセージを紹介することをもって，以上長くなった本稿も閉じることにしたい。

- art, by its nature, international
  美術は，元来，国境を超えるものである。
- IFLA puts special libraries, including art libraries, in a broader, general context
  IFLA は，美術図書館を含んで，専門図書館を図書館の世界全般の広い文脈へと開いている。
- participation gives an unparalleled chance to network with colleagues from around the world
  （IFLA のような図書館員の集うところへ）参加することは，世界中の同僚とつながる比類なきチャンスをもたらす。

付記

本稿は，特集「博物館・美術館の図書室をめぐって」（『現代の図書館』57-3, 2019）巻頭拙稿の標題などに一部加筆修正したものである。再録掲載をご許可くださいました日本図書館協会ほか関係各位に感謝いたします。

引用参考文献・注

1：2007年に国立新美術館が，2018年に国立フィルムアーカイブが新規開館し，独立行政法人国立美術館は6機関となり，いずれも図書室を有し，後述のALCへも京都を除き参加している（2019年9月23日時点)。

2：野崎たみ子「美術図書室の四半世紀」『美術フォーラム21』(3)，2000, p.76-79.

3：https://www.arlisna.org/about/affiliated-organizations, (accessed 2019-09-23).

4：Fawcett, Trevor, ART LIBRARIANS, *Library Association Record*, March, 1968, reprinted in 5).

5：Penny Dade comp, *ARLIS at 40: a celebration*. London: ARLIS/UK & Ireland, 2009. ちなみに2019年はA/UKの誕生50周年にあたる。

6：Pacey, Philip ed., *Art Library Manual*, London: Bower, 1977, 423p.

7：Fawcett, Trevor, The compleat art librarian, *ARLIS Newsletter*, No. 22, 1975, p.7-9, reprinted in *A Reader in Art Librarianship*.München: Saur, 1985.

8：Jones, Lois Swan, and Gibson, Sarah Scott, *Art Libraries and Information Services: Development, Organization and Management*, Orland: Academic Press, 1986, 322p.

9：Benedetti, Joan M. ed., *Art Museum Libraries and Librarianship*. A Co-Publication of ARLIS/NA and Scarecrow Press, 2007, 312p.

10：Chapin Mona L., Jane Wright: Art Librarian. *Art Documentation*, Vol.27, No.2, 2008, p.56-58.

11：Baxter, Paula A. ed., *International bibliography of art librarianship: an annotated compilation*. München: K.G. Saur, 1987, v, 94p.

12：水谷長志「ジェーン・ライト（Jane Wright, 1879-1929）ふたたび」『アート・ドキュメンテーション通信』(84)，2010, p.14-15. 全訳文の掲載：『アート・ドキュメンテーション通信』(2)，1989, p.8-10.

13：Mizutani, Takeshi, The new trend to share research materials and information among national art museums in Japan, *ALJ*, Vol.13, No. 4, 1988, p.11-14.

14：Mizutani, Takeshi, The Japan Art Documentation Society and art librarianship in Japan today, *ALJ*, Vol. 14, No. 3, p.5-6.

15：Okubo, Itsuo, Problems in art history documentation in Japan, *ALJ*, Vol. 7, No. 4, 1980, p.25-33. 邦文：「日本における美術史ドキュメンテーションの諸問題-1・2」『図書館雑誌』75（10・11）.

16：ヤン・ファン・デル・ワテレン著，横溝廣子訳「アート・ドキュメンテーション研究会第4回講演会：美術館情報処理システムの諸問題：ヴィクトリア・アンド・アルバート美術館を中心に」『アート・ドキュメンテーション研究』(3)，1994，p.3-11．原題：Some issues in data management systems in museums and libraries: experiences in the Victoria and Albert Museum.

17：Phillpot, Clive, National Art Libraries: Monoliths of Artless? *ALJ*, Vol.13, No.1. 1988, p.4-8. Text or a paper presented to the IFLA Section of Art Libraries at Brighton, August 1987.

18：https://artdiscovery.net/, (accessed2019-09-23).

19：https://www.getty.edu/research/institute/development_collaborations/fab/, (accessed 2019-09-23).

20：[無署名]『[国立新美術館設立] 準備室ニュース』(2)，2005.3，p.[5].

21：日外アソシエーツ株式会社編集『展覧会カタログ総覧』日外アソシエーツ，2009，2巻.

22：高階秀爾「〈新美術時評〉残るのは“カタログ”」『新美新聞』(623)，1991，p.7.

23：水谷長志「本館の情報資料活動」『東京国立近代美術館60年史』東京国立近代美術館，2012，p.159-168．なお，2019年夏時点の東京国立近代美術館アートライブラリの現況は下記文献に詳述。長名大地「東京国立近代美術館における図書館業務：美術館と図書館との連携への展望について」『大学図書館研究』(112)，2019．p.2039-1-2039-12.

24：Shaw, Margaret, Twenty-five years of international art library co-operation: the IFLA Art Libraries Section, *ALJ*, Vol. 32, No.3, 2007, p.4-10.

コラム1　美術書誌編纂家（アート・ビブリオグラファー）という生き方

たかだか学部で学んだ程度では，そこが唯一の国立の図書館情報学の単科大学であったとしても，しかも3年次編入だから2年間そこそこの蓄積では，美術館の中のアートライブラリを実質一人で切り回すことなどできるはずもないのだから，必然，先達の仕事をトレースすることからにわか勉強を始めるほか手立てはなかった。

東京国立近代美術館の発足は，この原稿を書いている2022年から70年前，1952年，京橋の旧日活ビル，いまの国立映画アーカイブの地に，最初の国立美術館として始まった。2022年は東京国立博物館の150周年だから，国立美術館は国立博物館のほぼ半分の歴史となるわけだ。

東京国立近代美術館発足から2年後に着任された土屋悦郎さんが私の前任者で資料係長（文部技官／主任研究官）でいらした。文部省図書館職員養成所を出られて，一時，千葉大学の図書館で働かれた土屋さんは，国立美術館の創設の報に接するや，すぐさま当時の調査係に転属を希望されたと聞いたことがある。

『東京国立近代美術館60年史』（2012）の「12．東京国立近代美術館の情報資料事業」に書いたことであるが，京橋から竹橋へ移転（1969）して，名称も東京国立近代美術館となっていたが，新館構想の中にはあっただろう公開の図書室は，移転後の現実空間に見いだされることはなかった。資料係と言えども研究官であるからには，記名の研究業績を積まねばならいゆえ，その注力のターゲットは，図書室の構築が空想的現実を超えない以上，いきおい記名性が担保される日本近代美術家書誌・年譜に傾注されたのは必然であったし，東京国立近代美術館で開催された日本近現代作家の個展の図録にはほぼすべてにわたり，土屋さんの手になる，いまなお手本となり，範とすべき美術家書誌・年譜が掲載されている。私たちがいま日本作家の文献や事績を調べるにあたって，土屋さんの業績こそは，「巨人の肩」であり，そこに立ってさらに高みへと歩を進めることができたのである。

もうお一人の先達として着任早々にお会いしたのは，当時の東京都美術館の美術図書室で，やはりすでに美術書誌を手がけられていた中島理壽さんで，しばらくしてインデペンデントな書誌編纂家として（ご自身は美術ドキュメンタリストを肩書とされて），土屋さんのあとを引き受けるかのように（これはあくまで私見だが），次々と公私立美術館の図録はもとより，画廊展の図録や出版社画集など，そのご活躍の場は広がり多岐にわたった。その集大成ともいうべきものこそが，『美術家書誌の書誌：雪舟から束芋，ヴァン・エイクからイ・ブルまで』（勉誠出版，2007）[1] であろう。東京都美術館の美術図書室は公開の美術図書館の嚆矢であるのだが[2]，そこには中島さんと同じく，都職員の司書が東京都立中央図書館から配置されていた。現在の東京都歴史文化財団グループの管理・運営下にあるのとでは，やはり大きく状況は異なっていた。中島さんのご同僚であった野崎たみ子さんや加治幸子さんが美術図書室の公開運営業務の主軸を務められつつ，やはり野崎さんは『1920年代・日本展：都市と造形のモンタージュ』（朝日新聞社，1988）に所収の「ドキュメント｜新興美術の動向 1920-1927」[3]，加治さんは『創作版画誌の系譜：総目次及び作品図版 1905-1944 年』（中央公論美術出版，2008）という，まことに優れた書誌を遺されている。

「巨人の肩の上に立つ」とき，先人の肩をお借りしたことを後人は尊敬の念をもって明記しなければならないし，さらにその書誌・年譜は常にリバイスされ，いっそうの進化（深化）発展を期さなければならないだろう。S. R. ランガナタンの有名な「図書館学の5法則」にある「図書館は成長する有機体（A Library is a Growing Organism)」であることは，書誌編纂家の仕事にこそ必須の命題として銘記されるべきであろう。ただ残念なことは，インデペンデントで美術書誌に取り組まれた中島さんから，先人の肩の上に立ちながら（より直截に書けば)，先行する書誌を「参考にした」と記してまるごと再録し，十数件加筆しただけで，あたかも新規に編んだかのごとき書誌の横行を嘆かれたことが，一再ではなかったことである。

海外の先人の業績として学んだのは，やはり英国&アイルランド美術図書館協会（ARLIS/UK & Ireland）がまとめた，本書の１章で目次を紹介した *Art Library Manual*（Bowker，1977）であった。その冒頭に掲げられた "1. General art bibliographies" を追うことが，目を海外に転じる第一歩であったが，その延長線でアメリカの２人の美術書誌編纂家と出会った。

その２人とは，MoMA, NY の３代目ライブラリアンであったバーナード・カルペルとハーバード大学フォッグ美術館のアートライブラリアンであったヴォルフガング M. フライタークである。Karpel の *Arts in America: A Bibliography*, 4vols. (1979) は，建国 200 年を祝して AAA: Archives of American Art, Smithsonian が編集責任者として Karpel に白羽の矢を立てて成った独立宣言以来二百余年の米国美術を包摂する書誌となった。フライタークは前任の E. ルイス・ルーカスの *Art Books: A Basic Bibliography on the Fine Arts*（New York Graphic Society，1968）をふまえて，*Art*

Books: A Basic Bibliography of Monograhs on Artists, 1985, 2nd ed.（Garland, 1997）を刊行した。ともに美術館の中でアートライブラリアンがめざす書誌編纂の理想形として感得されたものである[4]。

並行して学位論文のUMIから美術図書館と美術書誌をキーワードに探した過程で遭遇したのがリー・ソレンセンの*Art Bibliographies: a Survey of their Development 1595-1828,* 1985であった。後にご本人とはデューク大学の図書館でお会いする機会を得るのであるが，現在，ソレンセンさんの名前で美術書誌のページが同大学図書館に見いだすことができる。ソレンセンさんがデューク大学のサイトで記名ページをもち[5]，インターネット時代にふさしい美術書誌編纂の形を示すのに倣って，東京国立近代美術館でも2002年の本館アートライブラリの開室に合わせて公開したのが「美的工具書（美術文献の探し方）」（旧名）であった[6]。このページは開室以来継続してアップデイトされているが，いち早く辻惟雄著『日本美術の歴史』（東京大学出版会，2005）の巻末の「もっと日本美術について知るための文献案内」（佐藤康宏）で紹介されていて，見る人は見てくれているという思いを味わった。今日，国立西洋美術館の研究資料センターによる「学術情報案内」[7]もますます充実している。

これらはそれぞれの美術館の特性とコレクションの方針にもとづいてつくられる，「書誌の書誌」的三次資料であり，いわゆるGuide to the Literatureの美術館版となるものであろう。今日においては，その規範となるのは，やはりArntzen & Rainwaterの*Guide to the Literature of Art History*（1980 & 2005）であろう。『日本の参考図書』は第4版（日本図書館協会，2002）が出て後，紙媒体では改訂されなくなったが，同版においては『文科系学生のための文献調査ガイド』（青弓社，1995）を編じた池田祥子さん（当時都立中央図書館）が美術の部を担当され，当時のアート・ドキュメンテーション学会の研究部会 ars（art reference services）の部会メンバーが手分けして選定から解題の執筆に奮闘した記憶がある。

本稿で紹介した美術書誌・年譜は，美術書誌編纂家という個人による編著作物であり，ソレンセンと東京国立近代美術館，国立西洋美術館の例を除けば，紙媒体のプレ・インターネット時代のものである。今後 Web 公開を前提にどのような文脈から新たな美術書誌編纂家が登場し，どんな美術書誌が編まれ，公開されて，さらに大きな巨人の肩を構築していくのか，いっそう期待したいものである。

引用参考文献・注

1：本書誌をもって中島氏は 2008 年第 2 回アート・ドキュメンテーション学会推進賞を，同時に後述の加治氏が『創作版画誌の系譜』で同学会賞を受賞した。http://www.jads.org/award/award.html#2,（参照 2022-08-01）.

2：野崎たみ子「美術図書室の四半世紀」『美術フォーラム 21』(3), 2000.

3：のちに本書誌は本邦モダニズムアートの記念碑的大作である五十殿利治［ほか］著『大正期新興美術資料集成』2006 に結実していく。

4：Karpel と Freitag の書誌の業績に対し北米美術図書館協会（ARLIS/NA）は Distinguished Service Award を贈った（1986；1990）。

5：https://directory.library.duke.edu/staff/lee.sorensen,（accessed 2022-08-01）.

6：https://www.momat.go.jp/am/library/art_library_guide_6th/,（参照 2022-08-01）.

7：https://www.nmwa.go.jp/jp/education/resources.html,（参照 2022-08-01）.

2章

ミュージアム・ライブラリ

2.1　東京国立近代美術館アートライブラリを事例に

2.1.1　はじめに

1952年に開館した東京国立近代美術館（図2-1）は，東京の中心部，皇居のほど近くに建つ，日本で最初の国立美術館である。明治から現代までの幅広いジャンルにわたる日本美術の名作を，海外の作品もまじえて多数所蔵するとともに，さまざまな展覧会を開催している。

筆者が運営に携わっている東京国立近代美術館アートライブラリは，美術館の中に設置された近現代美術に関する資料を所蔵する専門図書館である。2002年に開室し，国内外の美術関連図書や雑誌，展覧会カタログ，画集，写真集などを広く収集し，公開している。所蔵資料の閲覧を希望する方であれば，無料で利用することができる。

美術館の主たる活動といえば，展覧会の開催や作品収集にあることは言うまでもない。しかし，展覧会の準備やコレクションを形成するうえで，美術に関する調査研究は欠くことのできないプロセスである。美術館の活動には，調査研究に伴って収集された情報資料が蓄積されていく。美術館に併設された図書室の多くは，そうした経緯で収集された資料を基礎にしている場合や，美術史研究者や閉

図2-1　東京国立近代美術館（本館）

室した施設の旧蔵資料を核として形成されることが多い。

国内の歴史を紐解けば，美術に関する専門図書館として先鞭をつけたのは，1976年に東京都美術館で開室した美術図書室である。日本で初めて美術を専門とする公開性の図書室で，当時から展覧会カタログやリーフレット，案内葉書といった一過性資料（エフェメラ）の収集を積極的に行っていたことでも知られる[1]。現在では，多くの美術館に図書室が設けられるようになったが，その礎を築いた図書室ということができよう。その後，同館の収蔵品と美術図書室の貴重な蔵書は，1995年に開館した東京都現代美術館に引き継がれた。東京都美術館にはしばらくの間図書室がない状況が続いていたが，2010年3月から2012年2月にかけて行われたリニューアル工事を終え，同年4月にリニューアル・オープンした際に，再び美術情報室が設けられている。また，東京都現代美術館でも，大規模改修工事のために2016年5月から2019年3月まで休館していたが，2019年3月29日にリニューアル・オープンし，美術図書室も装いを新たにし，こども向けの美術の本を集めた「こどもとしょしつ」も設けるなど，新しい美術図書室像を見せている。

1989年11月3日に，横浜美術館の開館とともに開室した横浜美術館美術情報センターの存在は，美術図書室の歴史において重要な出来事であったといえる。開館当初，閲覧席47席という広大なスペースを有する美術図書室のほかに，美術情報ギャラリーも設けており，そこでは当時としては先駆的だったコンピュータを活用した映像による美術情報の提供がなされていた[2]。2021年3月1日より，横浜美術館が大規模改修工事に入ったため，美術情報センターも閉室しているが，リニューアル後の活動が楽しみである。

こうした背景のもと，2002年1月16日に東京国立近代美術館の本館リニューアルに伴い，アートライブラリが開室した。さらに同年3月15日には，国立西洋美術館に研究資料センターが開設された。同センターでは，主に美術館学芸員や研究者を対象に，利用登録制で事前予約による資料の提供を行っている。また，2007年に開館した国立新美術館では，開館と同時にアートライブラリーが開室している。同室では財団法人国際文化交流推進協会（ACEジャパン）が運営していた「アートカタログ・ライブラリー」[3]の旧蔵書約12,000冊を蔵書の核に据え，豊富な国内外の展覧会カタログを取り揃える図書室として，多くの利用者が訪れる施設となっている。

さらに，1952年1月8日に開館したアーティゾン美術館（旧ブリヂストン美術館）には長らく公開性の図書室がなかったが，ブリヂストン美術館の研究施設である石橋財団アートリサーチセンター（ARC）の開館に伴い，2017年4月から研究者（大学生以上）を対象とする事前予約制のライブラリーが誕生した。これまで学芸員の調査・研究のために収集されてきた資料へアクセスできるようになったのである。2018年11月には，京都国立近代美術館と国立国際美術館においても，所蔵する図書資料の公開を開始した。これにより，国立美術館それぞれが所蔵する資料の公開がなされたことになる。また，東京国立近代美術館の工芸館に設けられていた図書閲覧室は，工芸館の石川県移転に伴い，2019年4月26日をもって東京での活動を終えた後，現在は「国立工芸館アートライブラリ」として装いを新たに活動している。美術図書室はこれまで主に関東圏で充実していたが，徐々に全国で美術資料にアクセスできる環境が整いつつあると言えよう。このように，美術館に図書室を設けることは現在スタンダードになっているのである。

とはいえ，美術館と図書館は，似て非なる部分が多い。そもそも，オリジナルの1点ものの作品を扱う美術館と，複製された本を扱う図書館では，モノや情報の取り扱い自体が大きく異なるからである。本稿では東京国立近代美術館アートライブラリの取り組みを中心に，2節構成でミュージアム・ライブラリの仕事について紹介する。2.1では美術館の概要を述べたうえで，美術図書室の主たる活動内容を概観する。2.2では，実践的な内容として，図書館業務の具体的なワークフローを解説する。これから美術館に図書室を設けたいと考えている方や，美術図書室の活動範囲を知りたい方，また，他館の事例を把握したい方にとっての一助となることを願っている。

なお，本稿は著者の個人的見解にもとづいており，所属機関の意向を代弁したものではないことを，あらかじめご承知おきいただきたい。

2.1.2　東京国立近代美術館について

（1）独立行政法人国立美術館について

まずはアートライブラリの位置づけを組織図から確認しておきたい。独立行政法人国立美術館は東京国立近代美術館，国立工芸館（東京国立近代美術館工芸館），京都国立近代美術館，国立映画アーカイブ，国立西洋美術館，国立国際美術館，国立新美術館の6館7拠点から構成されている[4]。その中で，筆者が所属する東京国立近代美術館は，運営管理部（総務課・会計課・渉外広報課）と，学芸（企画課・美術課・工芸課）に分かれている。東京国立近代美術館は，東京の本館と石川県の国立工芸館の2つの建物から成る。本館では絵画，彫刻，版画，素描，写真等を中心に，工芸館では陶磁，ガラス，漆工，木工，竹工，染織，人形，金工，工業デザイン，グラフィック・デザイン等を中心に展示している。

本館の学芸は，主に所蔵作品を担当する美術課（絵画彫刻室，版画素描室，写真室，コレクション展示計画室，コレクション情報発信室の5室）と，企画展の運営業務や教育普及活動，アートライブラリの運営などを担当する企画課（企画展室，教育普及室，情報資料室の3室）に分かれている。アートライブラリの運営はこの企画課の情報資料室が担っている。詳しい業務内容や人員体制については後述する。

（2）美術館の活動

国立新美術館のようにコレクションをもたない美術館は例外として，多くの美術館では各館ごとに定められた収集方針に沿う美術作品を収集・保管している。また，美術館の活動は展覧会をベースとして進行する。一般的には所蔵作品を展示する常設展と，何らかのテーマを設定し，他館から作品を借用するなどして実施される企画展の2種類の展示から成っている。企画展の種類はさまざまで，ルーヴル美術館やオルセー美術館と銘打たれた展覧会のように，海外の有名な美術館から作品を借用して行われる展示や，藤田嗣治や岡本太郎といった一個人に焦点を当てた展示（存命の場合は個展，故人の場合は回顧展と呼ばれる），さらに，印象派のように特定のグループを取り上げる展示などがある。

（3）東京国立近代美術館の展覧会

東京国立近代美術館では，数点の例外はあるものの，1907年から今日に至るまでの日本と海外の美術作品を収集対象とすることを収蔵方針に定め，重要文化財を含む，13,617点（2021年度末現在）を超える作品を収蔵している。

通常，美術館の収蔵品を用いた常設展は，頻繁に展示替えが行われないことが多い。しかし，東京国立近代美術館では所蔵作品の公開を積極的に進めており，常設展という代わり映えのない展示空間を想起させる名称をあえて使わず，「MOMATコレクション」と銘打ち，年3～4回の大規模な展示替えを行うことで，さまざまな美術作品の公開に努めている。

以下，簡単にではあるが，「MOMATコレクション」の構成にも触れておきたい。展示エリアは本館4Fから2Fに至る1室から12室と，ギャラリー4の全13室から成る。本館4Fの1室は，ハイライトコーナーと名付けられ，ここでは主要作品が展示されている。同階の2室から5室は，「明治の終わりから昭和のはじめ（1900年代から1940年代）」をテーマに定め，関連する絵画や彫刻作品が展示されている。3F の 6 室から 8 室は，「昭和のはじめから中ごろまで（1940 年代から 1960 年代）」に関わる作品が，9 室では写真や映像，10 室では日本画が展示されている。2F の 11 室から 12 室では，「昭和の終わりから今日まで（1970 年から 2010 年代）」に関わる作品が展示されている。このように「MOMAT コレクション」では，明治から現代に至る日本の近現代美術の名品を通史的に展観することができるように構成されているのである。また，2F には「ギャラリー4」と呼ばれる小スペースがあり，ここでは所蔵品を用いた特定のテーマに関する展示や，写真，デザインなどを取り上げた小企画が行われている。

他方，企画展は何らかのテーマを設定し，他館から作品を借りて構成される展覧会を指す。これまで東京国立近代美術館では，多種多様な企画展を開催してきており，2021 年度末時点で，その数は実に 547 回にのぼる。なお，2021 年度において本館では「隈研吾展　新しい公共性をつくるためのネコの 5 原則」「柳宗悦没後 60 年記念展　民藝の 100 年」「没後 50 年　鏑木清方展」を開催し，日本画，建築，民藝といった多彩なラインナップでさまざまな美術の動向を取り上げた。

こうした企画展は，美術館同士が所蔵する作品を相互に貸し出すことによって成り立っている。作品の借用に伴う作業も，美術館の活動にとって重要な業務となっている。東京国立近代美術館では多くの作品の貸出依頼を受けており，作品の輸送に同行するクーリエなど，日々担当学芸員が対応に追われている。また，企画展において，その展覧会についてまとめた展覧会カタログを作成することも，重要な仕事の一つとして挙げられる。

（4）作品画像について

国立美術館が所蔵する作品の情報は，「独立行政法人国立美術館所蔵作品総合目録検索システム」で公開されている[5]（図2-2）。2006年1月に開設して以降，所蔵作品に関するメタデータ（作家，作品詳細，解説等），および，作品画像の公開を進めてきた。2018年11月からは，国際基準対応を目的にメタデータとして，歴史情報が加えられた。歴史情報とは，作品がどのような経緯で所蔵されるに至ったかを示す「来歴情報」や，過去に作品が出品された展覧会を示す「展覧会歴」，さらに，その作品が取り上げられている資料に関する書誌情報を掲載する「参考文献」の3つの情報を指す。

国立美術館では45,987点（2022年3月現在）の作品情報を公開している。作品画像の掲載に関する著作権処理は，年度ごとに対象を定めたうえで進めている。なお，「所蔵作品総合目録検索システム」で公開している情報は，2007年10月より文化遺産オンライン，2020年8月よりジャパンサーチと連携している[6]。

図2-2　所蔵作品総合目録検索システム

2.1.3 東京国立近代美術館アートライブラリについて

（1）施設概要・実績

ここからはアートライブラリの業務内容について紹介していきたい（図 2-3）。アートライブラリは 2002 年 1 月 16 日，東京国立近代美術館のリニューアル・オープンに際して開催された「未完の世紀」展の始まりとともに公開された。本館 2F のレストランの向かいに位置（図 2-4）し，閲覧室の面積は約 250m^2，座席数は 10 席，検索用端末は 2 台から成る小規模な図書室となっている。特徴的なのは，開架エリアと閉架エリア（上下独立二層の移動棚）が連続した空間となっていることだろう。年末年始や祝日，美術館の休館日を除く，火曜から土曜の開室を基本としている。

多くの資料が閉架にあるため，検索用端末等で必要な資料を検索してもらい，出納依頼を受けて提供している。所蔵資料の館外への貸出は行っておらず，館内閲覧のみとなっている。所蔵資料は，展覧会カタログ，近現代美術関連の図書，カタログ・レゾネ[7]，美術雑誌など，美術に関する研究書が占めている。

アートライブラリ開室の翌年である 2003 年 1 月 11 日に，インターネット上で蔵書検索システム（OPAC）の公開を開始した。なお，国立情報学研究所（NII）が提供している NACSIS-CAT には，東京国立近代美術館本館，工芸館，フィルムセンター（現国立映画アーカイブ）の 3 室合同で，1996 年 7 月 17 日に参加している。2021 年度末までは，東京国立近代美術館本館，工芸館，国立新美術館，国立映画アーカイブの 3 館 4 室で，株式会社リコーの「図書館情報管理システム LIMEDIO」を用いて，図書館システムを共有していた。2022 年度からは株式会社シー・エム・エスの「E-CatsLibrary」

図 2-3　東京国立近代美術館アートライブラリ

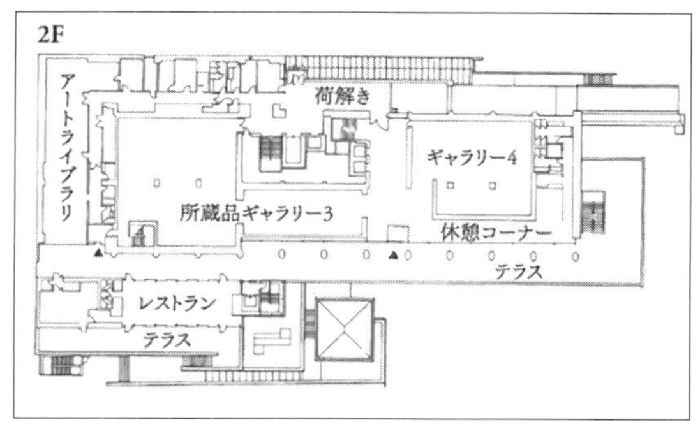

図 2-4　フロアプラン
出典：『東京国立近代美術館 60 年史』

に移行した（図 2-5）。

現在，2002 年の開室からすでに 20 年を経過し，これまで大学教員や他の美術館職員，学生，画廊関係者など，さまざまな方々にご利用いただいてきた。開室日は例年 220 日前後，入室者数は 2,000

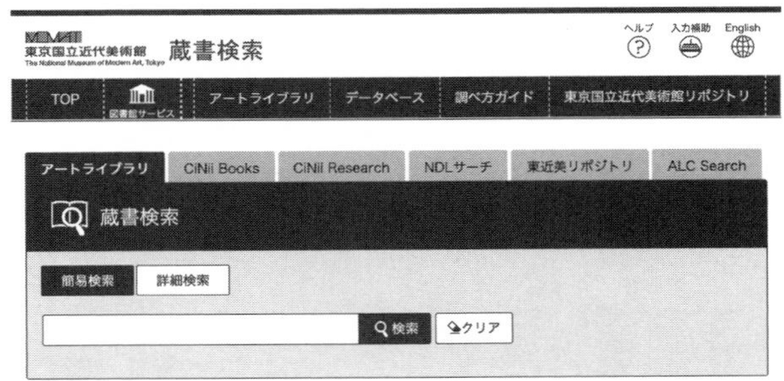

図 2-5　東京国立近代美術館の蔵書検索システム（OPAC）

表 2-1　入室者数の変遷

年度	開室日	入室者数	年度	開室日	入室者数
2001 年度	34 日	250 人	2012 年度	215 日	2,124 人
2002 年度	189 日	1,027 人	2013 年度	225 日	2,361 人
2003 年度	228 日	2,315 人	2014 年度	221 日	2,150 人
2004 年度	223 日	2,801 人	2015 年度	224 日	2,170 人
2005 年度	218 日	2,870 人	2016 年度	223 日	2,260 人
2006 年度	220 日	3,252 人	2017 年度	232 日	2,065 人
2007 年度	223 日	2,961 人	2018 年度	223 日	2,225 人
2008 年度	218 日	2,860 人	2019 年度	198 日	1,842 人
2009 年度	223 日	2,827 人	2020 年度	90 日	316 人
2010 年度	208 日	2,707 人	2021 年度	113 日	453 人
2011 年度	219 日	2,510 人			

* 2001 年度は 1～3 月のみ開室。2020 年 2 月 29 日より新型コロナウイルス感染症対策のため臨時休室し，7 月 7 日より事前予約制による開室

から 3,000 人の間で推移していたが，新型コロナウィルスの流行に伴い 2020 年以降は開室日および利用者数が減少している（表 2-1）。その分 2020 年 8 月より，ILL（図書館間相互利用）サービスを開始し，全国からの依頼を受け付けている。

専門図書館として，レファレンスサービスも行っている。閲覧カウンターでは，利用案内や検索方法等などの簡単な案内を主とするクイックレファレンスと，調査方法等についての相談を受け付けるレファレンスを行っている。前者は業務委託，後者は職員が担当している。また，電話や，海外からのメールによる問い合わせにも対応している。これらのレファレンスの対応記録は，国立国会図書館（NDL）のレファレンス協同データベースに残している[8]。受付したすべてのレファレンスを公開しているわけではないが，大学図書館等で美術に関するレファレンスを受けた際の参考になれば幸いである。

なお，美術に関する調査研究に有益な情報は，東京国立近代美術館のウェブサイト上で「美術文献ガイド」[9]というパスファインダーを公開している。国外での日本美術に関する調査研究に寄与できるよう，2020年3月10日には英語版も公開した[10]。

こうした通常業務のほかに，開催中の展覧会にあわせて，アートライブラリの所蔵資料を用いて，閲覧室の特集コーナーで資料展示を行っている。2018年に開催された「アジアにめざめたら」展の関連企画として，アートライブラリ内で国際交流基金アジアセンターとの共催による「めざめのその後」という特集展示を行った。この展示では，1990年以降のアジア美術の動向について，国際交流基金が発行した展覧会カタログを中心とする資料を通して検証した。また，2020年には「bauhaus×MOMAT」を行った。

（2）寄贈交換事業

アートライブラリでは年に1度カタログの寄贈交換という取り組みを行っている。国内外の美術館・博物館，大学図書館等に，東京国立近代美術館で発行した展覧会カタログ等の刊行物を一括で寄贈し，その交換として各美術館や大学等で発行した展覧会カタログや研究紀要といった刊行物を寄贈していただくという取り組みである。例年，春ごろを目途に，前年度発行した資料をまとめ，国内機関約250館，国外機関約150館に送付している。

（3）人員体制・予算項目

アートライブラリの運営にあたっては，情報資料室の研究員（常勤）1名，研究補佐員の司書（非常勤）4名，さらに業務委託として登録作業要員1名，閲覧業務補助要員2名の計8名体制で臨んでいる。予算項目としては，図書・雑誌購入費，図書館システム保守費，業務委託費，有料データベース契約費，修復保存費，外部倉庫費，デジタル化費，機関リポジトリ維持費，コピー機のリース費，来館予約システム費等となっている。

（4）所蔵資料・選書

アートライブラリでは図書約15万冊，雑誌約5,000タイトルを所蔵している。アートライブラリの活動は，蔵書数などを含めて，東京国立近代美術館が発行している『活動報告』[11]に掲載されている。美術図書室ならではの特徴としては，蔵書数を報告する際に，図書・雑誌のほかに，展覧会カタログという項目を設けていることが挙げられる（表2-2）。後述するが，別途項目を立てるほど，展覧会カタログはアートライブラリにとって重要な資料なのである。

また，選書に関しては，購読している美術雑誌の新刊案内や書評欄，出版社のウェブサイト，書店でのブラウジング，また，「出版書誌データベース」（通称「Books」）[12]の新刊情報や，「日本の古本屋」[13]などを通して行っている。そのほかにも，学芸からのリクエストや，書店からの見計らいから選定された資料もある。いずれも収集方針に沿う内容の資料を購入している。

表2-2　蔵書数（2022年3月現在）

種別	点数
和図書	39,243冊
洋図書	14,746冊
国内カタログ	65,936冊
海外カタログ	34,098冊
和雑誌	4,478誌
洋雑誌	1,159誌

当然のことながら，図書室を運営する以上，資料は年々増加している。すでにアートライブラリの開室から20年が経過しており，書架収容率は100％を超えている。また，電動書架の経年劣化による故障が頻発している。現在，狭隘化対策の一環として利用頻度の低い資料や電子ジャーナル等で代替の利く資料を中心に外部倉庫への預け入れを行っている。また，配架場所を確保するため休室期間には常に資料の書架移動を行っている。

（5）美術書

美術の専門図書館という性質上，日本十進分類法（NDC）の7門を中心とする図書が多くを占めている。図書の分類には日本十進分類法新訂8版（NDC8）を基に作成した独自分類を用いている。また，7門以外にも文学・思想・哲学など，美術の隣接領域に関する資料も所蔵している。

（6）美術系雑誌

雑誌については『美術手帖』や『芸術新潮』などのよく知られたものから，『あいだ』や『一寸』といった専門誌まで，多彩な美術系雑誌を取り揃えている。洋雑誌については，*Art history* や *The*

Burlington magazine といった定番の雑誌から，*Artforum international*, *Art in America*, *October* なども定期購読し，受け入れている。そのほかにも，美術系の学会誌や，大学・美術館等の研究紀要，活動報告・年報，ニューズレター等を幅広く収集し，公開している。

また，JSTORや，Oxford Art Online, ProQuest（ARTbibliographies Modern（ABM），Arts & Humanities Database，Avery Index to Architectural Periodicals，Design and Applied Arts Index（DAAI），International Bibliography of Art（IBA））等の海外データベースも提供している。

（7）展覧会カタログ

美術図書室にとって，最も重要な資料の一つが，展覧会カタログである。「隠れたベストセラー」[14]とも呼ばれる展覧会カタログは，通常書店等に流通せず，展覧会会場で販売されることが通例となっている。現在，書店等で販売されるものも増えてきているが，多くの展覧会カタログは，いまだに展覧会の会場でしか入手できない。美術史研究において，展覧会はそのテーマに関する研究成果を発表する重要な機会であり，言うまでもなく，その展覧会カタログは学術的な価値のある文献となる。そのほかにも，美術館以外の画廊等で発行される小冊子や，リーフレットといった資料も，作家の活動を跡付ける重要な資料となる。アートライブラリでは，原則として会期会場の記載があり，出品作品の同定が可能な資料を展覧会カタログとしている。また，資料保存や紛失防止の観点から，カタログを背の厚さに応じて仕分けている。

展覧会カタログは書店等で流通せず，ISBNをもたないことが多いため，いわゆる灰色文献の一種と言えよう。そのため展覧会カタログを新規に受け入れる際，NACSIS-CAT で検索しても書誌が作成されていないことがほとんどである。アートライブラリでは，展覧会カタログの収集に力を入れていることから，NACSIS-CAT で書誌を新規に作成する機会が多くなっている。展覧会カタログは，その展覧会で取り上げた作家やテーマによっては個性的なデザインや，複雑な形態のものもある。表紙のデザインが複数種類存在する場合や，付属物にモノ資料が含まれていることもある。そうした個性豊かな展覧会カタログを目録規則に合わせて記述するわけだが，そのことがしばしば司書の頭を悩ませている。また，あまり知られていないこととして，展覧会によっては会期中に展覧会カタログが増刷されることがあり，その際，版違いや刷違いの表示が資料になされ，内容の違いについて検討が必要なこともある。展覧会カタログの登録作業は，一筋縄ではいかないことが多いのである。

先述のとおり，日本の展覧会カタログは流通経路が限定されているため，重要な研究成果が海外まで届かない状況となっている。筆者が以前勤めていた国立新美術館では，JAC プロジェクトという展覧会カタログの海外への寄贈事業を行っている。同プロジェクトは，海外での入手が困難である日本の展覧会カタログという事情を鑑み，海外の日本美術の拠点機関に寄贈することによって，日本における美術の研究成果を発信する取り組みである。これらのカタログが海外の図書館で登録されることによってその存在が認知され，各機関での利用に供されるだけでなく，相互貸借等の利活用なども見込まれている。日本美術研究の海外発信の一助として重要な事業と言えよう。

（8）作家ファイル

展覧会カタログのほかにも，美術研究において重要な資料として展覧会に際して作成された案内葉書やチラシ，新聞記事の切抜といった一過性資料の存在が挙げられる。現代アートになればなるほど，インスタレーション[15]やパフォーマンスといった，恒常的に残らない表現手段が試みられるようになり，一過性資料それ自体が作品の記録として重要な意味をもつ場合もある。また，いまだ研究が進んでいない作家や，評価が定まっていない作家を調査する際，こうした一過性資料から読み取ることのできる記録こそが，重要な意味合いをもつ可能性を秘めている。

そのためアートライブラリでは，一過性資料を重視しており，画廊等から学芸員や美術館宛に届く膨大な資料を収集整理し，原則として収蔵作家を中心に「作家ファイル」（図 2-6）というフォルダを設けて，資料を保管し，公開している。資料の分量は作家によって異なり，案内葉書やチラシが充実したフォルダもあれば（図 2-7），

図 2-6　作家ファイルの棚

図2-7　作家ファイルの一例（岸田劉生ファイルから）

ほとんど入っていないフォルダもある。

なお，作家ファイルは，ニューヨーク近代美術館の取り組みを範としている。同館のアーティスト・ファイルやスクラップブックは，マイクロフィッシュ化されている。同資料は，アートライブラリでも所蔵しており[16]，申請があれば誰でも利用することができる。

（9）資料と作品

美術の世界では作家が，本の形式で発表した作品が存在する。それらは，「アーティスト・ブック」や「ブック・アート」などと呼ばれる[17]。これらの資料は，本の形態をした美術作品であり，一見すると通常の図書と変わりなく，気が付かなければそのまま通常の図書として登録され，書架に並んでしまうものかもしれない。アートライブラリの貴重書庫には，アーティスト・ブックの先駆者として知られる現代作家のディーター・ロート（Dieter Roth）や，エドワード・ルシェ（Edward Ruscha）による本の形式をした作品を所蔵している。アートライブラリで所蔵しているものは作品としてではなく，資料として貴重書庫に保管されている。そのため一定の手続きを経ることで誰でも閲覧することが可能である。その一方で，「本をめぐるアート」を積極的に収集し，アーティスト・ブックのコレクションを数多く収蔵しているうらわ美術館のように，アーティスト・ブックを作品として収蔵している美術館もある。同館では，これまでアーティスト・ブックを取り上げた展覧会を開催してきた[18]。当然のことながら，それらの展示物には，アートライブラリで保管されているアーティスト・ブックも含まれている。このように同じアーティスト・ブックであっても，所蔵先によって位置づけが変わる場合がある。資料として蔵書の一部になるか，作品として収蔵品になるかは，その資料を受け入れた時期の館の収集方針や，最初の受入先によって変わるのである。

こうした作品と資料の曖昧な境界線は，特に1960年代から70年代にかけての美術の動向に顕著に見られるようになる。そうした美術の動向と資料の関係に注目した東京国立近代美術館の展覧会として，筆者も企画に関わった「美術と印刷物」展[19]が挙げられる。同展では，さまざまな実験的な試みを取り上げることで，美術作品と印刷物の境界の揺らぎを検証した。

また，近年の展覧会では美術作品だけでなく，関連する資料を展示する機会も増えている。特に，過去の美術の動向を検証するうえで，1点ものの資料が重要な記録としての意味合いをもつこともある。資料か，作品かの判断は，どこに焦点を当てるかによって絶えず変化するものかもしれない。

アートライブラリで所蔵している資料は，OPACに情報が公開されることで存在が知られ，貴重書の場合でも一定の手続きを経ることで閲覧することができる。しかし，その反面，アートライブラリの一資料として扱われてしまうことによって，蔵書印が押され，請求記号ラベルや，資料IDが貼られてしまうケースもある。資料とするか，作品とするかの判断は，時代とともに基準の見直しを検討する必要があり，絶えず更新されるものであるという認識が必要である。美術に関する研究が進むにつれて，資料として扱われていたものが，作品として価値づけられる可能性をはらんでいることを，絶えず意識することは美術図書室固有の悩みかもしれない。

(10) 情報発信

図書室運営という側面だけでなく，アートライブラリの活動を美術館の活動と結びつけるための情報発信にも力を入れている。特に，2021年度から『現代の眼』の記事として「資料紹介」「研究員の本棚」「カタログトーク」という3つの連載企画を開始している。「資料紹介」ではアートライブラリ所蔵の貴重な資料を取り上げ，「研究員の本棚」では館内の研究員にそれぞれの専門領域に関する資料を紹介してもらい，「カタログトーク」では展覧会カタログの制作に関わる方々にその舞台裏を明かしていただいている。アートライブラリの仕事は地味で脚光を浴びづらいが，美術の調査・研究に関わる基盤であり，美術館の活動ともさまざまに関わっており，そうした側面をこれらの連載で伝えている。いずれも東京国立近代美術館のウェブサイトや，リポジトリで読むことができる。

2.1.4 アーカイブ

アートライブラリでは，アーカイブズも収集している。ここでは便宜的に，美術館の活動に伴い自然発生的に生まれる資料を収集した資料群を組織レコード，何らかのコレクションとしてまとまりを維持したまま保管している資料群を特別コレクションと定義して，それぞれの資料群について紹介したい。特別コレクションとしては，藤田嗣治旧蔵書，空蓮房コレクション（写真関係資料）旧蔵書，難波田龍起アーカイブ，難波田龍起関係資料，山田正亮旧蔵書，山田正亮関係資料，岸田劉生資料，夢土画廊関係資料の８つの資料群がある。

（1）組織レコード

組織レコードとしては，展覧会をベースに発行される展覧会カタログやチラシ，ポスター，チケットのほかに，活動報告，研究紀要，ニューズレターの『現代の眼』，そのほかに館の事業に伴い発行されたチラシなど，美術館の活動記録となる資料の収集が挙げられる。これらの資料は関係部署と連絡を取りながら，アートライブラリで収集・保存している。なお，開架エリアには，東京国立近代美術館の刊行物を並べた書架を備えている（図2-8）。

■東京国立近代美術館リポジトリ　表立ってデジタルアーカイブの取り組みをしているとは言えないが，2019年9月10日に「東京国立近代美術館リポジトリ」を導入したことにより，『東京国立近代美術館研究紀要』や『東京国立近代美術館活動報告』，ニューズレターの『現代の眼』などの成果が世界中の人々に届けられるようになっている（図2-9）。

■展覧会関係写真　現在，過去の展覧会に際して撮影された出品作品やパネル，会場写真を中心とする記録写真のデジタル化を進めている。1952年の開館以来，東京国立近代美術館は500回以上もの展覧会を開催してきた。その最初期の記録写真はガラス乾板やネガ

図 2-8　東京国立近代美術館の刊行物が並ぶ棚

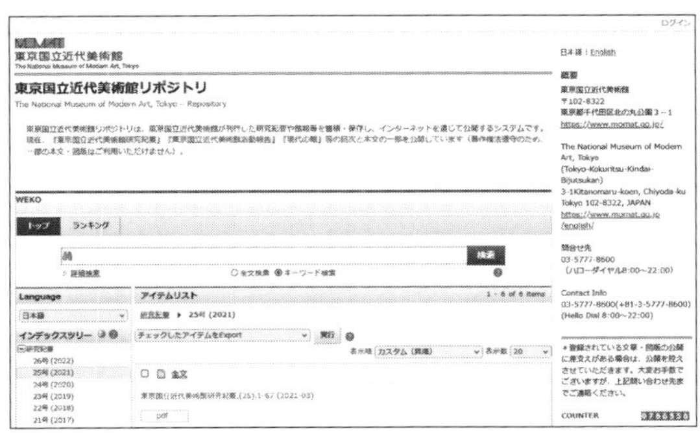

図 2-9　東京国立近代美術館リポジトリ

フィルムに収められており，それらをデジタル化することによって，当時の出品作品や展示風景を確認することが可能となる。これらは貴重な記録であると同時に，研究資源としての活用も見込めるものである。今後，こうした組織レコードに関わる資料の整備にも積極的に取り組んでいきたいと考えている。

■法人文書　法人文書については，独立行政法人国立美術館として，「独立行政法人国立美術館情報公開に関する開示・不開示の審査基準」や，「独立行政法人国立美術館法人文書管理規則」「独立行政法人国立美術館情報公開取扱規則」「独立行政法人国立美術館情報公開窓口設置要項規則」といった「法人文書の管理に関する定め」[20]を設けており，それらに従って管理されている。これらは現用文書の取り扱いについて定めたものであり，アーカイブではなく，レコードマネジメントの範疇であるが，期間満了をむかえる文書であっても，「歴史的又は学術的に貴重な法人文書」は廃棄されず，期間延長の対象となっている。

（2）特別コレクション

特別コレクションとしては，以下の8つの資料群が挙げられる。これらは特定の寄贈者の方から一括で寄贈されたものが多く，資料群のまとまりを維持したまま保存されている。アートライブラリのウェブサイト上では，アーカイブズとして紹介している。

■藤田嗣治旧蔵書　藤田嗣治（ふじた つぐはる，1886-1968）は，東京出身の画家であり，1913年にフランスへ渡り，エコール・ド・パリの画家として名声を得たことで知られる。東京国立近代美術館では藤田の代名詞ともなっている乳白色の肌で描かれた《五人の裸婦》（1923）や，戦時下に描かれた《アッツ島玉砕》（1943）などの戦争記録画を所蔵している。また，2006年に「パリを魅了した異邦人　藤田嗣治」展（後述），2015年に常設展示内で「藤田嗣治，全所蔵作品展示。」といった展覧会も行っている。

藤田嗣治旧蔵書の寄贈は，2006年3月28日から5月21日にかけて東京国立近代美術館で開催された「パリを魅了した異邦人」展がきっかけとなっている。水谷長志の報告によれば，「2006年東京-京都-広島で巡回開催した「パリを魅了した異邦人　藤田嗣治」展の結果の一つとして，2007年7月，東京国立近代美術館アートライブラリは，藤田嗣治未亡人である君代氏より，800冊を超える藤田嗣治の旧蔵書を受贈することになった」[21]という。なお，旧蔵書の内容は，林洋子が著した『藤田嗣治　本のしごと』（集英社，2011）で詳しく取り上げられている。

藤田が描いた挿絵本のほかに，本の見返し部分に肉筆画が描かれた本も含まれているため，旧蔵書は展示品として数々の展覧会に出品されてきた（図2-10）。具体的には，2012年の「藤田嗣治と愛書都市パリ　花ひらく挿絵本の世紀」展（渋谷区立松濤美術館，北海道立近代美術館を巡回）や，2013年の「藤田嗣治本のしごと」展（千代田区立日比谷図書文化館），2018年の「没後50年　藤田嗣治　本のしごと　文字を装う絵の世界」展（西宮市大谷記念美術館，目黒区美術館，ベルナール・ビュフェ美術館，東京富士美術館を巡回）である[22]。

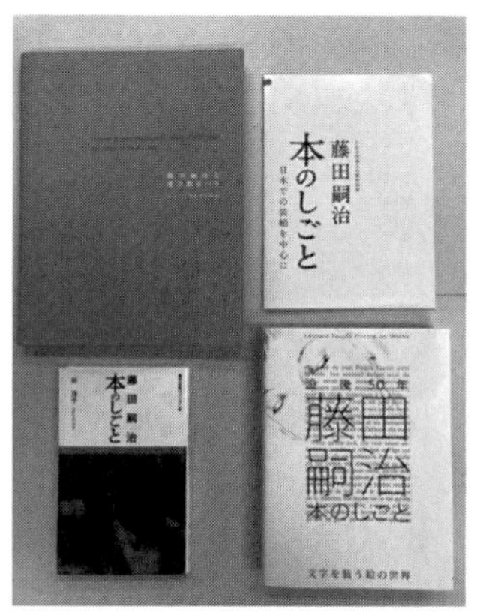

図2-10　藤田嗣治旧蔵書が取り上げられた図書や展覧会カタログ

旧蔵書の内訳は，図書532点，展覧会カタログ197点，雑誌127点となっている。これらには藤田による自著や装幀本，個展や作品を出品した展覧会のカタログ，藤田の没後に夫人が収集した資料も含まれている。なお，東京藝術大学には「藤田嗣治資料」として，日記や手稿，書簡，写真等を含む約6,000点の資料群が保管されている。

■空蓮房コレクション（写真関係資料）旧蔵書　空蓮房（くうれんぼう）は，2006年に東京・蔵前にある長応院の住職である谷口昌良氏が境内の中に開いたギャラリーである。谷口氏は学生時代に写真を学ぶためにアメリカ留学をしており，住職になられてからも写真作品の収集や，空蓮房の運営などを通して，アートに関わる活動を続けられている。そうした活動に伴って，谷口氏が収集されてきた資料が「空蓮房コレクション（写真関係資料）旧蔵書」である。これらがアートライブラリに一括寄贈されたのは2012年のことであり，美術館への写真作品の寄贈に伴って海外の写真家を中心とする関係資料約1,600点を所蔵することになったのである。

写真家の畠山直哉によれば，「《空蓮房》をオープンさせたころには，写真のプライベートコレクションとしては，国内では類を見ないほどの量と質に成長していた。だが，2011年の東日本大震災を契機に，彼の心境は変化したらしい。長年集めたコレクションを，日本写真に関してはサンフランシスコ近代美術館に，欧米の写真に関しては東京国立近代美術館に，それぞれまとめて寄付してしまったのだ。その数は驚くことに，合わせて800点にものぼる。2017年には，サンフランシスコ近代美術館で，彼の寄贈した作品をもとにした「日本写真展（Japanese Photography from Post War to Now）」が大々的に開かれた」[23]と，谷口氏が作品や資料を寄贈することになった経緯について述べている。

海外作家による写真集を中心とする空蓮房コレクションは，図書847点，展覧会カタログ509点，雑誌238点から成る。

■難波田龍起アーカイブと難波田龍起関係資料　難波田龍起（なんばた たつおき，1905–1997）は，北海道旭川出身の洋画家で，日本

図2-11　難波田龍起アーカイブの一部

の戦前戦後期における前衛美術を代表する画家の一人である。難波田龍起アーカイブは，1987年11月に東京国立近代美術館で開催した「今日の作家　難波田龍起展」をきっかけに，作家ご自身から寄贈申出を受けたことによって，アーカイブズに加わることになった。

資料の内訳は，図書21点，展覧会カタログ（出品目録含）98点，雑誌30点，案内状43点，案内はがき75点，案内チラシ1点，絵はがき18点，ポスター2点，原稿5点，草稿1点，書簡18点から成る（図2-11）。難波田の個展や展覧会に関する案内状等のエフェメラを多く含んだ資料群となっている。

田中淳の資料紹介によれば，「これらは，1930年の最初の個展開催以来，今日まで旺盛な活動をつづけている難波田氏の画業をあとづけるうえで一次資料となるものである。同時に，そこに含まれる多くの戦前期の資料は，現在では入手しがたく，当時の美術状況を研究する上で貴重なものといえる」[24] とあり，難波田龍起研究に限らず，戦前の美術を研究するうえでも貴重な資料群である。

また，2020年に難波田のスケッチブックが美術館に寄贈された際に，関連する資料として，高村光太郎からの書簡を中心とする資料群がアートライブラリに寄贈された。これらは，「難波田龍起関係資料」として公開している[25]。

■山田正亮旧蔵書と山田正亮関係資料　山田正亮（やまだ まさあき，1929–2010）は，1980年から90年代にかけて高い評価を受けた東京出身の画家で，ストライプによる絵画作品で知られる。山田正亮旧蔵書の寄贈は，2016年12月6日から2017年2月12日にかけて東京国立近代美術館で開催された「endless：山田正亮の絵画」[26] をきっかけとしている。

同展の準備作業中，展示の担当学芸員にご遺族から声がかかり，実地調査のうえ，書籍類が選定され遺贈に至ったという。資料の内訳は，美術関係の図書24点，展覧会カタログ5点，雑誌4点から成っている。

また，2022年に制作ノートを中心とする資料106点が「一般社団法人山田正亮の会」から寄贈され，「山田正亮関係資料」として公開している。

■岸田劉生資料　岸田劉生（きしだ りゅうせい，1891–1929）は，大正から昭和初期を代表する東京生まれの洋画家である。《麗子肖像（麗子五歳之像）》（1918）のように自身の娘を描いた「麗子像」のシリーズや，《道路と土手と塀（切通之写生）》（1915）といった作品で知られる。

岸田劉生資料が寄贈された経緯は，1996年に刊行された『東京国立近代美術館所蔵品目録　岸田劉生：作品と資料』に詳しい。同書には「東京国立近代美術館は平成5年度に，岸田劉生の御子息，故鶴之助氏より劉生関係資料の遺贈を受けました。その内容は，水彩，素描，画稿類のほか，日記，手帖，書簡，写真，装幀本や蔵書，さらに原稿や身辺の品々まで，総数は約600点をかぞえます」とある。同資料は，1996年6月1日から7月7日にかけて東京国立近代美術館で開催された「岸田劉生：所蔵作品と資料の展示」で展示された。

これらの資料のうち，アートライブラリ所蔵となったものは，装幀本や蔵書，原稿といった資料に限定される。図書165点，展覧会カタログ27点，雑誌204点，その他原稿類が収められたアーカイバルボックス4箱と，ファイル1冊から成る。

水彩画等は作品として取り扱われており，収蔵庫で保管されている。岸田劉生資料の内容は，「生前刊行の画集類を含まないが，『図面教育論』などの自著および装幀本，とりわけ劉生の表紙画や文章を掲載した多くの雑誌を含んでいる」[27]とあるように，劉生が携わった「図案」に関わる仕事のすべてではないものの，重要な仕事の数々を確認することができる資料群である。

■夢土画廊関係資料　　夢土画廊（むどがろう）は，画廊主の小林純氏（1922–2006）が1956年から2006年にかけて，東京・銀座を中心に運営していた画廊である（旧称は六本木画廊）。夢土画廊関係資料は，2017年に小林氏のご遺族から，直接アートライブラリに資料群の寄贈に関するご相談をいただき，資料の内容や規模から受け入れをすることが決まった。分量は段ボール箱6箱程度で，内容は多

図 2-12　夢土画廊関係資料の内 1969 年発行の案内状

岐にわたり，図書，展覧会カタログ，雑誌のほか，画廊の案内状，写真アルバム，手稿，スクラップブック等が含まれていた（図2-12）。

これまでの書籍類を中心とする資料群とは異なるため，画廊運営に関する資料群としてのつながりを維持するべく，アーカイブズとして ISAD（G）（国際標準記録史料記述一般原則）にもとづく整理を行った。ウェブサイト上で画廊の経歴情報や資料の伝来情報，範囲・内容，そして，編成方法等を記載した検索手段（Finding Aids）を公開している。資料の分量・規模は書架延長 4.5m ほどで，そのうちカウント可能なものは，図書 26 点，展覧会カタログ 141 点，雑誌 14 点となっている。

これらの資料群は，画廊史研究をするうえで重要な一次資料であり，また，夢土画廊と関わりのあった画家や批評家との人的ネットワークの検証にも活用が見込めるものである[28]。

これまで確認してきたとおり，アートライブラリのアーカイブズは，美術館の活動と密接に結びついている。特定の作家を主題とした展覧会の実施や，作品収蔵に伴い，関連する資料が作家ご本人や遺族，作品の所有者を通して寄贈されるという経緯は，美術館の図書室ならではと言えるのではないだろうか。

2.1.5　美術図書室のネットワーク

美術図書室同士のネットワークとして，「美術および関連分野の調査研究を支援するため，日本国内に所在する研究資源へのアクセス向上を図る」[29]ことを目的に，美術図書館連絡会（ALC）というコンソーシアムが存在する。同会が提供する美術図書館横断検索「ALC Search」（図2-13）を通して，加盟各館の所蔵情報が横断検索できるようになっている。はじめALCは，2004年3月1日に，東京国立近代美術館，東京都現代美術館，横浜美術館の3館により結成された。その後，参加館を増やし神奈川県立近代美術館，国立

図2-13　美術図書館横断検索

国際美術館，国立新美術館，国立西洋美術館，東京国立博物館，東京都江戸東京博物館，東京都写真美術館，東京都美術館，吉野石膏美術振興財団（記載は五十音順）が加盟するに至っている。当初，ALC Search は，各館の蔵書検索 OPAC で表示される検索結果を，同一のページ内に表示させる仕組みだったが，2018 年 4 月に大規模なリニューアルが行われたことにより，利便性が格段に向上した。また，ALC 加盟館では，展覧会カタログの即時寄贈という取り組みを行っており，最新の展覧会カタログを利用者に提供できる利点もある。

2.1.6 おわりに

これまで東京国立近代美術館アートライブラリの取り組みについて述べてきた。最後に人材の問題について触れておきたい。アートライブラリの運営は，5 年任期の非常勤職員によって支えられている。雇用形態によって，長期的な取り組みを妨げており，雇用条件の改善は喫緊の課題となっている。

これまで筆者は国立新美術館や，一橋大学附属図書館での勤務を経て，2018 年 4 月に東京国立近代美術館に着任したのち，機関リポジトリや ILL の導入，図書館システムの移行など，アートライブラリを取り巻く環境整備に力を入れてきた。それらを通じて，図書館を運営するにあたって何より重要なことは人材の確保であることを痛感している。アートライブラリでは海外からの問い合わせ対応や，美術に関するレファレンス対応など，年々業務の専門性が増してきている。いうまでもなく，アートライブラリの運営は，司書の専門性に支えられている。美術に関するサブジェクト・ライブラリアンの養成は，業界全体の課題であり，待遇面を含めた環境改善の必要性については広く理解を求めたい。本稿がミュージアムにおけるライブラリ運営の多様さと重要性を再確認する機会となることを願っている。

2.2　情報資源組織化の流れ

2.2.1　はじめに

ここでは，美術図書室を運営するうえで欠かすことのできない情報資源の組織化について解説する。東京国立近代美術館アートライブラリの事例を通して，できるだけ具体的かつ，実践的な内容として，現場で役立つ情報を紹介していきたい。すでに前節において，活動内容や取り扱う資料について述べてきたが，ここでは資料がどのようなルールのもとで整理され，利用者に提供されるに至るかを，図書，展覧会カタログ，雑誌の目録作業を中心に述べていく。なお，本節で示す内容はあくまでも実践例であり，資料整理の方法の一つとして参考にしていただければ幸いである。

2.2.2　情報資源組織化の目的と意義

「情報資源組織化」という言葉の意味から確認しておきたい。アートライブラリの所蔵資料は，いわゆる本（図書，展覧会カタログ，雑誌）が大半を占めているが，DVD といった視聴覚資料やマイクロフィルム，あるいは，1点ものの書簡や手稿類といった本以外の資料も所蔵している。また，「東京国立近代美術館リポジトリ」で公開している『研究紀要』や『現代の眼』，『活動報告』等のデジタル資料（PDF 形式）も扱っている。

表 2-3　情報資源の内訳

<table>
<tr><th>情報媒体</th><th colspan="2">資料種別</th><th>物理的形態</th></tr>
<tr><td>印刷資料</td><td colspan="2">図書，展覧会カタログ，雑誌，新聞等</td><td rowspan="3">有</td></tr>
<tr><td rowspan="3">非印刷資料</td><td colspan="2">マイクロ資料，自筆原稿，映像資料（ビデオテープ），音声資料（レコード，カセットテープ）等</td></tr>
<tr><td rowspan="2">電子資料</td><td>「パッケージ系出版物」
DVD-ROM，CD-ROM，フロッピーディスク等</td></tr>
<tr><td>「ネットワーク情報源」
オンラインデータベース，電子ジャーナル等</td><td>無</td></tr>
</table>

図書館情報学でもよく言われることであるが，近年の図書館の収集対象は物理的形態をもつか否かに限定されなくなっている（表2-3）。こうした多様な資料を総称して「情報資源」という用語が用いられている。情報資源の組織化とは，これらの情報資源を一定の秩序のもとに整理し，利用可能な状態にすることを意味する。

本稿では，アートライブラリが所蔵する多様な情報資源を秩序立てて整理し，利用者に提供するまでの過程を，実際の業務に即して提示していく。

（1）情報資源組織化の流れ

図 2-14 で示しているフローチャートは，アートライブラリで入手した情報資源が利用者に提供されるまでの流れを表したものである。

アートライブラリが所蔵する資料の入手経路は，購入・寄贈・交換を主としている。購入資料の多くはライブラリスタッフによる選書を経ている。選書に関してはすでに p.52-53 で述べたとおりであ

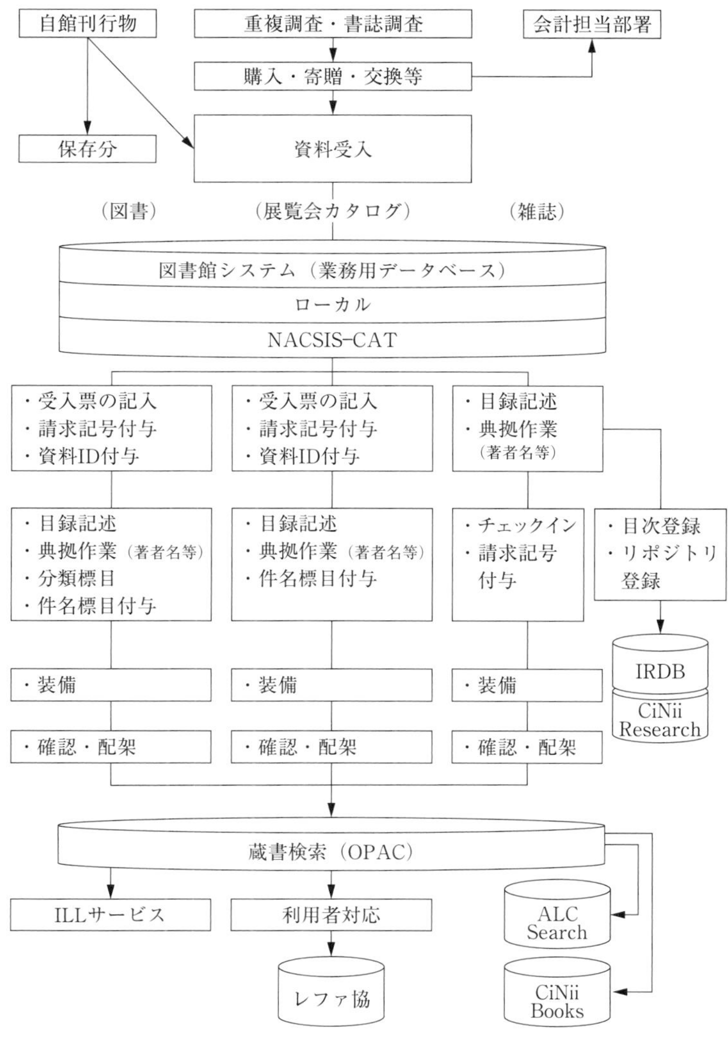

図2-14　図書・展覧会カタログ・雑誌の組織化の流れ

るが，購読している美術雑誌の新刊案内や書評欄，出版社のウェブサイト，書店でのブラウジング，また，「出版書誌データベース」（通称「Books」）の新刊情報や，「日本の古本屋」などを通して行っている。そのほかにも，学芸からのリクエストや，書店からの見計らいなどから選定された資料もある。また，選書については，後述する図書，展覧会カタログ，雑誌の担当業務に合わせて，それぞれ確認する対象を緩やかに定めている。図書担当は出版社の新刊案内を，展覧会カタログ担当は予定されている展覧会に関連する資料を，雑誌は誌面に掲載されている資料を中心に選書を行っている。各担当が選書した資料は，図書館システム内の選定リストに入力することになっており，その段階で所蔵チェックや重複を避けられるようにしている。選定リストを元に，収集方針に沿う内容の資料かどうか，予算の範囲内で収まるかどうかを判断し，発注している。選定リストの内，発注したものは発注データを更新し，資料納品後に受入・登録作業を行う。

寄贈の経緯はさまざまで，出版社や著者から直接新刊が送られてくる場合や，所蔵作品の掲載誌としてDNPイメージアーカイブを経由して入手するもの，また，個人の方から蔵書を寄贈したいという数冊単位の小口寄贈，そして，前節でも紹介した「藤田嗣治旧蔵書」や，「空蓮房コレクション（写真関係資料）旧蔵書」のように大口寄贈がある。小口寄贈については，近現代美術というアートライブラリの主題に沿う資料であることや，原則未所蔵であること（希少性の高い資料の場合は複本まで受入する場合もある），現実的な問題として保管スペースが確保できるかなど，総合的に判断をしており，問い合わせを受けたすべての資料を受け入れているわけではない。

こうした入手経路は通常の図書館と同様であろう。しかし，最も異なる点としては，美術館自体が展覧会カタログや『現代の眼』など，出版者としての顔をもっているということである[30]。そうした機能があることによって，寄贈交換事業が成り立っており，交換という形で全国の美術館・博物館等が発行する展覧会カタログの収集が可能となっている。

また，組織化の話とは異なるが，これら自館刊行物について，アートライブラリでは登録可能な刊行物のみを収集しているわけではない。展覧会チラシやポスター，内覧会案内状，チケット，出品目録，会場配布物等，あまねく収集しており，美術館の活動を跡付ける重要な記録として保存している。表立ってはわかりづらいが，美術館内の各課で作成される刊行物を横断的に収集し，保存するという機能もアートライブラリは果たしているのである。

このような経緯を経て受け入れた資料の中から図書，展覧会カタログ，雑誌に振り分け，それぞれの担当範囲の規則に従って登録され，最終的に利用者に提供されるに至るのである。

受入が決定した資料は，まず資料の状態や希少価値，脆弱性などの観点から，貴重書として扱うかどうかの判断を行う。アートライブラリでは，貴重書として判断した資料は職員が登録し，それ以外の資料については主に業務委託に依頼している。職員は資料の主題に応じて請求記号と資料IDを付与し，業務委託に目録作成・装備を依頼するという流れになっている。

貴重書として扱う資料は戦前に刊行されたものが多く，年代が古いものが占めている。しかし，その判断は一律ではなく，近年刊行されたものであっても，つくりが特殊なものに関しては，貴重書として，保存容器に納め保護している。

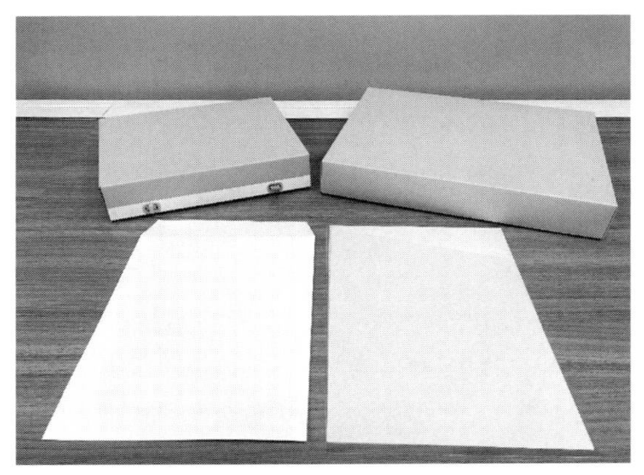

図 2-15　保存容器，アーカイブルボックス，中性紙封筒，アーカイバルクリアホルダー

なお，貴重書に指定した資料は，原則として本体に直接装備はしていない（遡及的に貴重書庫で保管となった資料を除く）。資料の状態に応じて保存容器を作成したり，中性紙封筒に入れたりして，アーカイバルボックス内で保管している。1 枚ものや薄い資料は，中性紙封筒やアーカイバルクリアホルダーなどに入れたうえで，アーカイバルボックスに保管している（図 2-15）。また，本体装備をしない資料の中で，イタリア ColibriSystem 社の糊を使わないブックカバー「コリブリ」でカバーをかけた上から装備しているものもある。

（2）書誌ユーティリティ

2002年に開室したアートライブラリは，当初から国立情報学研究所（NII）が提供している書誌ユーティリティである NACSIS-CAT に参加してきた。NACSIS-CAT に加盟することで，大学図書館コミュニティとの連携が可能となり，CiNii Books や CiNii Research といった研究者が活用するデータベースに接続し，アートライブラリが所蔵する研究資源へのアクセス性の向上が見込まれる。また，書誌ユーティリティのメリットでもある，オンラインでの共同分担目録作業によって，登録作業の負荷を軽減する効果もある。

しかし，筆者がアートライブラリの目録作成において，NACSIS-CAT 準拠であることの意義を見いだしている点はほかにある。美術史研究において重要な資料として展覧会カタログが挙げられることはすでに述べてきた。その多くは灰色文献である。そのために，大学図書館では入手しづらく，NACSIS-CAT に書誌が作成されないという問題を抱えている。アートライブラリでは年間約 3000 冊の展覧会カタログを受け入れており，同一法人である国立新美術館とともに，展覧会カタログの登録に率先して取り組み，新規書誌作成を進めてきた。NACSIS-CAT に書誌作成する意義は，所蔵館の負担軽減だけでなく，最も流通しているデータベースに展覧会カタログという研究資源の存在を開示することにあると考えている。

とはいえ，NACSIS-CAT の書誌作成方法の方針も，「軽量化・合理化」[31] の流れのなかで「CAT2020」以降，大きく変化してきた印象がある。特徴的な変化としては，「PREBOOK データセット」の追加によって NACSIS-CAT 参加館以外で作成された書誌データの活用が可能になったことや，データ作成を出版物理単位にすること，書誌調整の廃止などが挙げられる。

このような方針が打ち出される背景には，専門職としてのカタロガーの減少や図書館員自体の人員削減という現実が関わっていると考えられる。「軽量化・合理化」は，アートライブラリのような専門図書館にとって，プラスに働く部分は限定的であったといえる。特に影響が大きいところで言うと，出版物理単位での書誌データ作成を原則とする方針により，団体展カタログのように回次ごとに登録（VOL 積み）していた資料でも，新規書誌作成をしなければならなくなった。業務委託の作業費（単価計算の見直し）にも波及する問題であり，ローカルのみの登録に切り替えた資料もある。また，書誌調整の廃止によって，品質の高い書誌データの流通が難しい状況になったこともあり，こうした方針転換に対応しなければならないことは，書誌ユーティリティを活用することのデメリットでもあるかもしれない。

（3）目録作成のための規則等

アートライブラリが準拠している目録規則は，NACSIS-CAT で適用されている「日本目録規則（NCR）1987 年版改訂 3 版」「英米目録規則（AACR）第 2 版日本語版」である。また，国立情報学研究所の NACSIS-CAT 関連マニュアル「目録システム利用マニュアル」「目録情報の基準」「コーディングマニュアル」[32]，そして，キリル文字など特殊言語を英語で目録記述する際のツールとして，米国議会図書館（LC）の「ALA-LC Romanization Tables」[33] を活用している。

（4）分類

アートライブラリで用いている分類は表 2-4 のとおりである。図書においては，基本的に NDC に準拠した分類を行っている。ただし，美術書の取り扱いが多いことから，NDC ではカバーし切れない部分について，独自分類の BNDC を用いている。そのほかにも，外国語で書かれた作家別資料の ATT，所蔵品目録の CC（Collection

Catalogue)，美術館・博物館出版物の MP（Museum Publication)，大学出版物の UP（University Publication)，その他関連機関出版物の KP を用いている。展覧会カタログの分類は展覧会の開催形式によって判断しており，個展や回顧展に CO（Catalogue One-person)，グループ展に CG（Catalogue Group)，団体展に CD（Catalogue Dantai)，オークションカタログに CA（Catalogue Auction）を用いている。雑誌の分類は，和雑誌の ZW と洋雑誌の ZY を用いている。また，それぞれの分類の頭に，サイズが大きいものについては L や

表 2-4　アートライブラリの分類表

資料種別	対象資料	分類記号
図書	一般図書	NDC
	7 門の一部の美術書	BNDC
	個人の作家資料（洋書）	ATT
	所蔵品目録	CC
	美術館・博物館の刊行物	MP
	大学の刊行物	UP
	関連機関（上記以外）の刊行物	KP
展覧会カタログ	個展，回顧展	CO
	グループ展	CG
	団体展，国際展	CD
	オークションカタログ	CA
雑誌	和雑誌	ZW
	洋雑誌	ZY
	美術館・博物館発行の逐次刊行物	M＊
	大学発行の逐次刊行物	U＊
	関連機関（上記以外の機関）発行の逐次刊行物	K＊

＊には，年報＝A，紀要＝B，概要＝G，ニューズレター＝N，カレンダー＝C を組み合わせている

LL を，横置きの資料には W や WL を用いている。

（5）図書館システム

図書館システムは 2022 年 3 月 29 日より，株式会社シー・エム・エスの「E-CatsLibrary」を使用している。それまで株式会社リコーの「LIMEDIO」を使用していたが，契約更新を契機に切り替わることとなった。なお，図書館システムは，国立新美術館，国立映画アーカイブ，国立工芸館と共有してきた経緯から，この更新の際も共同調達を行うこととなった。各館担当者とともに今後の図書館システムに求める機能を検討し，以下の 4 つの目的を掲げた。

①プライベート・クラウド環境での構築

②検索用 API やハーベスト用 API を備えていること

③ 4 拠点の基盤は維持しつつ，それぞれの図書室で独自に運用可能であること

④課題管理ツールの使用

①は，これまでオンプレミスで美術館内にサーバーを構築していたため，イニシャルコストとして高額なサーバー導入費や，機器メンテナンス等の手間がかかっていた。クラウド環境に構築することにより，初期費用を抑制し，機器メンテナンスから免れることをめざした。②は，昨今，ジャパンサーチを筆頭に，さまざまな横断検索の仕組みが増えていることを背景に，図書情報が利活用しやすいように，データ連携可能な仕様として「検索用 API」（SRU，Open Search，OpenURL 等）や，「ハーベスト用 API」（OAI-PMH）を備えていることを掲げた。③は，これまで 4 拠点で同一のシステムを使用していたため，書誌データの修正やシステムの運用変更の際などに，各館担当者との調整が必須だった。しかし，各館での取り組み

や活動内容も多様化し，また，各館が抱える資料の特性や運営方法も異なっていることから，システムの基盤は共有しつつも，個々に図書館システムが運用できる構成にすることを掲げた。④に掲げた課題管理ツールは，業務用データベースやOPACを運用していく過程で，システム上の修正等が必要な場合，それらの課題を視覚化し，修正の進捗状況をベンダー側と共有することを目的に設けた。

こうした経緯から入札を行い，「E-CatsLibrary」の導入が決定し，図書館システムの移行を行った。この移行に当たっては，これまでのシステム構成と異なる部分を調整し，データ自体にも手を入れながら行った。また，クラウド環境で図書館システムを構築する際は，情報系担当者とベンダーと連携して環境構築を行った。図書館システムの移行時から課題管理ツールを活用し，公開までに各館で検討すべき事項を把握する際にも非常に有効であった。

（6）蔵書検索（OPAC）の管理と運用

蔵書検索（OPAC）（https://kinbiopac.momat.go.jp/opac/opac_search/）（図2-16）の画面上では，所蔵情報だけでなく，さまざまな情報を提供している。昨今のトレンドであるディスカバリー・インターフェイスを採用しており，アートライブラリの所蔵資料だけでなく，大学図書館（CiNii Books，CiNii Research）や国立国会図書館（NDL Search），美術図書館連絡会（ALC Search）など，他館の所蔵情報や東京国立近代美術館リポジトリの情報を横断的に検索できるようになっている。

また，美術館ウェブサイト内で公開している「アートライブラリ」や，「データベース」「調べ方ガイド」「東京国立近代美術館リポジトリ」のタブを設けているほか，契約データベースの一覧や，美

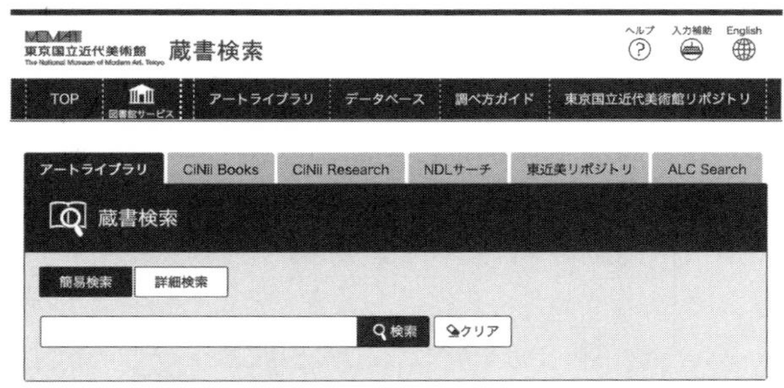

図 2-16　蔵書検索（OPAC）

術に関する情報を調べるうえで有益なサイト情報をまとめたリンク集なども提示している。

さらに，「図書新着案内」と「雑誌最新巻号案内」では過去 30 日分の受入情報を確認することができるほか，「雑誌タイトルリスト」では所蔵している全雑誌の情報が確認でき，また，「特集コーナー」では企画展に関連する資料をまとめた文献リストなども提供している。OPAC は日々の図書館の取り組みを視覚化するうえでも重要な表現媒体と言えよう。

では以下，具体的に図書，展覧会カタログ，雑誌（逐次刊行物），非図書資料の登録ワークフローを紹介する。

2.2.3　図書

（1）図書の定義

アートライブラリで抱えている資料の中で，最も定義が困難なのが図書であり，展覧会カタログ，逐次刊行物（活動報告・紀要・ニューズレター等）以外の資料を指す。最も資料の範囲が広く，時には雑誌の特集号や，美術館で発行されるパンフレットなども図書として扱うことがある。また，展覧会カタログと用語のうえで紛らわしいが，所蔵品目録や，カタログ・レゾネ，東京文化財研究所が発行している『日本美術年鑑』等の年鑑といったものも図書に含まれている。そのほか，美術館・博物館が刊行する利用案内やジュニアガイド等の機関刊行物は請求記号 MP を付与して，図書として登録している。

（2）目録作業

受入が決定した資料は受入票（請求記号，資料 ID 付与）を挟み，業務委託の登録担当者に渡す。受入票は登録の際の指示書となるため，必要事項を簡潔に記入する。目録作業は業務用データベースで行う（図 2-17）。NACSIS-CAT で書誌データがヒットすれば所蔵を付けて，ローカル・データベースに書誌をダウンロードしたうえで，所蔵登録を行う。ノーヒットの場合は，新規書誌作成を行う。書誌情報の記述をしたうえで，典拠作業（著者名等），分類標目・件

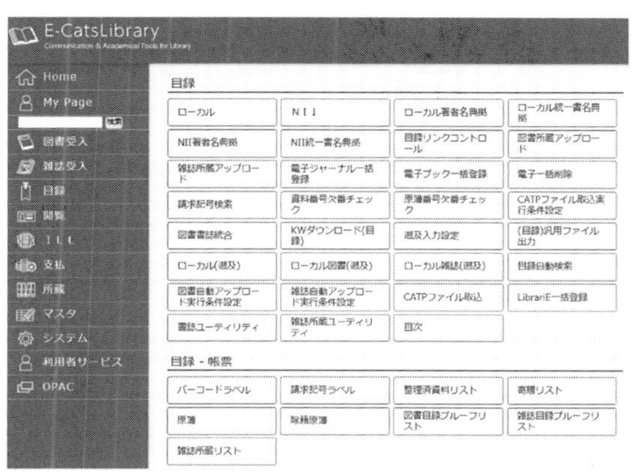

図 2-17　業務用 DB 目録画面

名標目を付与する。

（3） 図書の分類

図書については，原則として日本十進分類法新訂8版（NDC8）にもとづいて分類記号を付与している。ただし，アートライブラリでは，美術に関する文献を多く扱っていることから，先述のとおり7門に関しては，BNDCというNDCの一部を細分化して定めた独自分類を採用している。ここでは具体的な例として，日本画，洋画，彫刻，写真について，請求記号と資料の内容，参考として作家名を表2-5で示している。

（4） 装備・配架

請求記号（分類と著者記号）を見開き1ページ目の，ノドに近い上方に鉛筆で記入する。日付の入った受入印「東近美蔵書」を，標題紙の裏ページ中央に押す。「東近美蔵書」の小口印を，小口の天に，

表2-5　BNDCの一例

区分	請求記号	資料の内容	例
日本画	721.99	日本画-近代以降-作家別・列伝	東山魁夷
洋画	723.19	作家別・列伝	藤田嗣治
	723.9	海外-作家別	パブロ・ピカソ
彫刻	712.19	作家別・列伝	高村光太郎
	712.9	海外-作家別	アルベルト・ジャコメッティ
写真	740.219	作家別・写真集・資料	森山大道
	740.29	海外-作家別	アンリ・カルティエ・ブレッソン

背から1cmぐらい離して押す。和書は奥付に，洋書は標題紙裏に「東京国立近代美術館蔵書」の朱印を押す。資料IDを打ち出し，背を左にして開き，見開き右側ページの下部の中央位置（下から1.5cm）になるべく絵や文字を避けて貼る。請求記号ラベルを打ち出し，背表紙の下から約1.5cmの位置に貼り，上からビニダイン（ビニール糊）を塗布している。また，カバー（ジャケット）があればラベルキーパーで留め，帯も廃棄せずに資料と一緒に保管している。

図書の配架先は主に開架，閉架，外部倉庫，貴重書庫の4箇所である。開架には新着図書コーナーを設けており，ここには購入図書が一時的に配架される。それ以外の図書は，閉架（和書・洋書別）に請求記号順で作家別に資料が並ぶように配架している。一部の背の薄い図書は，展覧会カタログと同様にファイルボックスで保管しているものもある。

2.2.4　展覧会カタログ

（1）展覧会カタログの定義

展覧会カタログは，①美術館・博物館・画廊等が発行する図録類であること，②資料本体に会期，会場の記載があること，③出品作品の同定が可能であること（つまり，出品リストが掲載されていること）の3点を満たす資料と定義している。ここには例外もあり，会期の記載がなくても展覧会を開催したことが推測される資料については，冒頭の挨拶文や，展覧会を行った美術館のウェブサイト，東京文化財研究所発行の『日本美術年鑑』などを参照し，展覧会カタログと判断する場合もある。

なお，国立情報学研究所では，「原則として，美術館・博物館・画廊等で開催される展覧会・ワークショップにおいて発行される図録・目録類を対象とする。また，こうした展覧会を機会として出版された作家論，作品論，作品集等も対象とするが，展覧会の出品作品が同定できないものはこれに含まない」[34]と定義づけている。当館もほぼこれを踏襲している。

（2）目録作業

登録作業については，原則として図書の工程と同じため，ここでは割愛する。展覧会カタログについては，主題が近現代美術に関するものを中心に，正本（未所蔵）だけでなく，複本（2冊目）も登録している。

（3）展覧会カタログの分類

展覧会カタログは，展覧会の形式に応じて，分類記号を付与している。詳細はp.78-80を参照いただきたい。

（4）装備・配架

資料IDを打ち出し，裏表紙の下から1.5cm，背から1.5cmの位置でなるべく絵や文字を避けて貼付している。カバーのかかった資料には，資料本体とカバー両方に資料IDを貼付している。COやCGに割り振られた展覧会カタログは，スペースの都合上，資料ID順に固定配架法で配架している。そのため，登録上は請求記号を付与していても，実際の資料に請求記号ラベルを貼付はしていない。さらに，保存の観点から背の厚さで分けて保管しており，資料がどちらに配架されるかを判別しやすくするために厚いカタログには赤シール，薄いカタログには緑シールを背表紙上部に貼っている。

CD や CA については，請求記号にもとづいて配架していることから，請求記号ラベルを打ち出し，背表紙下部で文字等にかからない場所に貼り，上からビニダイン（ビニール糊）を塗布している。このほか，資料によっては，ブックカバー（コリブリ）をかけるなどして，その上から装備をしているものもある。

展覧会カタログの配架先は主に開架，閉架，貴重書庫，外部倉庫の4箇所である。開架には厚いカタログを配架するための新着展覧会カタログコーナーがある（図2-18）。これらは資料ID順に配架しており，スペースがなくなった段階で，古い資料IDから閉架に移動させている（図2-19）。また，近現代美術という主題から遠い内容の展覧会カタログについては，スペースの都合上，外部倉庫に預けている。薄いカタログについては，資料ID順にファイルボックスで保管している（図2-20）。CD や CA は閉架と外部倉庫に配架している。

（5）自館の展覧会カタログ

東京国立近代美術館では，企画展ごとに展覧会カタログが発行されている。それら自館の展覧会カタログについては，通常の登録作業に加えて，収録されている記事単位まで採録する目次登録を行っている。図2-21は，「鏑木清方展：没後50年」展の目次情報である。これらもOPACの検索対象となっており，埋もれがちな記事単位の情報も提供している。これまでは自館の刊行物に限定してきたが，将来的には展覧会カタログ一般にまで拡張して目次情報を提供できればと考えている。

図 2-18　新着展覧会カタログコーナー

図 2-19　閉架に資料 ID 順に配架されている展覧会カタログ

図 2-20　閉架に資料 ID 順でファイルボックスに保管されている薄カタ

カブラキ キヨカタ テン：ボツゴ 50 ネン
鏑木清方展：没後50年 / 鶴見香織 [ほか] 編集

書誌ID	BB00000019
資料ID	140001828
巻次年月次	/ 2版

目次

- 鏑木清方 生活を描いた画家 / 鶴見,香織[執筆] --- p.10
- 第一章 木挽町紫陽花舎・東京下町にて（明治） / 小倉,実子[執筆] --- p.23
- Chapter1: At Ajisai-no-ya in Kobiki-cho, the Shitamachi Area of Tokyo (The Meiji Era) / [Text by]Ogura,Jitsuko / [Translated by]Ogawa,Kikuko --- p.22
- <コラム1> 清方の描く装い / 山壖,菜未[執筆] --- p.28
- 第二章 本郷龍岡町・金沢遊心庵にて（大正） / 小倉,実子[執筆] --- p.43
- Chapter2: At Hongotatsuoka-cho, Tokyo and Yushin-an in Kanazawa, Yokohama (The Taisho Era) / [Text by]Ogura,Jitsuko / [Translated by]Ogawa,Kikuko --- p.42
- <コラム2> 清方と娘道成寺 / 小玉,祥子[執筆] --- p.88
- 第三章 牛込矢来町夜雷亭にて（昭和戦前） / 小倉,実子[執筆] --- p.107
- Chapter3: At Yarai-tei in Ushigomeyaraicho, Tokyo (The Prewar Showa Era) / [Text by]Ogura,Jitsuko / [Translated by]Ogawa,Kikuko --- p.106
- <コラム3> 小さくえがく / 鶴見,香織[執筆] --- p.138
- <コラム4> 生活をえがく / 鶴見,香織[執筆] --- p.177
- 第四章 鎌倉、終の棲家にて（昭和戦後） / 小倉,実子[執筆] --- p.201
- Chapter4: At Kiyokata's Final Adode in Kamakura (The Showa Era after World War Ⅱ) / [Text by]Ogura,Jitsuko / [Translated by]Ogawa,Kikuko --- p.200
- 歿後50年を迎えた清方との思い出 / 根本,章雄[執筆] --- p.226
- 清方を巡る人々、出会いと制作 / 今西,彩子[執筆] --- p.229
- 清方さんと京都 / 小倉,実子[執筆] --- p.234
- [没後50年 鏑木清方展]出品目録・解説 / 小倉,実子 / 鶴見,香織[編] --- p.238
- [没後50年 鏑木清方展]鏑木清方 年譜 / 今西,彩子[編] --- p.258
- 鏑木清方の絵をすみずみまで味わうためのブックガイド / 長名,大地[編] --- p.284
- [没後50年 鏑木清方展]出品作品一覧 --- p.289
- Kaburaki Kiyokata--An Artist Who Portrayed Daily Living / Tsurumi,Kaori[執筆] --- p.v
- [没後50年 鏑木清方展]List of Exhibits --- p.xi

図 2-21　「鏑木清方展：没後 50 年」展の目次情報

2.2.5　雑誌

（1）雑誌の定義

日本目録規則において，逐次刊行物とは「終期を予定せず，部分に分かれて継続して刊行され，通常はそれぞれに順序表示がある資料（例えば，定期刊行物，モノグラフ・シリーズ，新聞）。刊行期間は限定されているが，部分に分かれて定期または不定期に継続して刊行され，順序表示があるなど，逐次刊行物としての特徴を備えた資料（例えば，特定のイベントに関するニューズレター）や逐次刊行物の複製をも含む」[35]と定義されており，この定義に相当するものを雑誌と呼んでいる。当然，ここで言う雑誌は，いわゆる週刊誌ではなく，学術誌を指している。

アートライブラリでは，美術系の学術誌を中心に収集している。公開している雑誌のタイトルは，OPAC 上の雑誌タイトルリスト（https://kinbiopac.momat.go.jp/opac/serialtitle/?lang=0&codeno=4）から確認することができる。また，表 2-6 は年間購読している雑誌の一覧である。

表 2-6　年間購読誌一覧（2021 年度）

Axis : 季刊デザイン誌アクシス
BT : 美術手帖 : bijutsu techo : monthly art magazine
IMA : living with photography
Rear : 芸術批評誌リア : 芸術/批評/ドキュメント
写真
週刊読書人
記録と史料
月刊美術
史學雜誌
情報の科学と技術

新建築
新美術新聞
図書館雑誌
図書新聞
東京人 : Tokyo jin
日本古書通信 : the Nippon kosyo tsushin
博物館研究
版画藝術
美術の窓
美術フォーラム 21
美學
表象 : hyosho : journal of the Association for Studies of Culture and Representation
Aperture
Art & métiers du livre
The Art bulletin
Art documentation : bulletin of the Art Libraries Society of North America
Art education : journal of the National Art Education Association
Art history : journal of the Association of Art Historians
Art in America : an illustrated magazine
Art journal
Art libraries journal
The Art newspaper International ed
Artforum international
ARTnews
The Burlington magazine
Cahiers du Musée national d'art moderne
Critique : revue générale des publications françaises et étrangères
Flash art. International : largest european art magazine
Grey room : architecture, art, media, politics
Journal of design history
Journal of the Archives of American Art
Kunstforum international
Museum international [English ed]
October
Revue de l'art
Zeitschrift für Kunstgeschichte

(2) 発注・寄贈

アートライブラリでは多数の雑誌を年間購読している。それらの発注業務も雑誌担当の重要な仕事である。特に，洋雑誌については，発行時期と到着時期がずれることが多く，未着雑誌の把握や欠号の確認作業は一仕事である。和雑誌は原則として年度ごと（4 月～翌年 3 月），洋雑誌は年ごと（1～12 月）に契約しており，それぞれ業務用データベースに発注データを作成している。

(3) 目録作業

NACSIS-CAT に従って，既存の書誌がある場合はダウンロードし，新規書誌の場合はローカル上で登録を行っている（図 2-22）。NACSIS-CAT への所蔵アップロードは年に一度行っている。『図書新聞』や『週刊読書人』といった発行頻度が多い新聞を除き，アートライブラリでは，すべての受入雑誌について，各号登録をしている。各号登録については，NACSIS のコーディングマニュアルのよ

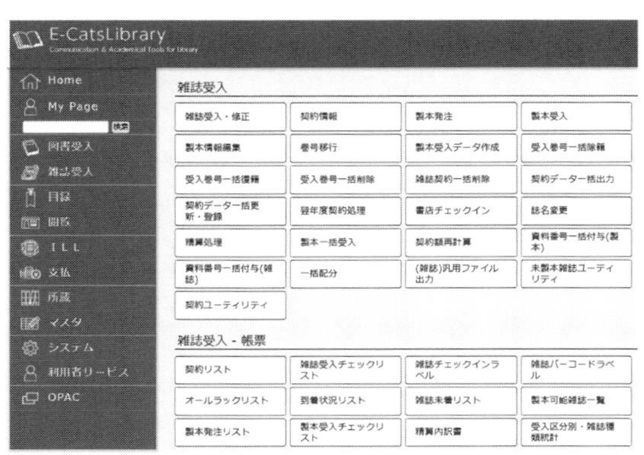

図 2-22　業務用 DB の雑誌受入画面

うな共通のルールは存在しないが，「転記の原則」や，「年」や「年月次」は西暦入力，「特集」欄に特集名を入力することなど，ローカルルールを定めている。

（4） 雑誌の分類

雑誌の分類について，大半は和雑誌のZW，洋雑誌のZYが占めている。それらを請求記号の1段目に据えて，2段目にはタイトルの頭文字のカタカナ1文字や，アルファベット1文字を付している。

それ以外に，アートライブラリ独自で定めている分類としては，表2-4にも示しているとおり，美術館・博物館が発行している逐次刊行物はM＊，大学が発行している逐次刊行物はU＊，それら以外の関連機関が発行している逐次刊行物はK＊としている。2段目には，国内であれば，機関名の頭文字のカタカナ1文字を，海外であれば独自に機関所在の国コード／都市コードを当てている。

（5） 装備・配架

基本的に受入作業をした日付の入った受入印を表紙＞標題紙＞目次＞奥付を優先順位として，空白部分がある箇所に押印している。購入した洋雑誌に限って，受入印は押さずに表紙にシールプレスを押している。なお，状態不良のものは，受入印を押さずに，「東近美蔵書」を押す場合もある。また，ニューズレターなどの薄い冊子は，「東近美蔵書」を最終ページ等に押印している。もちろん，貴重書に指定された資料については本体に押印等はしていない。請求記号については，表紙の上方，ノドに近いところに鉛筆で記入している。

雑誌の配架先は主に開架，閉架，貴重書庫，外部倉庫の4箇所である。開架には美術に関する専門誌を中心とする新着雑誌コーナーがあり，最新号に透明のハードカバーをかけて保護したうえで配架している。それ以外の雑誌は閉架や貴重書庫，外部倉庫に配架される。

（6）自館刊行物と機関リポジトリ

東京国立近代美術館では，『東京国立近代美術館研究紀要』や『現代の眼』，『活動報告』といった刊行物を作成している。これらはウェブサイト上や，「東京国立近代美術館リポジトリ」（https://momat.repo.nii.ac.jp/）で公開している。機関リポジトリには，オープンアクセスリポジトリ推進協会（Japan Consortium for Open Access Repository：JPCOAR）と国立情報学研究所が共同運営しているJAIRO Cloudを採用している。機関リポジトリへの登録方法については，導入するシステムによって異なるため，ここで詳しく記さないが，基本的には図書館システムに登録した情報を元に，対照する項目に必要情報を記入している。機関リポジトリで公開した情報の図書館システムへの反映は，基本的には誌面単位で関連URLとして記載する運用となっている。

（7）データベースと電子ジャーナル

アートライブラリが2022年現在契約しているデータベースは表2-7のとおりである。なお，ここでのデータベースとは論文等の検索ツール，電子ジャーナルを論文フルテキストにアクセス可能なものを指す。いずれも館内の端末からのみアクセス可能となっている。

データベースとしては，ProQuestが提供するARTbibliographies Modern（ABM），Arts & Humanities Datebase，Avery Index to

Architectural Periodicals（Avery），Design and Applied Arts Index（DAAI），International Bibliography of Art（IBA）が挙げられるほか，Oxford Art Online（OAO）が提供する美術事典が収録されたデータベースがある。それぞれのデータベースの内容は表2-7を参照していただきたい。

電子ジャーナルとしては，まずJSTORが挙げられる。その収録数は，美術雑誌170タイトル以上を含む，4,000タイトル以上を数える（2022年7月現在）。アートライブラリでは，これらをOPAC上でも検索可能にするため，JSTORが提供しているタイトルリストを元に，収録タイトル単位で登録を行っている。検索時に個別の雑誌としてヒットすることによって，利用者が資料へアクセスしやすくするためである。しかし，情報更新という点においては注意が必要となる。JSTORに収録されている雑誌のタイトル数や，各雑誌で閲覧可能な「巻号」は変動するためである。特に，巻号については出版社保護の観点から，基本的に最新号は掲載されず，3～5年ほど経過してから掲載される仕組みになっている（これをMoving wallという）。また，JSTORが提供しているタイトルリストの記載方法も，図書館システムへの登録用に準備されたものではないことから，そのまま流用して登録に用いることはできない。そのため，アートライブラリでは「所蔵巻号一覧」に具体的な巻号を示さず，「最新情報は電子ジャーナル上でご確認ください」としている。また，JSTORの収録雑誌に変動があった場合は，年一度行われるタイトルリストの更新にあわせて，登録情報の見直しを行っている。

そのほかの電子ジャーナルとしては，*Art Bulletin*，*Art documentation*，*Art Journal*，*Art libraries journal*，*CAA reviews*，*Grey room*，*Journal of design history*，*October*があり，館内の端末

表2-7　契約データベース

名称	内容（アートライブラリのウェブサイトより）
ARTbibliographies Modern（ABM）	モダンアートおよびコンテンポラリーアートを専門とする書誌情報としては唯一のものです。絵画，彫刻，写真からビデオアート，ボディアート，グラフィティまで，あらゆる芸術形式を網羅しています。1960年代後期以降のものから，完全抄録と索引を提供しています。
Arts& Humanities Datebase	芸術，建築，デザイン，歴史，哲学，音楽，文学，演劇，文化研究を含む数百のタイトルを収録しています。次の索引を補足するよう設計されています。ABM, DAAI, British Humanities Index, MLA International Bibliography and Philosopher's Index 等。
Avery Index to Architectural Periodicals（Avery）	建築，都市工学分野の記事索引です。1934年以降の建築に関するジャーナル記事を扱っており，建築と建築史，景観設計，都市計画，歴史的保存，インテリアデザインや室内装飾などを網羅しています。
Design and Applied Arts Index（DAAI）	デザイン・工芸分野に関わる多様な記事を収録し，1973年から現在までのジャーナル記事，展覧会批評，ニュース項目を検索できます。工芸，グラフィックデザイン，ファッション，インテリア，建築，ウェブデザイン，アニメーション，造園など，幅広い分野をカバーしています。
International Bibliography of Art（IBA）	この分野で最も信頼されている「Bibliography of the History of Art（BHA）」の継承後誌を公開しているウェブ版データベースで，BHAの編集方針を踏襲しています。このデータベースには，Getty Research Instituteにより2008年から2009年に作成されたレコード，ならびに同じシソーラスと典拠ファイルを使用してProQuestにより新たに作成されたレコードが含まれます。
Oxford Art Online（OAO）	OAOは，旧グローブ社美術事典 *The Dictionary of Art* のオンライン版です。*The Dictionary of Art* のフルテキストを含んだGrove Art Onlineのほか，The Oxford Companion to Western Art, Encyclopedia of Aesthetics, The Concise Oxford Dictionary of Art Terms, Benezit Dictionary of Artistsも横断検索できます。

から最新号まで閲覧することができるが，登録方法は同様である。

2.2.6　非図書資料

アートライブラリではこれまで解説してきた資料のほかに，「その他」という資料種別を設けている。主な資料として挙げられるのが「作家ファイル」であり，東京国立近代美術館の収蔵作家を中心に立てられたフォルダには，関連するチラシや案内はがきなどのエフェメラがファイリングされている。それらを一点ずつ登録することはなく，フォルダ単位で登録しOPACで検索できるようにしている。請求記号はAFを用いて，内容物に関して一般注記に「ファイル資料（切り抜き，パンフレット，チラシ，リーフレット，案内状，小冊子など作家に関する資料）」といった記載をしている。なお，個別のフォルダのない作家については，作家名に従って五十音順，またはアルファベット順に資料を整理し，収蔵作家になった段階で，個別のフォルダを設けることになっている。美術館にはさまざまなエフェメラが集まってくるため，作家ファイルの中身は随時更新されることになる。エフェメラのように分量が多く，個々の資料を登録するには煩雑すぎる場合の整理方法として参考にしていただきたい。

そのほかにも，アーカイブズの中に，原稿や書簡といった非図書資料が含まれている。これらの中には利用に際して著作権者への許諾が必要な場合など，個別に対応が必要な情報についてコメント欄に記載している。

2.2.7　おわりに

ここまで，アートライブラリが抱えるさまざまな情報資源の組織化の流れについて解説してきた。本稿が美術図書室を運営するうえで参考になれば幸いである。本稿の執筆にあたっては，東京国立近代美術館アートライブラリで司書を務める赤松千佳氏，金子倫子氏，横浜美術館美術情報センターの石川明子氏に協力を仰いだ。記して謝意を表したい。

引用参考文献・注

1：野崎たみ子「美術図書室の四半世紀」『美術フォーラム 21』(3)，2000，p.76-79.

2：美術情報センター「横浜美術館年報 1989-1991（平成元年-3 年度)」1，横浜美術館，1993，p.131-138.

3：「アートカタログ・ライブラリー」は，1996 年から 2004 年にかけて，東京赤坂に開設された展覧会カタログを扱う専門図書館。「アートライブラリーのご紹介」『国立新美術館ニュース』1，2007，p.5.

4：なお，国立映画アーカイブは，2017 年度まで東京国立近代美術館の一部門としてフィルムセンターという名称だったが，2018 年 4 月に独立した。また，東京国立近代美術館には分館である工芸館も含まれている。

5：独立行政法人国立美術館 所蔵作品総合目録検索システム．2019-03-28. http://search.artmuseums.go.jp/，(参照 2019-05-16).

6：水谷長志，室屋泰三，丸川雄三「独立行政法人国立美術館における情報〈連携〉の試み：美術館情報資源の利活用試案ならびに他関連機構との連携について」『東京国立近代美術館研究紀要』(12)，2008，p.5-26，93.

7：カタログ・レゾネ（Catalogue raisonné）とは，特定の美術作家が手掛けた全作品の図版や制作年，所蔵館，展覧会歴等の情報を収録し，年代順や作品の種類ごとに分類整理された目録を指す。

8：レファレンス協同データベース．http://crd.ndl.go.jp/reference/detail?page=pro_view&id=4110009，(参照 2019-05-29).

9：美術文献ガイド 6th ed. 2019-10-11. https://www.momat.go.jp/am/library/art_library_guide_6th/，（参照 2022-04-08）.

10：東京国立近代美術館アートライブラリ，英語版ウェブサイトをリニューアル．2020-03-13，https://current.ndl.go.jp/node/40486，（参照 2022-04-08）.

11：活動報告．https://momat.repo.nii.ac.jp/?action=repository_opensearch&index_id=6，（参照 2022-04-08）.

12：出版書誌データベース．https://www.books.or.jp/，（参照 2022-08-02）.

13：日本の古本屋．https://www.kosho.or.jp/，（参照 2022-08-02）.

14：今橋映子『展覧会カタログの愉しみ』東京大学出版会，2003，p.1.

15：インスタレーション（Installation）は，「「設置」という意味。1970 年代頃から試みられるようになった現代芸術の形式で，屋内外を問わず，永続的な存在を前提としない造形作品を設置すること」（益田朋幸，喜多崎親編著『岩波西洋美術用語辞典』岩波書店，2005，p.35）を指す。作品自体が残らないため，撮影した写真や映像，その際に発行された印刷物等が作品の重要な記録としての役割を担うことになる。

16：Va Alexandria, Chadwyck-Healey. The Museum of Modern Art artists files. 1986.

17：「本のアート」を巡る名称としては，「リーブル・ダルティスト」や「アーティスト・ブック」，「ブック・アート」，「アート・ブック」などさまざまに存在するが，本稿では一般的な「アーティスト・ブック」を用いている。この名称については以下を参照。坂本満「「美術」の中の本／「本」の中の美術」中川素子，坂本満編『ブック・アートの世界：絵本からインスタレーションまで』水声社，2006，p.252-265.

18：うらわ美術館（滝口明子，山田志麻子）『美術への挑戦 1960's-80's：秘蔵されていたアート・ブック』うらわ美術館，2018，48p.

19：東京国立近代美術館編『美術と印刷物：1960-70 年代を中心に』東京国立近代美術館，2014.；東京国立近代美術館編集『美術と印刷物：1960-70 年代を中心に：記録集』東京国立近代美術館，2015，63p.；松岡新一郎「美術と印刷物　1960-1970 年代を中心に」展．artscape．2014-10-15，https://artscape.jp/focus/10104151_1635.html，（参照 2022-04-08）.

20：法人文書の管理に関する定め．https://www.artmuseums.go.jp/corporate_info/rule/houjin_sadame，（参照 2023-02-24）.

21：小澤万紀，水谷長志「東京国立近代美術館アートライブラリ所蔵 藤田嗣治旧蔵書について：その受入から公開まで」『アート・ドキュメンテーション

通信』(99), 2013, p.7-9.

22：北海道立近代美術館，キュレイターズ編『藤田嗣治と愛書都市パリ：花ひらく挿絵本の世紀』キュレイターズ，2012，183p.；西宮市大谷記念美術館ほか『没後50年藤田嗣治本のしごと：文字を装う絵の世界』キュレイターズ，2018，319p.

23：谷口昌良，畠山直哉『空蓮房：仏教と写真』赤々舎，2019，p.20.

24：田中淳「難波田龍起氏寄贈資料について」『東京国立近代美術館研究紀要』(2)，1989，p.69-82.

25：石川明子「資料紹介 #1 難波田龍起関係資料」『現代の眼』(626)，2022，p.36-37.

26：中林和雄，桝田倫広，名塚雅絵編『endless：山田正亮の絵画』美術出版社，2016，335p.

27：『東京国立近代美術館所蔵品目録 岸田劉生：作品と資料』東京国立近代美術館，1973，p.[3].

28：長名大地「東京国立近代美術館アーカイブズ資料と夢土画廊資料について」全国美術館会議情報・資料研究部会編『美術館のアーカイブズ資料の可視化とさらなる活用に向けて』全国美術館会議，2020，p.17-24.；長名大地，石川明子「＜資料紹介＞夢土画廊関係資料について」『東京国立近代美術館研究紀要』(25)，2021，p.35-52.

29：美術図書館連絡会（ALC）について．https://alc.opac.jp/search/help/about.html，（参照 2022-04-08）.；美術図書館横断検索．https://alc.opac.jp/search/all/，（参照 2022-04-08）.

30：水谷長志「ミュージアム・アズ・パブリッシャー：『現代の眼』におもうこと」『現代の眼』(549)，2004，p.3.

31：E2107：NACSIS-CAT/ILL の軽量化・合理化について（最終まとめ）．https://current.ndl.go.jp/e2107，（参照 2022-04-08）.

32：目録システム利用マニュアル第7版（2020年8月発行）．2020-08．https://catill.bitbucket.io/CAT7/mokuji.html；目録システムコーディングマニュアル（CAT2020 対応版）．2020-08．https://catill.bitbucket.io/CM/mokuji.html；目録情報の基準第5版．2020-08．https://catill.bitbucket.io/KIJUN/kijun5.html，（いずれも参照 2023-02-24）.

33：ALA-LC Romanization Tables. https://www.loc.gov/catdir/cpso/roman.html，(accessed 2022-04-08).

34：展覧会カタログに関する取扱い及び解説（平成18年6月15日版）．https://

contents.nii.ac.jp/sites/default/files/catill/2022-08/exhb_toriatsukai.pdf,（参照 2023-02-24）.

35：日本目録規則：2018 年版：D 用語解説，https://www.jla.or.jp/Portals/0/data/iinkai/mokuroku/ncr2018/ncr2018_d_201812.pdf,（参照 2022-04-08）.

コラム2　展覧会記録の利活用

はじめに

ここでは東京国立近代美術館アートライブラリが所蔵する展覧会関係写真を中心とする，いわゆるミュージアム・アーカイブの利活用事例として，MOMAT コレクション展で開催した小特集「プレイバック「抽象と幻想」展（1953-1954)」(2022 年 10 月 12 日～2023 年 2 月 5 日）についてご紹介したい。

プレイバック「抽象と幻想」展（1953-1954)

1952 年の開館以来，東京国立近代美術館ではさまざまな展覧会が行われてきた。展覧会の記録写真は，ガラス乾板やフィルムに収められており，長らくアートライブラリ内で保管されてきた。しかし，すでに 70 年近く経過し，イメージが剥落する危険性もあることから，2020 年から保存のための複製を目的とするデジタル化と，現資料のリハウジングに取り組み始めた。開館当初の記録写真は，1 点ずつ撮影された出品作品やパネルの画像で構成されたものが多く，現在のように展示風景を撮影したものは限られている。また，展覧会によっては断片的にしか残っていないものもあった。

そうしたなか，1953 年に開催された「抽象と幻想」展に関わる写真は，展覧会調書（展覧会の記録がまとめられた内部文書）や関連資料との突き合わせを経て，奇跡的に全出品作品とパネルの画像が残されていることが判明した。さらに，展覧会調書には詳細な会場図面も残されており，誰の作品がどこに展示されていかも確認することができた。

そのタイミングで，MOMAT コレクション展の展示室の一角を使って，資料担当者の視点から新しい展示企画を考えてみませんかと打診いただいた。ちょうど展示の会期中，美術館が 70 周年を迎え，その歴史を顧みるタイミングとしても適切であることから，初期の活動を振り返る企画として「抽象と幻想」展の再構成をテーマにした展示の検討に入った。同時に，国立アートリサーチセンター（仮称）設置準備室の情報企画・メディア担当の方々に，技術面での協力を仰ぎ，これらの記録を元にした展覧会再現 VR の制作に着手することになった。VR はヘッドセットを利用するものではなく，展示室内でプロジェクターによる投影し，いわば展示空間にもう一つの仮想の展示空間を設けるという方向で検討を進めた。

VR という新しい技術によって展覧会を再現することを核としつつ，所蔵作品の中から実際に当時展示されていた作品や，「抽象と幻想」展の調書やポスター，カタログ，招待状，ガラス乾板，同時代評，また，パネルの再制作など，同展に関わるさまざまな媒体を交えて展示することにした。

「抽象と幻想」展とは？

1952 年 12 月 1 日に京橋で開館した国立近代美術館では，「日本近代美術展 近代絵画の回顧と展望」以降，近代美術を歴史的に回顧する展示を続けていたが，1 周年を迎えるにあたって行われた「抽象と幻想 非写実絵画をどう理解するか」展（1953 年 12 月 1 日～1954 年 1 月 20 日）は，傑作を並べるという従来型の展示とは異なり，同時代の作家を，特定のテーマのもとで取り上げる新しい試みであった。批評家の植村鷹千代と瀧口修造を協力委員に迎え，

VR 内で再現された展示空間

「抽象（アブストラクト）」と「幻想（シュルレアリスム）」というモダンアートの二大潮流のもとに展覧会が構成された。年報の概要には，「現代画壇の前衛的傾向を系統立てて整理し，いわゆる「わかりにくい新しい絵」を理解せるようにつとめた。従来の歴史的な観点に立つ展覧会から現代に足を踏み入れた新しい企画であった。出品はすべて現代日本画壇のシュルレアリスムとアブストラクトの作品であるが，そのほかに写真と図形を主とし，作家の言葉を引用して，上の二系統をパネルにより解説したのが好評だった」[1] とあり，同時代の美術を取り上げる新しい取り組みであったことや，非写実絵画に対する一般の理解を得ようという実験的な試みであったことが窺える。

「抽象と幻想」展の展覧会カタログは 2 種類存在する。1 冊目は会場で配布されていた 4 ページほどの小冊子，2 冊目は 1955 年に東都文化出版から刊行された79 ページから成るハードカバーである。

これらのカタログは，「抽象と幻想」展を振り返るうえで重要な資料であるが，小冊子に掲載されている出品目録には不備があるだけでなく，掲載図版も限られている。また，増補版とも言うべき東都文化出版のカタログも，図版は豊富になっているものの，展覧会出品作品とは異なる図版に置き換えられている箇所もあり，これらの資料だけでは，展覧会の全貌を振り返ることはできないのである。こうした点も再現 VR の制作の動機づけになった。

展覧会再現 VR の制作過程

「抽象と幻想」展の再現 VR は，筆者が監修を務め，国立アートリサーチセンター（仮称）設置準備室の情報企画・メディア担当の方々が制作を担当した。筆者は同展に関する調査だけでなく，京橋時代の建物に関する情報収集も行い，資料や記録にもとづく空間再現を依頼し，以下のようなプロセスで制作が進められた。

1．ガラス乾板に収められた作品やパネル画像のデジタル化
2．「抽象と幻想」展の関連資料を元に，出品作品と作品画像の同定作業
3．展覧会調書に記載されたメタデータの採録，および，作者の言葉の翻刻
4．国立近代美術館（京橋）の会場図面等の記録からゲームエンジン「Unity」を用いて展示空間を構築
5．作品やパネルのデジタル化した画像を調整し，会場図面に従ってキャプション，作者の言葉とともに配置
6．プロジェクターによる再現 VR の投影テスト
7．待ち受け画面，ガイダンス画面の設定

整然とした手順にまとめているが，実際はこのとおりに進んでき

たわけではなく，行きつ戻りつしながら制作が進められた。VR 空間に作品画像を当てはめていく過程で，記録の間違いに気づいたことも多々あった。例えば，調書に記載のサイズで画像を配置しても縦横比率が合わなくなってしまう作品（そうした作品は現所蔵館が判明しているケースに限るが，所蔵館のメタデータと照合し，それによって調書に薄く斜線が引かれていたことに気づいたり，ガラス乾板にサイズが直接書き込まれている理由がわかったりした）や，彫刻作品の場合は平面画像しかなく，そのまま配置するわけにはいかないことから立体作品に見せるための工夫が必要となったり，また，抽象絵画で天地がわかりづらい作品は画像を拡大し，キャプションの位置やサイン，カタログ類に掲載されている画像があれば参照したりと，総合的に判断をする必要があった。

このように過去の展覧会を起点にすることで，さまざまな資料や文書記録の掘り起こしにつながった。そうした調査の成果は配布物にも反映した。当時の会場配布物の復刻版を制作し，今回の調査を整理した情報をまとめた資料を加え，アップデートすべき情報を整理した。展覧会の再現を通して，美術館の歴史への理解を深める貴重な機会となった。

おわりに

美術館にとっての「コレクション」とは，なんだろうか。それは美術作品に限定されるものでは決してないはずである。アートライブラリが所蔵する資料や，残された文書記録もまた，美術館にとって重要な「コレクション」の一部と言えるのではないだろうか。今回の MOMAT コレクションでの小特集は，さまざまな媒体を意識的に取り上げることでそれを示そうと試みた側面がある。また，

VRによる記録の視覚化は，「コレクション」の利活用の幅を広げる試みであり，ミュージアム・アーカイブの利活用事例として，一つの可能性を示せたと思う。決して資料の担当者も展示をせよと主張したいわけではない。筆者は美術館の機能の一つを担う重要なセクションとして，資料担当の立場を捉えており，ここには新たな可能性があるという確信のもとに取り組んだ次第である。今後もこのような意識で，美術館の資料を活用していく事例を重ねていければと考えている。

引用参考文献・注

1：『国立近代美術館年報 昭和27年-30年度』国立近代美術館，1957，p.45

3章

ミュージアム・アーカイブズ

3.1 ミュージアム・アーカイブズとは何か

“人の活動と経験の真正な証拠を，時を超えて伝達する”
―― エリック・ケテラール[1]

3.1.1 アーカイブズの定義

ここからは「ミュージアム・アーカイブズ」という用語のもとに，ミュージアムが管理する知識情報資源を捉え直していく。本シリーズの第1巻『博物館の情報資源と目録・カタログ』では，博物館情報学を柱に博物館の機能を洗い出し，運営基盤となるコレクションを管理・検索可能にするものとしての収蔵品目録，加えて「年報」「要覧」「図録」をはじめとする博物館活動記録としての出版物が取り上げられていた。そこに「アーカイブズ」という用語は出てこない。

一方で，アーカイブ（ズ）という言葉自体はもはやそれほどめずらしくもなく，私たちは日常的に複数の意味で使用している。例えば，過去のメールを非表示にして保存する「アーカイブ機能」や，ライブ中継された舞台やコンサートの録画を実施後に視聴できるようにする「アーカイブ配信」がある。日本語で「デジタルアーカイブ」と総称するオンラインリソースは，「ヒロシマ・アーカイブ」や「アジア歴史資料センター」など，テキスト，イメージ，音声，動画といった多様な資料のデジタルコンテンツを集合的に公開し，随時検索を可能にしたものである。オンラインでの閲覧だけでなく，コンテンツの利用促進をめざしたリソースも増えており，大学や地方公共団体はじめ，文化機関や企業など，コンテンツホルダーによる設置・運用が進む。一元的な窓口となる国立国会図書館「ジャパンサーチ」を介して，ウェブ上に点在するこれらのリソースにアクセスしている人ももはや少なくないのではないだろうか。

英語の archives の邦訳のひとつに，「文書館（または公文書館）」がある。公文書館法（昭和 62 年法律第 115 号）に「歴史資料として重要な公文書等を保存し，閲覧に供するとともに，これに関連する調査研究を行うことを目的とする」と定められた施設である。公文書の範囲はここで議論しないが，カナ表記の「アーカイブ」よりも管理対象がいくらかはっきりする。

ところで，映画『スターウォーズ』シリーズの『エピソード 2／クローンの攻撃』（2002 年公開）には，主役のひとりであるオビ＝ワン・ケノービがジェダイ・アーカイブを訪れるシーンがある。彼はデータベースでカミーノという惑星に関する情報を探すが，登録されているはずの記録は抹消されていた。むろん，この架空の施設は現実のアーカイブを体現するものではないし，さらに言えば，この短いシーンに描き出されるアーキビストのステレオタイプは，現職者たちからネガティブな評価を受けている[2]。それはさておき，このときオビ＝ワンが訪れ，アクセスしたのは，図書館でも博物館でもないアーカイブのデータベースである。重要な記録を保管し，利用に供する施設としてのアーカイブは，紙を媒体とするテキスト文書に限らず，さまざまな形式の記録を取り扱う。映像による歴史的記録に特化した国内の記録保管所には，「国立映画アーカイブ」

「NHK アーカイブス」などがあり，あるいはマンガやゲームなどに関連する歴史的記録の蓄積を管理するアーカイブもある。企業活動で発生する記録等を適切に保存・管理，社内利用するための部署や機能は，企業アーカイブと呼ばれる。このように，アーカイブ（ズ）という言葉は，いずれも過去（に生じたもの）と紐づく印象を保ちながら，文脈によって少しずつ違った使われ方をしている。

本章で使用する「アーカイブ（ズ）」は，国際公文書館会議（International Council on Archives，以下 ICA）が提供する多言語用語集（日本語版）のとおり，次の基礎的な意味をもつ[3]。

1．業務遂行の過程で個人又は組織により作成・収受されて蓄積され，並びにその持続的価値ゆえに保存された文書
2．アーカイブズを保存し，閲覧利用できるようにする建物又は建物の一部。アーカイブズ保存所とも呼ばれる
3．アーカイブズを選別，取得，保存，提供することに責任をもつ機関又はプログラム。アーカイブズ機関（archival agency），アーカイブズ制度，アーカイブズ事業とも言われる

本章でのアーカイブ／アーカイブズの使い分けについては，archives に対する 1 の定義が the whole of the documents を「文書」と訳していることから，記録物が集合体であることを意識し，資料群や記録物そのものについて，「アーカイブズ」（複数形）を使用したい。また，定義上の 2 と 3 についても「アーカイブズ」と表記するのが一般的だが，本章では混乱を避けるため，「アーカイブ」（単数形）あるいはアーカイブ施設，アーカイブ機関などと表記す

る。この標準的な定義に照らし，本章における「ミュージアム・アーカイブズ」をより簡明に示すと，博物館業務の過程で作成・収受・蓄積された記録物，そのなかで長期的に保存されるもののことである。そして，それらを保管するところ（建物，施設），対象を選別・収集・保存し，利用のために提供する一連の営み（機関，機能）を「ミュージアム・アーカイブ」とする[4]。

アーカイブズには将来的な価値がある。私たちはより良い未来を築くために，過去の記録を情報として精査し，読み直す。あるいは，与えられた権利を守るために，過去の記録を証拠として呼び起こし，利用する。アーカイブズの価値は相対的なもので，誰の歴史において重要なのか，誰がそれらにアクセスできるのか，時代や思潮，価値観など，人々を取り巻く社会環境によって違った捉えられ方をする。欧米のような国民（＝納税者）の権利意識が育つことのなかった日本では，戦後長らく，アーカイブズやアーカイブ施設は，史料保全に力を尽くしてきた歴史家や研究者たちのものだった[5]。そのため，すでに歴史的価値づけのなされた古文書がアーカイブズであるといった認識もいまだ根強い。また，地方公共団体設置の公文書館の数は多くはないが，一般の人々にとってそれが身近にないことと，アーカイブズへの関心のなさや理解の乏しさとの間には，因果のジレンマがある。行政機関で作成された「歴史公文書等」の保管所とされる日本の公文書館には，家系調査や居住地域への興味など，一般の人々の日常的な利用の動機につながる地域資料や私文書，文化・風俗や記憶に関わる重要な記録は収蔵されにくい[6]。片や，それを設置する地方公共団体等にとっては，人々に利用されない文化施設を新設・維持することは難しく，既存施設を拡充して積極的に運用するインセンティブもない。公文書の改ざんや隠ぺい，黒塗り，意図的とも取れる不自然な文書廃棄の問題など，国や地方公共団体の記録保管や情報公開に関わるネガティブなニュースが繰り返されるなかで，アーカイブズが歴史資料であるだけでなく，民主主義の根幹を支える「説明責任」を果たす公共財であること，そして，主権者である国民にその知的資源を用いる権利があることを聞き知る機会は増えてきた[7]。それでも，アーカイブズが国民の権利に結びついた知的資源であることは私たちの意識に根づいておらず，欧米諸国を基準とした近代的アーカイブの「後進国」から抜け出すことができないでいる。

これと並行して，独立した学問領域としてのアーカイブズ学の成立，情報専門職としてのアーキビスト養成や任用も，日本は諸外国と比べ遅れをとっている。政府，地方公共団体，企業，学校，博物館など，社会活動により日々記録を生み出す組織にとって，アーカイブズはその存在や活動の正当性，適正性の根拠となり，信頼を支える「説明責任」の源泉として重要である[8]。アーキビストは，記録の生まれる場と未来の利用者をつなぐ。記録の作り手と未来の利用者の間に立ち，識別・選別して組織化し，長期的な保存環境を整え，利用を維持する。重要な記録を守るだけでなく，次の生産活動へ受け渡して，知的資源の循環を促すのが仕事である。専門職としてのアーキビストのアイデンティティを支える理論的基盤と倫理，職務や実践に関わる方法論，そして技能は，史料から歴史を編む歴史家とは異なるもので，専門性の質を保証する国内の認証制度も始まったところである[9]。

日本の博物館では，専門職の細分化がいまだ途上で，学芸員はあらゆる業務をこなすマルチプレーヤーである。日本語にならない「レジストラー」や「エデュケーター」など，必要業務の専門職についても，導入進度にはばらつきがある。まして，全国401館の参加する全国美術館会議会員館に「アーキビスト」を配置しているのは，現在のところ1館だけである[10]。周年事業や建物の改修に伴う長期休館などを機に，蓄積された業務記録の整理や公開作業に着手する博物館もあるが，これに従事するのは主に学芸員（や司書）で，アーキビストの参加や任用が検討されることはない。館史編纂や特集展示といった目的を達成するには良いかもしれないが，博物館のアーカイブズ，さらにはミュージアム・アーカイブの構築と考えるなら，それらの業務記録は本来，組織活動の軌跡であると同時に，その活動を内外から検証可能にし，説明責任をまっとうするためにある。正史を編むために用いた記録物を博物館業務の文脈に収め，現在・未来の活動とひとつづきのものとして継続的に維持するためには，学芸員だけでなく，博物館という組織を動かすすべての人，人事や会計といった総務職員の業務にも目を配る必要がある。アーキビストの専門性や職業倫理，情報を扱う技能のことが知られていないのは，なにも博物館界に限ったことではない。けれども，アーカイブズが説明責任を果たす公共財であるよりも歴史資料である日本ではとくに，歴史学，歴史研究を学術的バックグラウンドとする学芸員と，アーキビストとの協働が受け入れられるようになるには，まだ時間がかかりそうである。

本章ではまず，ミュージアム・アーカイブ活動への導入として，北米の状況を参照する。そして，前述のような背景からほとんど未発達の日本のミュージアム・アーカイブについては，希少な国内実践からの事例紹介となる。当然ながらこれをベストプラクティスと読むことはできず，また，言い訳のようだが，学芸員のみが博物館専門職である既存の雇用範囲で，ミュージアム・アーキビストとしての専任業務に従事することのできる筆者の立場は，今のところ，良くも悪くも特殊である。したがって，本章がガイドやマニュアルをめざすものでないことは言うまでもなく，入門篇としてもいささか役不足であろう。ここで紹介する内容が，客観的に評価される以前の，過渡期の一例に過ぎないこと，所属機関の様子や実践に関する本章の記述が，筆者個人の見解にもとづくものであることをどうかご理解いただきたい。

3.1.2　SAAとミュージアム・アーカイブズ・ガイドライン

本書のタイトルをはじめここまで，「ミュージアム・アーカイブズ」というカナ表記を用いてきた。博物館情報学のシリーズ書籍としては，これを博物館活動記録あるいは博物館アーカイブズと言い換えてもよかったのかもしれないが，日本では，アーキビスト（archivist）に「学芸員」や「司書」のような和名称が与えられていないのと同様に，archivesも「文書館」のような限定的意味で用いるほかは，「アーカイブズ」，また学問領域も「アーカイブズ学」で一般化している。日本で独自の発展をしていないMuseum Archivesは敢えてこのまま「ミュージアム・アーカイブズ」と呼称したい。これに伴い，ここまで「博物館」と「ミュージアム」という言葉を混用してきたが，ここからは，扱う資料のジャンルを問わず，博物館法（昭和26年法律第285号）第2条で定義される機関を総じてミュージアムと言い，博物館（歴史・民俗・産業など）・美術館（美術）・科学館（自然科学）を個別に示す必要のあるときは，それぞれを用いることとする。ただし，筆者の所属が美術館であることにより，本章を通して「ミュージアム」の視点がいくらか偏ったものであることをあらかじめご承知いただきたい。

では，北米におけるミュージアム・アーカイブ活動の成り立ちを見ていこう。1936年に設立されたアーキビストの専門職団体（アメリカ・アーキビスト協会，Society of American Archivists，以下SAA）には，1990年来，ミュージアム・アーカイブズの分科会（Museum Archives Section）がある[11]。入門書やガイドライン，ニューズレターの発行のほか，ベストプラクティスや知識の共有が積極的に行われ，個人会員は1300人を超える。

現在第2版（SAA，2004）が入手可能な入門書*Museum Archives: An Introduction*の第1章「ミュージアム・アーカイブズ・ムーブメント」[12]によると，この分科会へと発展するミュージアム・アーカイブ推進運動の起点は1979年12月に開催されたベルモント会議と考えられている。これを遡ること80年，米国では，1890年代にスミソニアン協会（Smithsonian Institution）がアーキビストの雇用を開始した。そして，アメリカミュージアム協会（American Association of Museums）の第2回定例会議（1907年）において「ミュージアムの記録文書（museum records）」に関するセッションが設けられたことも特筆される。この後，ミュージアム建設ラッシュを経て20世紀も半ばになると，新設ミュージアムに蓄積されてきた開館（前後）以来の業務文書類について，廃棄と保存ルールの必要性が顕在化し始める。すなわち，保管スペース問題である。1978年にデトロイト美術館がミュージアムとして初めて，全米歴史出版物記録委員会（National Historical Publications and Records Commission：NHPRC）の助成を受け，ミュージアム内アーカイブ機関の設置に取り組むと，のち10年間に24のミュージアムがこれに続いた。

1979年のベルモント会議というのは，スミソニアン協会アーカイブズ・オブ・アメリカン・アート（Archives of American Art，以下AAA）のアーサー・ブレトン（Arthur Breton）が呼びかけ，米国，カナダの18機関から22名のアーキビストとライブラリアンが参集し意見交換を行った会議で，このときの参加者たちの熱意から，ミュージアム・アーカイブズを主題とする専門家たちのコミュニティ形成が始まる。

会議から2年後の1981年には，SAA内にタスクフォースが開設され，1990年にミュージアム・アーカイブズ分科会へと成長するまでの間，さまざまな活動――ガイドライン策定に向けた大規模アンケートの実施，ミュージアム・アーカイブ機関開設をめざす人々に向けた情報パッケージの配布，入門書の出版，ラウンドテーブルの開催など――が展開された。ミュージアム職員たちが互いの所属組織を超えて集まり，共通する課題や関心について話し合うラウンドテーブルは，分科会の基礎となった。

SAAミュージアム・アーカイブズ分科会が提示するミュージアム・アーカイブズ・ガイドライン[13]は，ミュージアム運営に関わる職員たちのニーズのなかから生まれ，分科会の発展とともにかたちづくられた。それは，ミュージアムがアーカイブ機関を設置する意義，その社会的機能，基本業務を根底から支え，実務に携わる人々にとってのアクティブな指針となっている。現在の日本には，ミュージアム・アーカイブズの取り扱いに関する国内のガイドラインはもとより，そういったことをミュージアム運営業務の要素と捉え，ガイドライン策定等に向けて動き出そうとするミュージアム職員，アーキビストはいない。この点だけで比較するなら，北米のミュージアムの動きからは，すでに30年以上出遅れているのである。

ここで，これまでにもたびたび引用されるSAAガイドラインから，ミュージアム・アーカイブの役割と範囲を確認したい[14]。1999年に初稿が作成され，2003年にSAA評議会によって承認されたSAAガイドラインは，数年に及ぶ検討期間を経て，2022年2月に改訂された。この改訂版から「1．序文と綱領（Introduction and Mission Statements」および「2．収集の範囲（Collecting Scope）」を引用（筆者訳出）する。

1．序文と綱領

序文

すべてのミュージアムは，持続的な価値のある組織文書，ミュージアムと関わる個人・団体の文書，特化する主題のもと集める資料について，それらを計画的に収集，整理，保存し，アクセスを提供するために，専門的なアーカイブ活動を維持しなければならない。アーカイブは，過去の行為と現在の意思決定，この両方に，証拠や説明，正当性の根拠を与える。ミュージアム・アーキビストは，形式にかかわらず，現用文書[15]の作成，維持，最終的な保存と処分について，方針と手順に関する助言を行い，外部で作成された特別コレクションの受け入れと管理を担う。ミュージアムは，アーカイブ活動を支えることで，自館の歴史への関心を高めるだけでなく，記録を確実に保存し，職員の業務や一般の人々の研究など，情報資源の利用にいつでも応じられるようになる。

綱領

アーカイブは，ミュージアム内の管理部門と，アーキビストの権限やアーカイブ活動の範囲を決定する（上位の）理事会等とによって承認された綱領をもつべきである。ここには，アーキビストの役割，ならびにその現用文書管理への関わり方について明記しておかなければならない。また可能ならば，親機関の使命や理念の要点を反映し，それを拡張したものとすべきである。

２．収集の範囲

ミュージアム・アーカイブは，その形式によらず，長期的かつ恒久的な研究価値をもつ記録を特定し，収集する。収集範囲については，親機関の収集方針等のなかに明文化するか，別途アーカイブ部門で維持管理するかしなければならない。そして，収集範囲に位置づけられたものは，ミュージアムのコレクションや展示活動に価値を与えると同時に，多様性と包括性に配慮していなければならない。

ミュージアム・アーカイブの収集対象には以下のものが含まれる：

１．組織の記録（Organizational records）

これらは，機関の歴史を記録し，収蔵品にコンテクストを与える。ここには，館の運営，管理，学芸業務や法的，会計的なことに関する文書が含まれるが，これに限定されない。

２．収蔵品の記録（Collection records）

収蔵品，標本，修復などに関する業務ファイルなど。ミュージアム・アーカイブの管理範囲でありうるが，現用であれば，学芸員やレジストラーの管理下，あるいはコレクション管理部門で取り扱われる。ミュージアム・アーキビストは，これらの管理責務がきちんと果たされ，適切な場合には，アーカイブへ移管できるように，積極的に支援しなければならない。

3．特別コレクション（Special collections）

ここには，外部の関係団体や個人の文書に加え，ミュージアムのミッションと関連した主題にもとづく収集物が含まれる。

改訂前と比べやや抽象的になった部分があり，収集対象１の具体例，書簡や議事録，財務記録，助成金の記録，建築図面，記録写真，音声やビデオのテープ，ミュージアムが発行する刊行物などの列挙は省略された。また3の見出し語は「取得した資料（Acquired materials）」から変更された。特別コレクションは，図書館情報学用語の「特殊コレクション」と同じで，貴重書や地図，手稿や個人文書といった唯一のもの，ポスターや幻燈スライドの個人コレクションなど，希少性や美的・研究価値によって意図的に集めたものをいい，収集方針は機関の特徴を反映したものとなる。

これらを将来にわたって保持するのはミュージアム（施設，組織）だが，アーカイブズの出所原則に照らすと，収集対象の1・2と３には，明らかな相違がある。アーカイブ施設には，「機関アーカイブ（institutional archives）」と「収集アーカイブ（collecting archives）」があり，前者は，「親機関によって作成・収受された記録（records）を保管する場所」，後者は「親機関以外の，個人・家族・組織などから資料（materials）を収集して保管する場所」と定義される[16]。したがって，収集対象の３つの区分は，組織内で職員が業務上作成または取得し，時期がきたらアーカイブへ移管する記録（1・2=records）と，持続的な保存価値のある外部資料を受贈・購入によっ

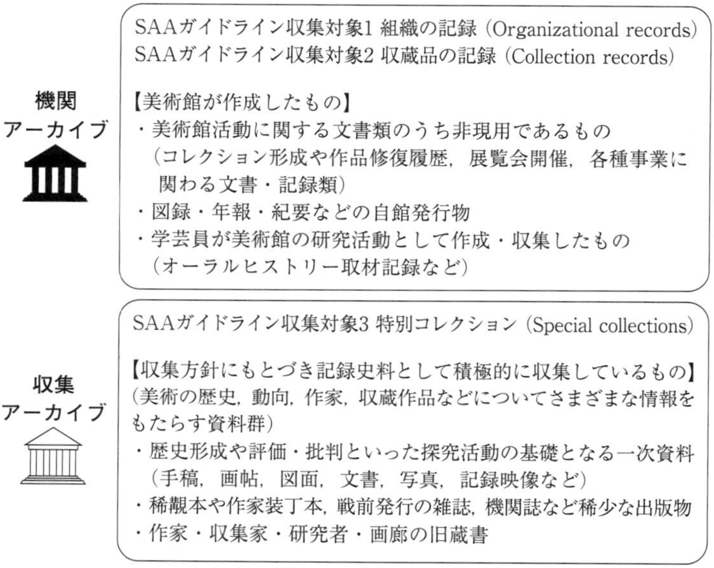

機関
アーカイブ

SAAガイドライン収集対象1 組織の記録（Organizational records）
SAAガイドライン収集対象2 収蔵品の記録（Collection records）

【美術館が作成したもの】
・美術館活動に関する文書類のうち非現用であるもの
（コレクション形成や作品修復履歴，展覧会開催，各種事業に関わる文書・記録類）
・図録・年報・紀要などの自館発行物
・学芸員が美術館の研究活動として作成・収集したもの
（オーラルヒストリー取材記録など）

収集
アーカイブ

SAAガイドライン収集対象3 特別コレクション（Special collections）

【収集方針にもとづき記録史料として積極的に収集しているもの】
（美術の歴史，動向，作家，収蔵作品などについてさまざまな情報をもたらす資料群）
・歴史形成や評価・批判といった探究活動の基礎となる一次資料
（手稿，画帖，図面，文書，写真，記録映像など）
・稀覯本や作家装丁本，戦前発行の雑誌，機関誌など稀少な出版物
・作家・収集家・研究者・画廊の旧蔵書

図 3-1　機関アーカイブと収集アーカイブの管理対象

て選択的に収集したもの（3＝collections）と大別でき，それぞれの所管（施設あるいは機能）を機関アーカイブ，収集アーカイブと分けて考えることができるだろう（図 3-1）。企業や大学のように，組織規模が十分に大きければ，これらの取り扱いに別々のアーカイブ施設をもち，各々に専任のアーキビストを割り当てることができる。どちらかに特化する場合，北米では機関アーカイブが優先される[17]。レコード・マネジメントと地続きの機関アーカイブが正しく機能していることは，組織の存在意義と「説明責任」に関わるからである。

次項では，SAA ガイドラインが示すミュージアム・アーカイブズの範囲を念頭に，上述のふたつの機能区分（機関アーカイブと収集アーカイブ）ごとに，国内の現状を確認する。

3.1.3　ミュージアムの活動記録を管理する

（1）美術館のなかの機関アーカイブ

日本における近代的博物館は，1872年創設の東京国立博物館に始まる。その今日までの活動史資料は，日本のミュージアムの歴史にとどまらず，殖産興業や学校教育に関する政策，文化財調査など，戦前の文化財行政について知るうえでも欠くことのできないものである。これまでにも何度かの周年事業を経て「館史資料」の目録が整理・保管され，150周年を迎えた最新の状況は本書の5章において詳しく述べられる。アーキビストがいようがいまいが，すでに長い歴史のあるミュージアムでは，周年や改修が近づくにつれ，継承される館史資料整理の必要が内々に差し迫って実感されるに違いない。日本初の公立美術館である東京都美術館（1926年に東京府美術館として創立），公立の近代美術館として最初に開館した神奈川県立近代美術館（1951年）は，国内の美術館界において機関アーカイブ開設の必要性にいち早く着目し，業務記録の整理・活用や情報公開といった側面で牽引している[18]。

SAAガイドラインの収集対象1（組織の記録）には，ミュージアムの発行物が含まれる。日本では，1年の活動の締めくくりとして「年報」を定期刊行するミュージアムも多いだろう。また，展覧会に関わる発行物（ポスター，チラシ，チケット，作品リスト，図録など）は，会場風景写真，関連するイベントの記録物などとともに「展覧会開催」という発生業務グループが明確で，比較的収集・管理がしやすい。成果物の集積はとくに，作成する側がアーカイブズとして保管することを意識しなくても，過去の展覧会・イベント一覧としてウェブサイト上で基本情報を公開したり，付属ライブラリーの OPAC に発行物の登録をしたりと，事業の延長上のルーティンに，アクセス環境の保持が加われば，将来的な情報提供も自然と果たせる。前章で東京国立近代美術館の例を見たように，これら自館発行物の物理的な資料の管理場所としては，ミュージアム・ライブラリーも機能する。一方，SAA ガイドラインの収集対象 1・2 の大部分を構成する非公表の業務文書類については，発行物のような流通を意図せず生成しているために，何をいつどのタイミングで整理して，誰がどこに保存するかの記録管理プログラムなしには，情報公開や利用可能性を考えにくい。

（2）公文書管理との関わり

日本でミュージアム・アーカイブズを考えるとき，機関アーカイブ機能の意義や必要をミュージアム活動の社会性の核として前面に打ち出すのは難しい。その理由のひとつは，公文書との関わりにある。1970 年代頃から 90 年代にかけて，バブル期と平行する建設ラッシュの時代に設置された多くのミュージアム[19]，なかでも公設館においては，業務記録のすべてが法的に公文書となる場合がある。一見，法的に文書管理がなされている状況の問題は見えにくいが，ミュージアム活動にとって重要なアーカイブズの選別，収集が可能か，発生業務との連続性を確保しにくい保存管理が行われていないか，各館それぞれの状況を見直す必要があるだろう。

例えば大阪市の場合，1999年の情報公開法の影響のもと制定された大阪市情報公開条例（平成 13 年条例第 3 号）では，公文書を「実施機関の職員が職務上作成し，又は取得した文書，図画及び電磁的記録であって，当該実施機関の職員が組織的に用いるものとして，当該実施機関が保有しているものをいう」（第2条の2）と定義している。これによれば，大阪市に長く準備室を置いていた大阪中之島美術館（以下，適宜当館とする）については，設置，建設，人事，収蔵品の収集・管理，準備室が開催した展覧会など，すべての業務文書が，設置機関である地方公共団体（大阪市）の公文書管理の範疇にある。これらが「歴史公文書等」となるとき，その保存を担うのは，大阪市公文書館である。

一方，同条例には「図書館，博物館その他これらに類する本市の施設において，歴史的若しくは文化的な資料又は学術研究用の資料として特別の管理がされている公文書及び一般の利用に供することを目的として管理されている公文書については，適用しない」（第15条の3）とある。この記述は，大阪市公文書管理条例（平成18年条例第15号，第36条）にもそのまま引き写されている。「一般の利用に供することを目的として管理されている公文書」は，先に挙げた発行物や，特別コレクションのことだと理解できるが，「特別の管理がされている公文書」が何を対象としうるのか，解釈の余地がある。

公文書管理でもしばしば問題となるのは，公文書の定義を広く捉えておきながら，実際には，決裁文書とその簿冊ファイルが文書管理責任者の管理対象となり，意思決定に至るまでの経過やメモが体系的に残されないことである。また，電子メールなどの通信記録は，管理対象の範囲が示されていても，管理状況は恣意的・属人的になりやすい。そのような実態があるなかで，会計簿や決裁文書綴を管理するミュージアムの事務職員（行政職員）と，作品収蔵に関するやりとりやその作品の価値に関わる情報を収集・管理する学芸員（研究職員）の間で，ミュージアム運営に関して管理すべき公文書の範囲や上記の適用・非適用の理解は統一されず，非適用となる公文書の「特別な管理方法」について，事務職員は干渉しない。

学芸員は，決裁文書形式ではない「展覧会準備ファイル」等を業務上作成し，デスクや書架に置いている。ほかにも，委託業務の納品物（データ），イベントを記録したビデオテープなど，学芸業務の過程で生成・取得し，文書形式でもないものが，共有スペースに公然と置かれているかもしれない。管理基準の示されない曖昧さのおかげで，これらが公文書管理を実行する事務職員の目に入らず，画一的な公文書廃棄を免れているとしたら，これらを管理対象とするプログラムや体制の必要性の方に課題の焦点を移す必要がある。

本来は，公設私設にかかわらず，現用文書処分の段階で，ミュージアムの使命と機能にもとづく文書の評価・選別を正しく行うことのできるアーカイブのワークフローを整えることが理想であろう。けれどもそれがかなわないのであれば，公設ミュージアムの機関アーカイブ機能には，法定保存年限の満了によって重要な文書が廃棄されないか，何が公文書館へ移管されるのか，といった管理状況をミュージアムの運営責任者が客観的に把握できる連絡体制，必要文書の救済措置が実行可能な連携の仕組みを整えることが肝心である。そして，ミュージアムの特性により公文書関連法規が適用されない公文書があるなら，それらはミュージアムの方針の範囲内で，適正に処理が可能なアーカイブズであると積極的に解釈したい。

（3）大阪中之島美術館の開館前史文書

筆者の所属する大阪中之島美術館は2022年2月に大阪市に開館した公設民営の美術館である。美術館の新たな試みとして，機関アーカイブと収集アーカイブの機能を果たす「アーカイブズ情報室」を開設している。

美術館としての歴史は浅いが，その建設構想の始まりは，1983年8月に遡る。その後，1990年11月に近代美術館建設準備室が大阪市教育委員会に設置され，2019年4月に美術館設置主体となる地方独立行政法人大阪市博物館機構（以下，博物館機構）が発足する。このときまで，開館準備は大阪市の一部局が進めてきた。所轄部局については，大阪市教育委員会（1990～2006年度），ゆとりとみどり振興局（2007～2012年度），経済戦略局（2013～2018年度）と変遷し，準備室の場所も本庁舎，大阪ワールドトレードセンタービルディング（現在の大阪府咲洲庁舎），大阪市中央卸売市場本場業務管理棟と移転している。2004年10月からは大阪市南船場に大阪市立近代美術館（仮称）心斎橋展示室を開設し，「美術館」というハコのないまま，2012年11月の閉室まで，この展示室で美術展を運営した。

2018年度までのミュージアム・アーカイブズは，基本的にはすべて，行政職員と研究職員からなる市職員が開館準備に向け作成・取得した公文書からなり，美術館の最重要アーカイブズと言える作品収受の手続き文書は「歴史公文書等（以下，歴文）」の指定を受けている。大阪市公文書管理条例の公布以後は，これに則した文書管理がなされており，歴文指定の簿冊の一部が大阪市公文書館へ移管されている[20]。そして，博物館機構の発足に伴う大阪市からの収蔵品等無償譲渡手続きにより，建設関係文書（都市整備局が管理）を除く保存期間中（＝現用）文書の大部分が博物館機構へ移管された（図3-2 A）。このとき，大阪市文書管理システムに登録されている簿冊情報と移管対象簿冊の現物照合はなされていない。2021年に，博物館機構から美術館の運営権者[21]である株式会社大阪中之島

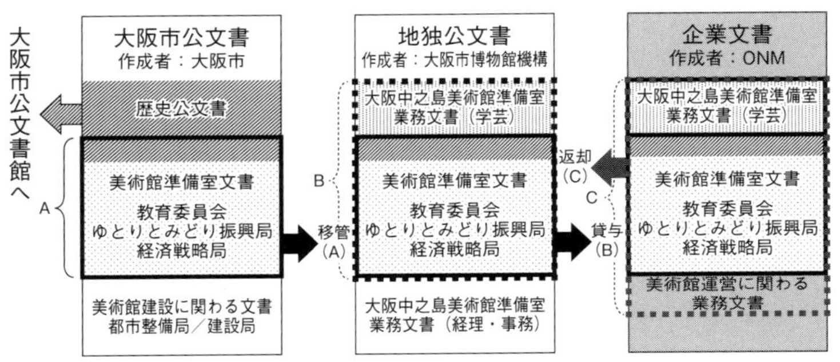

図 3-2　大阪中之島美術館に貸与された公文書のイメージ

ミュージアム（以下，ONM とする）へ収蔵品が無償貸与され，この手続きにおいてはじめて，移管公文書（図 3-2 B）の現物確認が実施された。

新しい美術館の建物へ移された簿冊や紙ファイルは，博物館機構内に準備室を置いた約 3 年分の事務文書類を除き，基本的には大阪市公文書として作成・管理されていたものである。実際のところ，これら（図 3-2 A）に含まれる業務文書と大阪市文書管理システムから出力された移管対象簿冊リストとの照合は困難で，存在しない簿冊のデータを年次追加したことによる誤登録，現物の文書ファイルとの名称の不一致，歴文指定文書保存期間延長に関する手続き情報の未継承など，状況把握に時間がかかった。このため，最終的には照合をせず，移管済簿冊リストを新規作成している。ONM に貸与されたこれらの現用および半現用文書は，美術館に管理委託され，運営契約の終了時に ONM から博物館機構へ返却されるもの（図 3-2 C）だが，情報公開や処分に係る手続きフローが未検討の状態である。現用および半現用文書であり続ける以上は，アーカイブズの扱いにならず，これらの管理は博物館機構の文書管理規程で定める文書管理責任者に一任されている。

当館の機関アーカイブは，大阪市公文書として歴文指定されている文書については，現場で適切に保管し続けられるよう監視と助言を行う。そして，これ以上に大部分を占める公文書関連法規の適用されない公文書（決裁文書等ではない周縁のもの）を積極的に解釈し，美術館業務の痕跡として保存すべき対象物の選別と整理，保存とアクセスの維持を行う。主な対象は，準備室時代を含む美術館の発行物，展覧会やイベントの準備・開催記録ファイル，開館準備と移転に関わる調査・収集資料，研究活動として学芸員が作成・収集しているオーラルヒストリー取材記録などである。これらは目下，現用・非現用を厳密に年限で区別していないが，参照頻度などから暫定的に，業務完了から3年程度をめどに収集する。今後，収集・評価・選別マニュアルの作成と管理フローの整備が必要となる。

3.1.4　レコード・マネジメントとアーキビスト

本書の4章で詳しく扱う収蔵品の来歴や管理（出入れや状態の）記録は，SAA ガイドラインの収集対象2（収蔵品の記録）に含まれる。収受関係文書や作品貸出しの記録などの重要書類は，業務が完結して時間が経てば，アーカイブズとして扱われる対象になる。美術館には，これとは別に，収蔵品の来歴や収蔵作家の最新状況など，内容物を更新しながら収集している情報資料がある。著作権者に関する事項や最新の展覧会，新たな研究成果など，日々の業務で参照しながらアップデートし，常にアクティブな状態を維持するこれらの情報源は「アーティスト・ファイル」などと呼ぶ。日々の業務で必要とされ，利用・更新が保持される記録物は，利用され続けている間アーカイブズにはならないが，ライブラリーや情報センターを付属するミュージアムでは，研究のための情報資源としてこれらへのアクセスを提供しているところもある。

組織的な活動により日々生成する文書には，そういった業務上「使用中」のものが中枢にあり続ける反面，大部分は目的が達成されれば次第に参照されなくなる。そのため，これらの保管と処分のライフサイクル管理を実行するために「文書管理規程」を定め，文書の発生からアーカイブ保管に至る前の文書管理のことを「レコード・マネジメント」という。レコード・マネジメントは国際規格（ISO 15489-1:2016）ならびに国内規格（JIS X 0902-1:2019）によりその原則が標準化され，業務上作成される記録が長期にわたって信頼に足るものであり続けるためには，真正性，完全性，利用可能性，信頼性が保持されなければならない。「アーカイブズ管理のスタートは，レコードが作成されるところ[22]」とも言い，レコード・マネジメントとアーカイブを一体の活動とみなすレコード・コンティニュアム（records continuum）という考え方もある[23]。

活動の証拠となるアーカイブズが真正であるために，現用保管文書の改変や書換えを予防し，またフォーマットの陳腐化などで利用可能性が阻害されないか注意するなど，アーキビストは，記録管理体制や状況についての助言を行うことも求められる[24]。公文書管理をめぐって，行政職員と研究職員の間の不干渉域に，管理されていない記録が蓄積されていることにも触れたが，効率的な文書管理と情報源としての再利用の両輪をうまく回すには，ミュージアム運営をともに遂行している両者の連携を欠かすことはできない。フィラデルフィア美術館のレコード・マネジメント・ポリシーは，「すべての職員が業務上作成した記録（records）はミュージアムの資産である」の一文から始まる[25]。まずは，日本のすべてのミュージアム職員とこの思想を共有したい。

3.1.5　コレクションとしてのアーカイブズを管理する

（1）美術館のなかの情報資源

全国美術館会議に設置される情報・資料研究部会は，2019年11月から2020年1月末にかけて，会員館に対し「アーカイブズ資料所在調査」（アンケート）を実施した。この調査の目的は，『美術館のアーカイブズ資料の可視化とさらなる活用に向けて』（平成30年度全国美術館会議，第33回学芸員研修会報告書）に詳しく説明されるのだが，要は，美術館に収蔵されてきた美術作品以外のもの――日記や手稿，書簡，画帖，図面，スクラップブック，アルバム，スナップ写真や写真家の撮影ネガフィルム，インタビュー録音，記録映像，パレットやイーゼルなどの道具，契約書や明細書，画商や画廊の記録，研究者の蔵書のほか，発行部数の少ない私家本や同人誌，会報，稀覯書など――貴重さや研究利用価値への共通認識があったにもかかわらず，標準的なアクセス手段がつくられることのなかったこれらの知識情報資源に，いまこそ光を当てようというものであった。

海外の主要な美術館や美術史研究所には，こういった美術作品以外の一次資料や貴重資料の収蔵について，検索可能なデータベースやアーカイブズの検索手段（Finding Aid）で公開し，現物の閲覧・調査サービスを提供しているところがたくさんある[26]。一方国内では，本書の2章で紹介された東京国立近代美術館をはじめ国立新美術館，東京都現代美術館など，付属ライブラリーのOPACを用いて収蔵情報を独自に検索可能にしてきた美術館がいくつかあるものの，ごく一部であり，情報公開の水準は驚くほど低かった。

インターネットによる研究環境のグローバル化で，一次資料の所在やアクセス方法がわからない日本美術研究が後退し，また日本美術関係資料が海外の有名美術館等へ渡ってしまうことが，海外流出として問題視されることもあり，現状を把握し状況改善の糸口をつかむため，アンケート調査が企画された。対象は全国美術館会議会員館に限定されたが，これまでは展覧会履歴をたどって見当をつけ，学芸員同士で情報を交換しあって所在を確認していた地域作家の資料群や，閉室した画廊に関する資料など，どこにどんな資料群があるのかという収蔵情報を可視化する試みである[27]。

美術館にはどうしたわけか，収蔵品台帳に未登録の資料が収蔵庫の片隅に安置されていることがある。博物館や科学館で同様のことが起こりうるのか筆者にはわからないが，おそらく美術館に特有の傾向ではないかと想像する。博物館法には，資料を収集ならびに保管し，展示すること，収蔵資料を研究することが博物館の目的と定められており，博物館資料の目録作成と頒布（第3条の6）は「博物館事業」に示される。けれども，主たるコレクションが美術作品である美術館にとって，来歴確認や市場評価をもとに厳正なる審査の手続きを経て収蔵する美術作品に比べ，作品ではない作家関係資料のようなものは，存在がそもそも副次的かつ曖昧である。そのためか「博物館資料」の定義（第2条の3）に該当するにもかかわらず，慣例的に，収蔵作品に付随するもの，参考図書に類するものなど「作品以外の何か」として，美術館ごとに違うカテゴリーや管理系統で扱われているようである。一貫した台帳管理がなされていないだけでなく，なかには取得手続き文書に未記載，つまり所有の根拠にあたる文書が存在していない場合もある。

こういった情報資源の収蔵について，収蔵作品と同様の情報公開に至らない理由には，展覧会などの利用予定がなく，資料整理が進まないといった事情もあるだろう。だがもし，収蔵登録手続きの不備など，コレクション・マネジメントの手法に理由があるなら，収集方針や管理体制の見直しが不可欠である。そこで，美術作品の管理体制と切り離して，収集アーカイブの機能をもつことは，管理を効率化し，情報資源の利用を促進するためのひとつの解決策となりうる。

（2）大阪中之島美術館の収集アーカイブ

当館では，SAA ガイドライン収集対象３の特別コレクションを「購入・受贈等の手段により積極的に収集する資料群」と位置づけ，「各資料群は，同一由来によるもの，同一主題によるものに大別される」ものと定義して，「特別コレクション」と呼んでいる。これらは，作品としての審査・評価は受けないもので，基本的には資料群（複数の資料アイテムからなるグループ）として扱うことのできるものからなる。学芸員が非公開のまま研究利用する図書は「学芸図書」としてこの内には含めず，特別コレクションはあくまでも公開対象として取り扱うもののみであると規定する。また，境界があまり明確ではないが，今後，再評価の機会があり，作品としての管理に移行する可能性が見込まれる写真プリントや素描など，これまでに選択的に入手したもののなかで「準作品」と名付けて区別しているものが一部あり，これらは収蔵情報を非公開としたまま，作品管理の一環で取り扱い，特別コレクションに含まない。

その長い開館準備期間に，当館の準備室は着々と資料を受贈し，あるいは購入して特別コレクションを築いてきたのだが，それらを一覧するための台帳をつくらず，寄贈文書は年度ごとの簿冊に綴られ，作品，資料，参考図書の取得案件が混在していた。また，複数の寄贈案件を１つの決裁文書にまとめて手続きすることもあり，実際に収蔵している資料群とその所有の根拠となる寄贈文書の照合にはかなりの時間を要した。購入資料の一部については，選択的にその資料を入手する必要があったにもかかわらず，決裁や支払い文書がすでに保管期限を満了して廃棄され，いつ，どのような理由で，どこから入手したのかが不明なものがあった。これは作家に関連する資料群についていえば致命的で，入手元のわからない一次資料は，真正性を担保することができず，たとえ美的価値があったとしても，歴史的な証拠としての機能は損なわれる。一覧性のない資料の受贈により，希少な出版物を重複入手しているケースや，作品収受の文書に，付随したはずの「資料」の記載がなく，受贈済であることの証左にならないケースもあった。

ところで，これまでの管理における最大の問題点は，入手から文書手続きに至る過程に関わった者だけが，資料の収蔵・管理を把握しているという状況である。展覧会というアウトプットの機会が少なかった準備室業務のなかで，入手されたまま長い間眠っていた資料群はいくらもある。収蔵品について知らされていなかったのは，なにも外部の人々だけではない。自分たちの組織がどんなものを所蔵しているのか，どこにその関連情報があるのかを共有していなければ，職員であろうがそれを使うこと，調べることができない。新しい美術館の開館に際し，当館が設置した任意のアーカイブ施設は，収集アーカイブの機能をもつことで，いままでその所在情報が明らかにされてこなかったこれらの情報資源への窓口となる。

3.2　ミュージアム・アーカイブの実践

“われわれは，木を見るのではなく，森を見なければなりません”
―― ジャン＝ピエール・ワロー[28]

3.2.1　方針

ここからは，ミュージアムが保持するアーカイブズを利用可能なものとして維持，継承していくための一連の作業プロセスについて，大阪中之島美術館が設置した任意のアーカイブ施設「アーカイブズ情報室」の実践を例に紹介していきたい。

当館が採用している手法は，SAA ミュージアム・アーカイブズ分科会において共有されるさまざまな事例から影響を受けている。絶対的な方法ではなく，常に選択肢の前で悩んでいるが，どこまで処理を行い，なぜその判断をしたのか，その選択に関する判断の正しさは，そのときの状況，理由，経過からしか評価ができない。そのため，作業者はみな作業記録を残す[29]。処理過程では，時間，人員，予算といった制限事項によって処理の深度を調整する必要があり，どのような状態で処理完了とするのかを作業開始前に決定する。ここには，最小限必須の処理から望ましい詳細記述まで，ある程度の幅があり，作業記録は最終的な処理の完成まで影響する。つまり，時を隔てて再び同一資料群の処理を行う場合や，追加受贈した同一由来の資料群と結合する場合など，後の作業者の存在を前提に，自分だけがわかる処理をしないことが鍵である。歴史研究者でもある博物館学芸員や歴史家にとって，自分以外の作業者の存在を想定することは受け入れ難いかもしれないが，これは，アーカイブズ処理における介入の記録である。

さて，処理方法を選択，決定するのも方針次第だが，まずここで触れるべき最初の事項は，アーカイブズの収集・整理・保存・活用に関する全体の運営方針（Mission Statement）である。SAAガイドラインが示すように，ミュージアム・アーカイブにとって最も重要なことは，「計画的に収集，整理，保存し，アクセスを提供するために，専門的なアーカイブの活動を維持」することである。そして，アーキビストの役割，現用文書管理への関わり方について明記した綱領が掲げられなければならない。

博物館法には，ミュージアム活動の透明性を保持するために各館が取るべき行動に関する記述がない。社会的組織として必要なレコード・マネジメントやアーカイブが，ミュージアム活動の一部として位置づけられていないことを理由に実施されていないのであれば，アーカイブの開設や維持といった費用のかかる組織的行動の根拠として，内的な方針設定はいっそう大事なものとなる。

当館の準備室は，開館実現の兆しが見え準備が本格化するころから，新しくつくる美術館の情報サービスとして，欧米の美術館を参考としたアーカイブ機能に注目し，館内にアーカイブ室を開設すること，アーカイブズの利用促進，情報発信，基盤整備に努めることを計画する。その設置を進めるため，「各資料群が幅広く活用され，作家や作品についての検証・顕彰に資するとともに，アーカイブを館の特徴の一つとする」という整備基本方針を公示してきた[30]。美術館開館後は，「アーカイブズ情報室」を運営するため，予算措置，管理対象，アーキビストの配置を含む体制，情報室の業務内容，アクセスポリシーを明記したアーカイブズ運用規程を定めている。実のところ，独自のアーカイブズ運用規程で定める以外に，アーキビストを含む体制で一連の情報サービスを行う方針を館の意思として決定する方法がない。逆に言うと，アーカイブズ情報室の運営が，これだけで成り立っている。意外と単純な方法かもしれないが，方針の明文化にはそれだけの意味と効力がある。

3.2.2　評価・選別・収受

評価・選別の作業は，限りある保管場所を有効に使用するうえで，非常に大切な要素である。SAAの入門書によれば，アーキビストは「アーカイブズとしての保存にかかるコストを正当化しうるだけの長期の研究価値があるかどうか」を見極めなければならない[31]。

機関アーカイブにおける評価・選別はレコード・マネジメントの影響下にあるが，その記録を作成しなければならなかった理由とそれを長期的に保存しなければならない理由は必ずしも一致しない。文書管理規程の範囲に解釈の余地があるなら，入門書のいうように，ミュージアムの歴史，役割，活動を深く理解することから始めればよい。ミュージアムの場合，コレクションを形成する，それを生かすということを柱に存在の社会的意義が生じているため，コレクションに関わる記録の重要性が明らかである。ダラス美術館のアーキビストによる「ゼロからミュージアム・アーカイブズをつくる」という簡潔かつ有益な記事には，アーキビストはミュージアムの歴史家たれということが書かれている。設立の背景やコレクション形成過程について書かれたものを読んだり，長く在籍する職員，寄贈者，関係者などから話を聞いたりして組織のことを知り，内規や方針書に目を通しておくことがいずれ役に立つという[32]。

他館でどんな文書が保存されているのかを知ることも評価・選別

基準の参考となる。例えば，ゲッティ研究所の機関アーカイブ評価原則は非常に詳細にその判断方法を示している。アーキビストの選別する記録は，時を経てなお機関の働きを総合的に示すようなものでなければならない。残すべき記録に関する評価基準は次のようなものである（筆者訳出）[33]。

1）その記録が作成された場所，コンテクストの重要性
2）証拠としての能力
3）完成されたもので，ほかにないこと
4）前例となるような決定か（方針の策定など）
5）研究価値
6）他の長期保存対象の記録との関係
7）利用性の高さ
8）量やサイズ（同じ情報量である場合に，省スペースなものを優先）
9）その他，必要な修理にかかるコストやメディア変換の必要など

どのように評価・選別するのか基準を定め，属人化しないプロセスでそれを実行していくことが，将来のアーカイブズの質を左右する。

収集アーカイブにおける評価・選別は，各機関の積極的な活動のひとつであり，収集方針にもとづく。主たるコレクションに対する位置づけはいろいろな場合があるにしろ，ミュージアムの使命に関わるそのコレクションの主軸から大きく離れることはない。当館の特別コレクションにも，美術作品と共通の収集方針（平成 30 年 4 月

1日改定）が適用される[34]。

評価・選別・収受の流れは，透明性が低かった過去の資料管理状況を振り返り，まずは，特別コレクションに該当する収受の情報を新台帳により一覧できるようにした。このとき，公開可能なすべての収受済資料群に資料ID（＝永続的な管理番号）を与えている。新規収蔵手続きについては，その準備の仕方から見直し，調査預かりの段階から，受入番号を付与して受贈手続きまでの進捗を管理している。この受入番号は，年度ごとの通し番号を用い，収受手続きへ進めば以後は使用せず，資料IDとは関係がない。事前調査（参考1［章末に掲載］：受領予定資料登録フォームのサンプル）と権利処理（所有者が著作権者の場合に，権利の譲渡を話し合う）がなされた段階で，館長・学芸員・アーキビストが参加する学芸会議の場で審査し，全員一致の承認で受贈を決定する。資料群の内容に関する詳細なリストがある場合は，審査資料としての提出を要請する。収受の手続きが済めば資料IDが決まり，アーキビストが順次データベースへ登録して，その所在はできるだけはやく公表する。

3.2.3　処理・保存

(1) MPLPと編成計画

アーカイブズの整理は処理（processing）といい，以下の3つの原則にもとづいて行う。物理的に資料を動かす作業が含まれるが，処理の目的は，アーカイブズを適切な長期保存環境に移し，利用のための検索手段を作成することである。

出所の原則：同一出所の資料を資料群と捉え，他の出所の資料群と混合しない
原秩序尊重の原則：作成機関や個人の活動体系を反映している原秩序を尊重しむやみに変更しない
原形保存の原則：記録資料の物理的原形をむやみに変更しない

展覧会や特定テーマでの調査など，処理をする以前から，資料に対する「利用の目的」がはっきりしていると，内容への関心が先立ち，1点1点をつぶさに読み解くことに時間を使いたくなる。しかし，アーカイブズの処理においては，資料アイテムを自身の必要のために部分的に抜き取ることは，資料群の破壊行為とみなされる。アーカイブズの価値はそれらの発生源である由来と，その活動という文脈のなかにある。したがって，個々の資料体の内容やサイズがどうかという以前に，それらがどのような流れで生成し，そのほかの周辺資料とどのような関係があるか，というつながりを観察し，その様態ごと検索可能なテキストへ情報化するのがアーカイブズの処理である。

ISAD (G)[35]やDACS[36]といった国際的なアーカイブ記述の標準は，由来（出所）を1つとする資料群全体（Fonds）を起点に，シリーズ（機能別の分類，Series），ファイル（Files），箱（Boxes），フォルダ（Folders），アイテム（記述の最小単位，Items）へと段階的にユニット単位を小さくし，概要から詳細へと階層構造をつくる(図3-3)。この構造にそって記述や収納グループをつくることを編成（arrangement）といい，標準の規則にもとづき作成されたカタログ記述を検索手段と呼ぶ。資料群の構造を大きなまとまりから個別のアイテムへとあるがままテキスト化していくこの方法の良いと

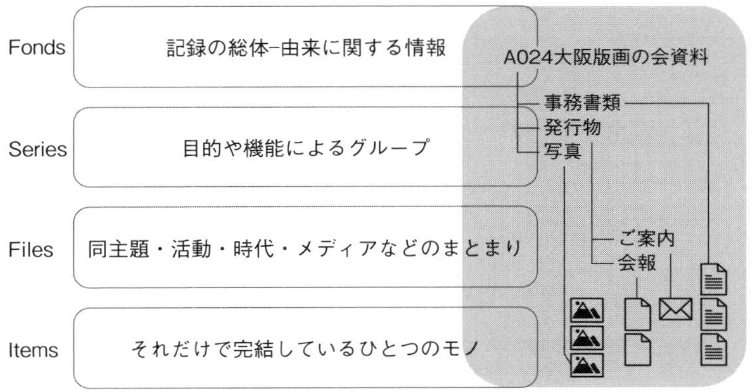

図3-3　ISAD（G）にもとづく資料編成

ころは，資料群全体の概要を最も重要な由来情報（必須項目は，資料群IDなどの参照コード，資料群名称，作成者，作成年代域，容量〔箱の数や大きさなど〕，記述レベル〔どの階層まで記述しているかの情報〕）で構成し，それだけでもカタログ記述が成立する点にある。また，どの階層で記述が終わっていてもそれほど不自然ではない。カタログの粒度については，当然ながらアイテムについて詳細に記述できれば検索しやすくなるのだが，その作業には時間がかかり，マンパワーの限界がある。

どこまでの処理作業をゴールとするかは「編成計画（processing plan)」において決定する。完成目標を最小限の処理で構わないとする新しい手法は「More Product, Less Process」(MPLP)[37]と呼ばれる。この手法の着眼点は，保存対象に適切な保存処置をし，できるだけはやく検索できるようにして利用へつなげることであり，2005年の提案以来，広く実践されている（表3-1）。

編成計画とは，処理作業の一連の計画書（参考2［章末に掲載］：

表 3-1　MPLP 最小限の処理モデル

	処理手順	以前	MPLP
編成	ファイルに収納する	要	要
	シリーズを編成する	要	△構造が複雑なら要
	シリーズにフォルダを紐づける	要	不要
	フォルダにアイテムを紐づける	要	不要
記述	コレクション／記録グループ	要	要
	シリーズ	要	△構造が複雑なら要
	フォルダ	要	△リスト可
	アイテム	△リスト可	不要
保存	フォルダの入替え	要	オリジナルに汚損があれば
	ホチキスやクリップを取り除く	要	要
	切抜き，薄紙，カーボン紙などを除く／模写する	要	不要
	写真を分ける	要	不要
	破損資料を保護・修理する	要	不要
	アルバムやスクラップブックに間紙を入れる	要	不要
指標	1 立方フィートあたりの処理時間	15h	4h

出典：Hauck, Janet, “How to Get More ‘Product’ While Doing Less ‘Process’,” Archival Outlook, May/June 2008.

編成計画のサンプル）のことなのだが，MPLP ではこれをきちんと作成することが大切で，処理や記述が途中で終わっているのではなく，資料群全体の量や利用価値，情報公開までにかかる時間，人手，予算の事情をふまえ，実施可能な情報化のレベルがどこまである，ということ示す。また，完成予定時期と，どのように処理を実行するか，ということを決めなければならない。こういった処理計画によって，作業スケジュール管理ができるだけでなく，将来，同じ資料群を再び処理する機会があった場合に，かつてなされた処理の意図を理解することができる。実際に処理をしていると，対象とする資料群にすでに原秩序がないことが多々あるが，そのような場合，新たな秩序を与えて編成をつくるので，この計画書にその意図を詳しく記録する。

当館の場合，収受に至るワークフローの見直しにより，収受手続きが完了した時点の情報で，資料群（全体）に関する基本情報（資料 ID，資料群名称，概要，作成者，作成年代，容量，管理履歴）をデータベースに登録することができる。実際に資料整理を進めるのはこの後で，収受の順に処理に着手するわけではない。収受手続きにあたって収集した情報に，処理を優先すべき理由（展覧会準備，調査研究費の申請，外部の研究需要，激しい劣化など）があればそれを優先する。

参考までに，当館の処理は次の手順で行っている。

①一次調査。収受に際してリストがない場合は，箱を開け，中身のインベントリを作成する（インベントリとは，箱のなかに何が入っているかを簡単に記述したもの）

②インベントリからの編成計画作成。原秩序がなければ，シリーズ編成を提案

③二次調査。シリーズやファイル編成にそって資料のグループ化をしたり，フォルダにまとめたりする。このとき，作成年代や関係者の名前など，資料検索に有効な情報を取得してデータベースの記述に加えていく

④リハウジング。完了までに十分な時間があれば，錆びたホチキスやクリップを取り除きながらリハウジングする
（リハウジングとは，保存箱に資料を移し替えて収納すること）
⑤保存箱にラベルを貼り，配架する

カタログ記述は，上記の③と④を進めながら，後述するデータベースに直接情報を入力して作成する。資料の組織化と詳細の記述が済んだら，資料全体に関する概要，編成，シリーズの内容に関するスコープノート等，編成計画を元に登録する。記述の仕方に厳密なルールは設定していないが，DACSに準拠したデータベースを導入していることから，記述内容はDACSの例文（に含まれる要素）などを参照している。基本的には，客観的な表現を用いること，量を示すこと，用語やフォーマットなどの表現を統一することなどに気をつけ，例えば，アイテム記述をする際は，「議事録」「日記」「領収書」といった，それとわかりやすい一般的な言葉で表現する。また，年代や作成・活動場所の情報など，アクセスポイントとなる情報を資料群から抽出し，記述に加える。

（2）長期保存

一連の処理作業では，移動のための段ボール箱や劣化した包材などを取り除き，新しい保存容器へ資料を移すリハウジングを行う（図3-4・3-6）。これにより保存環境を整え，資料のさらなる劣化を防ぎ，長期の資料保存を実現する。資料は素材によって適切な保管環境が異なるため，可能な場合は別置することが望ましい。

当館の資料収蔵ファシリティの特徴は次のとおり。

・貴重資料保管庫（21.5±1.5℃，52.5±2.5%，図3-5・3-7）：

図 3-4　紙資料のリハウジング

図 3-5　書庫・貴重資料保管庫

図 3-6　写真プリントのリハウジング

図 3-7　貴重資料保管庫内

紙資料（紙のフォルダに挟むなどして中性紙の保存箱へ収納），光学ディスク（保存箱へ収納するか，ビデオパッケージの場合は書架へ配架），図書（装備して OPAC へ登録し書架へ配架）

・低湿度収蔵庫（19.5±1 ℃，10.5±1.5 ℃ RH 40±5.0 %）：
写真ネガ／ポジフィルム（保存用のバインダーに移す），映像フィルム（金属の錆びた缶を通気穴のあるプラスチック缶に替え，リールはコアに巻き直す），映像ビデオテープ（ケースごと立てて保管），音声テープ（コンパクトカセットは箱に入れてまとめる）

・データストレージ（NAS が保存センター，クラウドと保存ディスクにコピー）：
受領・納品データなど（HDD などの納品メディアやフロッピー，光学ディスクなどのデータ収録媒体から移す）

（3）視聴覚メディアの取り扱いと媒体変換

ミュージアム・アーカイブズを構成する資料アイテムにはいろい

ろな素材がある。前述のとおり，写真や映像フィルム，ビデオテープのほか，フロッピーディスクやCD-Rなどのデータ収録媒体ももはやめずらしくはない。編成計画をつくる際に，そのままでは何が入っているのか，そのコンテンツがわからない収録メディアについては，可能な限りアイテム単位のリスト化を実施するところまで処理に含めることが薦められている。それが難しい場合は，少なくとも媒体の種類・形式ごとの数を把握しておく。というのも，コンテンツの確認をするために再生機器を用いる視聴覚メディアは，デジタル化やファイル化など，次の処理ステップに経費がかかる可能性がある。物理的劣化だけでなく周辺技術の陳腐化の影響を視野に入れ，アクセス確保のための処理計画を別にもつ必要がある。

磁気テープのなかでもとりわけビデオテープは，この先コンテンツのマイグレーションを積極的に実施しておかないと，再生できなくなったり，再生機器が少なくなって変換作業に予想外の経費がかかったりすることが予想される[38]。これらの処理ははやいに越したことはないのだが，だからといって，すべてを一様に処理する必要もない。例えばオリジナルメディアが映像フィルムで，そこから作成したコピーであるビデオテープとともにあった場合，オリジナルが再生できるほど良い状態を保持しているのであれば，コンテンツを視聴するための媒体変換は，真正性の点でも質の点でも，オリジナルのフィルムからのデジタル化を選択すべきかもしれない。実際は，メディアの種類や状態によってケースバイケースになる。その判断をするためにも，素材の観察は丁寧に行う必要がある。

たいていの視聴覚メディアには容器やラベルがあり，文字情報が付属している（図3-8）。簡単に中身と容器が入れ違ってしまったり，上書きしたことが忘れられたりして，それらの文字情報があま

図3-8　視聴覚メディアにも手がかりとなる文字情報がある

り信用ならないのも，これらのメディアの特徴のひとつである。それでもメディアの観察を行うことには意味がある。物理的な特徴やスペックの記述は，それらを再生するときに何が必要となるか（予算なのかデッキなのか）を考える要素となり，ラベルの記述を転記することで，たとえ実際のコンテンツが違っていたとしても，その素材をほかの資料のなかに位置づけることが可能になる。最終的には，再生しなければ正確な位置づけができず，視聴できない以上いずれはすべての媒体変換が必要になるのだが，安易に安価で質の悪い方法を選ばず，原資料の特質をきちんと見分けて，適切な措置を講じたい。映像フィルムの場合はとくに，媒体変換の方法にいくつかの選択肢があり，状態やフォーマット，オリジナルか複製かなど，必ずしも高額なデジタル化をしなければならないというものでもない。しかしもし，その媒体変換を最後に，オリジナルメディアから切り離してコンテンツだけを保存することになるような物理状態なのであれば，できる限りオリジナルメディアからの情報を多く引き継ぐことができるよう，画や音の質だけでなく，その変換処置に関するメタデータの作成についても十分に考慮する必要がある。

（4）ボーン・デジタル資料の取り扱い

Online Computer Library Center, Inc.（OCLC）のリッキー・アーウェイ（Ricky Erway）がまとめた2つのテキストには，ソフトウェアやＥメール，ドキュメントなどのボーン・デジタルコンテンツを格納し，アクセス者がそれらに介入可能であるキャリア（フロッピーディスクやPC，HDDなど）を受贈資料として取り扱う場合に，その完全性を害さず複製（ディスクイメージ）を作成・取得し，判読可能なかたちで保存・活用していくための基本的な手続きの方法が示されている[39]。それは，犯罪捜査や民事・刑事訴訟で必要とされるデジタル機器上の証拠の確保に用いられるデジタル・フォレンジックの実務に近い。

アーカイブズにもボーン・デジタル資料が含まれるようになって久しく，当館でもウェブサイトのデータ一式が納められたフロッピーディスクや業務用のノートPC（ディスクイメージ作製を適切な事業者に委託して取得し，本体は返却した）を含む資料群の受贈があった。どちらもすでに複製物だけを受贈したが，オリジナルの機器からコンテンツを切り離し，これを原本としてマイグレーションし続けることと，その真正性と証拠性を長期にわたって維持することを両立していかねばならない。電子記録の取得の際には，プライバシーへの配慮や消されていたデータの復元禁止など，別に定めるべきルールもあり，また受け入れたデータを利用可能な情報とするために，これを処理するツールの準備も必要である。膨大なデータを解析する機能をもつデジタル・フォレンジックのソフトウェア

（FTK Imager や BitCurator など）の使用について，日本語文献や国内事例は乏しいが，BitCurator Consortium の提供するリソースが充実している[40]。

これらのデータを安全に長期保管するためのデジタルストレージも必須で，当館では，最低限の 321 ルール（データは 3 つ［オリジナルのほかに 2 つ］，2 種類の別々のメディアで，そのうち 1 つを違う場所で保管する）を実行しているが，データの長期保存を実行する際に準拠すべきとされている OAIS 参照モデル（Reference Model for an Open Archival Information System，ISO 14721:2012）については，導入方法のさらなる検討が必要である。OAIS 参照モデルは，すでに策定から20年近くにもなる「情報パッケージ」を中心としたデータ管理の考え方で，保存対象のデータ（コンテンツ）に，どのようにコンテンツができているかを示す表現情報，コンテンツや環境の関係を示すコンテクスト情報，コンテンツがどういった変遷をたどっているかを示す来歴情報，コンテンツに意図しない変更がされていないことを示す不変性情報などのメタデータを一緒にまとめて保存する仕組みである[41]。

技術開発と発展が著しく，ハードとソフトの両面で陳腐化しやすいデジタルデータが失われやすいものであることは，もはや意外なことでもない。その長期保存の方法に関しては，長らく多様な議論や技術開発があったが，絶対安全のフォーマットやキャリアがなく，理解可能なデータとしてのアクセシビリティを維持すること，つまり放置せず管理をし続けることがひとつの有効な策であると言われている[42]。そのためのインフラは，観察を自動化するシステムとそれらの仕組み全体をケアする IT 人材の確保にほかならない。

3.2.4　公開

(1) 管理データベース

アーカイブズのカタログ情報管理には，検索手段の階層記述を標準化したEAD[43]を搭載するシステムが向いている。

当館のアーカイブズを管理するデータベースにはArchivesSpace[44]を使用している（図3-9）。これは，階層記述を標準とするアーカイブズのカタログを適切かつ効率的に作成・管理するオープンソースソフトウェアで，DACSに準拠している。アーカイブズに特徴的な階層記述を扱うことのできるオープンソースソフトウェアには，ICAのもとで開発されてきたAtoM（Access to Memory）[45]が世界的に知られており，国内の導入事例も増加しつつある。一方，ArchivesSpaceは，開発の中心が北米の大学機関等にあるため，北米圏がその利用機関の広がりの中心であり，文書記録管理の専門機関ではないミュージアムでの採用例も多い。

当館のシステム導入にあたっては，海外調査（2018年3月）や有識者会議（2018年度），簡単な機能比較を実施したうえで，ArchivesSpaceを選択した。最終的な採用システム決定に大きく影響したのは，調査に協力してくれた北米の美術館（ニューヨーク近代美術館，ブルックリン美術館，ホイットニー美術館）と美術研究所（AAA，ゲッティ研究所）がいずれもArchivesSpaceを使用していたことである。オープンソースソフトウェアの利用には，開発や改良を行う活発なコミュニティの存在が重要で，美術館という属性を共有する顔の見える他館のユーザー（アーキビスト）がいるということは非常に心強い。英語のソフトウェアを日本語で使用するにあたっての不都合は想像以上に多いが，開発者・利用者コミュニティ

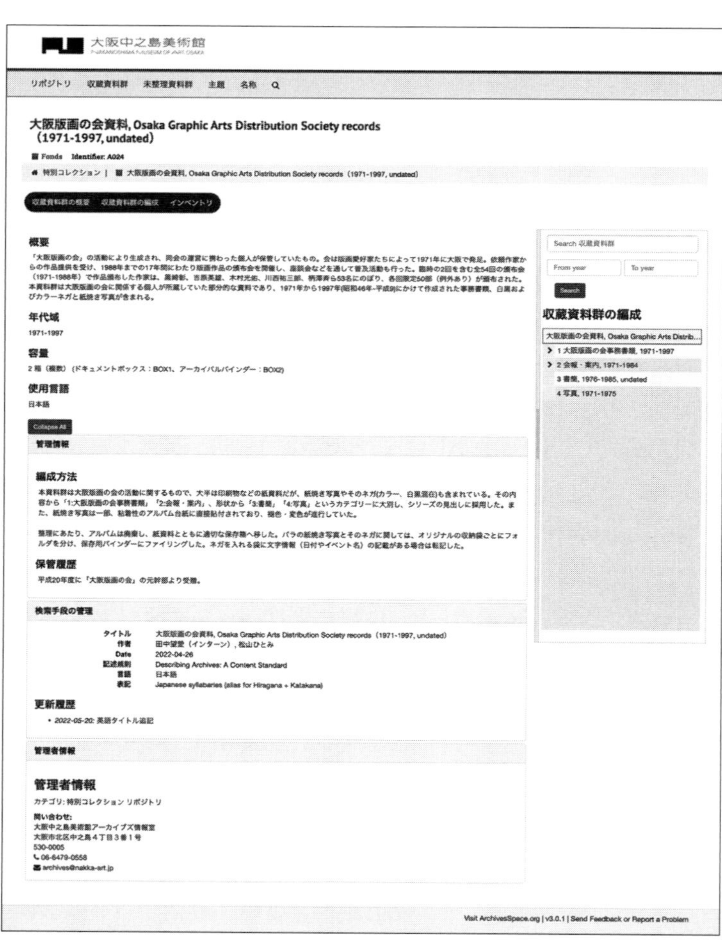

大阪中之島美術館
NAKANOSHIMA MUSEUM OF ART, OSAKA

リポジトリ　収蔵資料群　未整理資料群　主題　名称

大阪版画の会資料, Osaka Graphic Arts Distribution Society records（1971-1997, undated）

Fonds　Identifier: A024

特別コレクション | 大阪版画の会資料, Osaka Graphic Arts Distribution Society records（1971-1997, undated）

収蔵資料群の概要　収蔵資料群の編成　インベントリ

概要

「大阪版画の会」の活動により生成され、同会の運営に携わった個人が保管していたもの。会は版画愛好家たちによって1971年に大阪で発足。依頼作家からの作品提供を受け、1988年までの17年間にわたり版画作品の頒布会を開催し、座談会などを通して普及活動も行った。臨時の2回を含む全54回の頒布会（1971-1988年）で作品頒布した作家は、黒崎彰、吉原英雄、木村光佑、川西祐三郎、柄澤齊ら53名にのぼり、各回限定50部（例外あり）が頒布された。本資料群は大阪版画の会に関係する個人が所蔵していた部分的な資料であり、1971年から1997年(昭和46年-平成9)にかけて作成された事務書類、白黒およびカラーネガと紙焼き写真が含まれる。

年代域

1971-1997

容量

2 箱（複数）(ドキュメントボックス：BOX1、アーカイバルバインダー：BOX2)

使用言語

日本語

Collapse All

管理情報

編成方法

本資料群は大阪版画の会の活動に関するもので、大半は印刷物などの紙資料だが、紙焼き写真やそのネガ(カラー、白黒混在)も含まれている。その内容から「1:大阪版画の会事務書類」「2:会報・案内」、形状から「3:書簡」「4:写真」というカテゴリーに大別し、シリーズの見出しに採用した。また、紙焼き写真は一部、粘着性のアルバム台紙に直接貼付されており、褪色・変色が進行していた。

整理にあたり、アルバムは廃棄し、紙資料とともに適切な保存箱へ移した。バラの紙焼き写真とそのネガに関しては、オリジナルの収納袋ごとにフォルダを分け、保存用バインダーにファイリングした。ネガを入れる袋に文字情報（日付やイベント名）の記載がある場合は転記した。

保管履歴

平成20年度に「大阪版画の会」の元幹部より受贈。

検索手段の管理

タイトル	大阪版画の会資料, Osaka Graphic Arts Distribution Society records（1971-1997, undated）
作者	田中望愛（インターン）, 松山ひとみ
Date	2022-04-26
記述規則	Describing Archives: A Content Standard
言語	日本語
表記	Japanese syllabaries (alias for Hiragana + Katakana)

更新履歴

- *2022-05-20:* 英語タイトル追記

管理者情報

管理者情報

カテゴリ: 特別コレクション リポジトリ

問い合わせ:
大阪中之島美術館アーカイブズ情報室
大阪市北区中之島４丁目３番１号
530-0005
06-6479-0558
archives@nakka-art.jp

Search 収蔵資料群
From year　To year
Search

収蔵資料群の編成

大阪版画の会資料, Osaka Graphic Arts Distrib...
- 1 大阪版画の会事務書類, 1971-1997
- 2 会報・案内, 1971-1984
- 3 書簡, 1976-1985, undated
- 4 写真, 1971-1975

Visit ArchivesSpace.org | v3.0.1 | Send Feedback or Report a Problem

図 3-9　ArchivesSpace（データベースソフトウェア）のカタログ基本情報と編成表示

が常にアクティブで，メーリングリストへの質問は投稿の翌日までに誰かが必ず応答してくれる。また，正しく記述を登録すれば，国際標準に則ったカタログ記述を作成できるという点も利用のメリットであり，今後のデータ連携など言語の壁を超えた情報の展開のしやすさに期待をしている。

(2) 閲覧室

海外の美術館には，ライブラリーに併設あるいは独立のサービスとして，アーカイブズの閲覧室を設置しているところも多い。当館の場合は，開設計画の当初から，ミュージアム・アーカイブの機能のなかでもとりわけ，収蔵資料群へのアクセスサービスの充実を重視してきた。すなわち，当館へ足を運べば，誰でも調査ができるという環境の整備である。

当館が現在収蔵している特別コレクションには，旧蔵者との約束等でアクセス制限のかかっているものはないが，アーカイブズ情報室からのアクセス提供の権限がないという意味では，開示請求の対象になりうるONMの現用文書，移管済公文書のうち取り扱い方法の決まっていない半現用のものがこれにあたる。また，プライバシーや倫理に照らして，公開が可能か検討の時間が必要なものもなかにはあるかもしれない。進捗状況により，未処理の資料群や処理途中の資料群へのアクセスを制限することもある。しかし基本的には，職員も一般の利用者も平等に，事前の予約をすれば資料の現物を閲覧・調査できるサービスを提供している。

当館の閲覧室の運営はアーカイブズ運用規程の「アクセスポリシー」で規定し，原則火曜日から土曜日，10～17時までの開室としている（図3-10）。公開しているデータベースで閲覧希望資料の有

図 3-10　予約閲覧室

無を確認したうえ，希望日から 2 週間以上の余裕をもって，専用のウェブフォームかメール，電話で事前に申し込む必要がある。閲覧希望のあった対象資料をそのまま提供できるかどうか，内容や状態を点検するために必要な時間を設けているため，閲覧当日に対象資料の新規追加をすることはできない。また，スタッフは利用者の閲覧を監視するが，その場ではレファレンス対応をせず，閲覧に関する相談は電話とメールのみで受け付ける。なお，予約閲覧室は同時に 4 名の利用が可能で，開架書架のあるライブラリーと比べると閉じたサービスと感じられるかもしれないが，ユニークな現物資料を保存しながら提供するために，いくつかの制限事項は必須である。参考にした欧米の美術館アーカイブズのサービスとも大差ない。

予約閲覧室とは別に，予約不要の一般閲覧室では，館内設置のタブレットからデジタルアーカイブにアクセスできる（図 3-11）。館内からのみ閲覧できるという点で，ある意味これも閉じたサービスだが，ここで公開するデジタル代替物は，基本的に資料保存の観点

図3-11　一般閲覧室（デジタルアーカイブ）

から優先的にデジタル化を実施している資料で，現物の閲覧に応じられないアイテムである。公開対象はテーマや需要で選んでいるというよりは，アクセスのための手段として，デジタル化せざるをえないものが選ばれている。つまり，現物を安全に長期保存するため，そのデジタル代替物を展示，あるいは無償上映することでアクセス提供を行っている。著作権保護期間中の紙資料について，代替物（＝複製データ）の展示が著作権法の例外規定の範囲にあるかは定かではない。けれども，これ以外に資料閲覧に対応する方法がなく，著しく著作権者の利益を侵害するようなものではないことから，この方法を採用している。現在登録されている主な資料は，大型の紙資料（ポスターや図面，カレンダー），画面の劣化が進む写真プリント，媒体変換なしには視聴提供が不能な映像フィルムやビデオテープのコンテンツである。

3.3　ミュージアム・アーカイブズの普及のために

3.3.1　デジタルアーカイブズ・スペシャリストの育成

最後に，これからのアーキビストのスキルについて，「デジタルアーカイブズ・スペシャリスト」という点から，情報技術者（IT スタッフ）の必要について触れたい。

大阪中之島美術館のアーカイブズ情報室は，アーキビスト１名，司書２名，IT スタッフ２名で運営している。筆者（アーキビスト）以外はみな，週３日以下の非常勤職員である。それぞれに専門的な知識とスキル（図書の取り扱い，システム開発など）があり，アーカイブズ情報室の業務を支えている。情報技術者の関わる業務はこれまで，インフラ整備を含めたアウトソーシングとなる場合が多く，ミュージアムの専門職員としては認知されにくく雇用機会も少ない。一方，デジタルアーカイブやデータベースの維持管理，複製データの作製，取得データの複製保存，予約者のスケジュール管理，データストレージや業務サーバの監視，日々業務効率化のためのデジタルツールの導入など，アーカイブズ情報室における日常業務の大部分が，情報技術を基盤とするものとなっている。これに加え，ボーン・デジタル記録の取り扱い，例えば，デジタル・フォレンジックソフトウェアの使用，データ分析，記録の廃棄（消去）やマイグレーションといったこれからの取り組みに，高度な IT スキルが必要となる。

デジタル時代のレコード・マネジメント，アーカイブが取り扱うのは，当然ながら電子記録である。SAA では，デジタル社会において電子記録の適切な管理と継承を担い，アーカイブを生かす専門家として，「デジタルアーカイブズ・スペシャリスト」の育成を行っている。研修と認定プログラムの修了者は，電子記録の特性を理解し，長期保存の対象となる電子記録の評価，記述，管理，組織化，保存に関する戦略を立てることができ，また，さまざまな技術，ツール，ソフトウェア，メディアを駆使して，デジタルアーカイブズの管理やキュレーションができるようになる。ミュージアム職員や司書が受講対象者となっている基礎コースのカリキュラムには，デジタル記録の取り扱い，デジタル・フォレンジックの基礎，ウェブアーカイビングの基礎，電子メールの保存，ボーン・デジタル記録の処理，視聴覚資料のデジタル保存，といった必要かつ興味深いトピックが列挙される[46]。

国内には，NPO法人日本デジタルアーキビスト資格認定機構の認定する「デジタルアーキビスト」の資格がある。デジタルアーキビストは，「文化・産業資源等の対象を理解し，著作権・肖像権・プライバシー等の権利処理を行い，デジタル化の知識と技能を持ち，収集・管理・保護・活用・創造を担当できる人材」[47]のことである。さまざまな文化的価値のある現存資料のデジタル化を進め，活用促進を担うことが期待される。SAAの「デジタルアーカイブズ・スペシャリスト」に今一歩近いものとしては，公益社団法人日本文書情報マネジメント協会の認定する「文書情報管理士」や「文書情報マネージャー」がある。ウェブページや資格取得テキストには，ワークフローが急速に電子化する情報資産管理の現場で，レコード・マネジメントに携わる人々に必要な知識がまとめられている[48]。

アーキビストの側からは，現在の業務フローやデジタル化の技術，ファイルフォーマットの変遷や特質など，電子記録の処理に必要な情報技術に関する知識面からのアプローチは有効である。さらに，筆者も加盟する動的映像アーキビスト協会（Association of Moving Image Archivist：AMIA）のように，アーキビスト向けの簡単なプログラミングやオープンソースソフトウェアを用いた映像ファイルのフォーマット変換講座など，実務で役立つ IT スキルの習得に向けて，情報提供する職能コミュニティもある[49]。

今後，サーバ管理やデータベース構築など，アーキビストも必要に応じ，自身の IT スキルを継続的に向上させていく必要がある。しかしながら，もうひとつの方向性として，情報技術専門職側からのアーカイブ実務へのアプローチにも期待したい。すなわち，情報技術をバックグラウンドとする学生やデジタルネイティブ人材の選択肢に「デジタルライブラリー・ソフトウェア・エンジニア」や「メタデータ・マネジメント・アーキビスト」のような職業が加わる未来のために，情報専門職としてのアーキビストの役割と需要をいっそう拡張していかねばならない。

3.3.2 おわりに

ミュージアム・アーカイブとしての総合的なサービスの提供と，その維持を指向する大阪中之島美術館のアーカイブズ情報室の取り組みは，日本のミュージアムのなかでは新しい。ミュージアムという属性に共通する基本業務の特質や使う用語の近さから，北米の実践に学ぶことが多いが，国内でもすでに普及している大学アーカイブや企業アーカイブといった組織内アーカイブズのアーキビストからもさまざまな助言やアイディアをいただいた。そのおかげで，小規模スタートにもかかわらず，アーカイブズ情報室には，資料閲覧を予約して利用する研究者だけでなく，アーカイブの設置に関心をもつミュージアム学芸員や地方公共団体職員の来室もある。

SAAのミュージアム・アーカイブズ分科会によるAdvocating for Museum Archives: Personal Essays Project (2014–2015)[50] はミュージアム・アーキビストたち19名が「ミュージアム・アーキビストとは？」や「なぜミュージアムにアーカイブが要るの？」といった問いの答えを考えながら，所属館のなかでのアーキビストの仕事をそれぞれの目線で記したエッセイ集で，ミュージアム・アーキビストの同僚が身近にいない筆者にとって，羨ましくも心強くも感じられる読み物だ。なかには，ソウルにある白南準（ナム・ジュン・パイク）アートセンターと韓国のミュージアム・アーカイブ活動に関するエッセイもある。私たちよりも少し先を行く，隣国の状況にも興味が湧く。

本章で触れられなかったことのひとつに，情報連携の展望がある。アーカイブズのカタログ記述には階層構造があるため，そのままのデータセットでは，アイテム単位の情報で横断検索を実行するジャパンサーチのようなプラットフォームには参加がしにくい。もちろん，国立公文書館のようにアイテムごとのメタデータを正しく準備すればよいのだが，なかなか簡単なことではない。一方，アーカイブズのカタログ記述は国際標準を用いているので，欧米には，Online Archive of California[51]（北米）やArchives Hub[52]（英国）といったアーカイブ機関の所蔵情報を横断検索するプラットフォームがある。アーカイブズに特化した横断検索システムの構築は，国内需要を考えると実現は難しそうだが，日本からも参加が可能な情報連携プラットフォームとして，Social Networks and Archival Context[53]（SNAC）がある。ここには，アーカイブズの作成者（人物，家族，組織）情報が集約され，オーサライズされたそれらの人物情報を介してアーカイブズの所蔵館がつながる。

アーカイブズは人々の営みを記録し，アーキビストはそれを未来へと橋渡しする。アーカイブズはモノであり情報なのだが，アーカイブズ処理における観察は，過去の人々との対話のようでおもしろく，忘れられていたアーカイブズが見いだされると身内のことのように嬉しい。うずたかく積まれた未処理の箱の前で挫けそうになることがあっても，このことを考えると少し救われる気がする。

参考3-1　受領予定資料登録フォームのサンプル（大阪中之島美術館）（表）

受領予定資料 登録フォーム

寄贈 ・ 購入

登録番号:

<table>
<tr><td colspan="2">提出日:</td></tr>
<tr><td colspan="2">資料（群）の仮称:</td></tr>
<tr><td colspan="2">登録先: □ アーカイブズ　□ 貴重資料　□ 図書・出版物</td></tr>
<tr><td colspan="2">寄贈者／購入元:</td></tr>
<tr><td colspan="2">住所・連絡先:</td></tr>
<tr><td>寄贈</td><td>購入</td></tr>
<tr><td>市場価格（あれば）:</td><td>予定価格:
購入予算:</td></tr>
<tr><td colspan="2">資料（群）の概要:</td></tr>
<tr><td colspan="2">資料（群）の発生に関する情報（由来）:</td></tr>
<tr><td colspan="2">著作権状況:</td></tr>
<tr><td colspan="2">資料（群）の移動スケジュール:　□ 搬入・預かり証発行済
保管場所（予定）:</td></tr>
<tr><td>記入者:</td><td>確認者:　日付:</td></tr>
</table>

（裏）

資料名：
資料作成者の略歴：
資料群の内容と収集理由：
物理的状態：
権利状況：
参考文献等：

参考 3-2　編成計画（記載項目と記入事項）のサンプル

【処理計画】　A021-S3 具体美術資料委員会旧蔵資料（1937-1993）

特徴：

平成 30 年度までに科研費にて写真ネガおよびスライドのみ保存箱への移替えが完了している。写真ネガはフォルダごとに番号が付与されていたため，フォルダの元の番号順（欠落あり）に新たな管理番号（FN）を付与した。スライドは，スライドボックスに入っていたため，ボックスごとに新たな管理番号を付与（F）した。また，上記ネガからのコンタクトシートの貼られたアルバムが 14 冊あり，これについてはネガの一覧化を意図したものである（一部「具体美術協会」の印が押されていることから，メンバーによる作成物）と考えられることから，保存のためのデジタル化を実施し，個別番号を付与（PB001-014）して保存箱に収納した。

上記以外の資料の収納された 9 箱分の段ボール箱について，インベントリ作成作業を行った結果，過去に何度か整理作業がなされた形跡（付箋の貼付けや「コピー済」と書かれた封筒，芦屋市立美術博物館や兵庫県立近代美術館の封筒等）があり，写真プリントの一部は年代ごとにいくらかまとめて封筒に入っていた。また，資料の大部分を占める事務文書等については，大阪万博（1970 年），『具体美術の 18 年』の出版に関わる文書類のほか，いくつか見出しのついた封筒があり，いずれもいつの時点における分類かが不明ではあるものの，意図的なまとまりが見いだされるものが一部含まれる。

整理方針：

大部分を構成する雑多な事務文書類（手書きメモ，原稿，リスト，小作品，デザイン，図面，はがき，封書など）には明確な秩序を見いだすことが困難であったが，上記のとおり，見出しのついた封筒でまとめられた書類があった。これらがもともとの秩序をどの程度とどめているかはすでにわからないが，テーマの特定による作成年代域の絞込みやキーワード検索への対応が見込まれることから，そのまま「テーマ別文書」として細分化に採用する。このほか，「グタイピナコテカ」「グタイミニピナコテカ」という２つの特徴的な場所を拠点とする活動の時期，内容が明確であることから，出版物をはじめとする関連書類の集約がある程度可能であり，これをシリーズの見出しに採用する。

本資料の関係者・管理者が複数に及ぶことや，かつて吉原製油株式会社に置かれていたことなどに由来すると考えられる具体美術協会結成前後の年記のある資料の混在については，グループの解散後と結成以前に分けて処理する。以上から，シリーズ編成（案）は，次のとおり。

シリーズ１：グタイピナコテカ（1962-1970）

シリーズ２：グタイミニピナコテカ（1971-72）

シリーズ３：Expo '70（1969-1971）

シリーズ４：具体美術協会事務書類（1954-1993）

シリーズ５：具体美術協会解散後（1972-1984）

シリーズ６：具体美術協会結成以前（1937-1951）

各シリーズにおいて，テーマによる分類がさらに可能な場合，ならびに印刷メディアや保存環境の異なる視聴覚メディアが含まれる場合，サブシリーズ以下に見出しを付ける。

備考：重複する印刷物（エフェメラ）類は，手書きによる加筆のある場合を除き，最大５部を残してほかは廃棄する。図書は分けて後日図書登録を実施する。

処理期間：2019年11月～2020年3月末 完了予定

編成計画：

シリーズ（識別可能な大分類）

１：グタイピナコテカ（1962-1970）

2：グタイミニピナコテカ（1971-72）
3：Expo '70（1969-1971）
4：具体美術協会事務書類（1954-1993）
5：具体美術協会解散後（1972-1984）
6：具体美術協会結成以前（1937-1951）

サブシリーズ以下（媒体別）
1：グタイピナコテカ（1962-1970）
　1-1　グタイピナコテカ開催展
　　　展覧会関係書類
　　　パンフレット
　1-2　グタイピナコテカ事務書類
　　　開廊関係書類

2：グタイミニピナコテカ（1971-72）
　2-1　グタイミニピナコテカ事務書類
　　　開廊関係書類
　　　展覧会関係書類
　　　　開廊記念展
　　　　菅野聖子展
　　　　Gutai '55-72
　　　運営関係書類

3：Expo '70（1969-1971）
　3-1　文書 万博提供資料
　　　みどり館運営事務書類
　　　具体美術まつり運営事務書類
　　　お祭り広場運営事務書類

4：具体美術協会事務書類（1954-1993）

4-1 文書 文書，メモ，原稿，リスト

小作品，デザイン，図面

はがき，封書

テーマ別文書類：祝賀会（1967）

テーマ別文書類：忘年会（1970）

テーマ別文書類：具体展（1956-1972）

テーマ別文書類：芦屋市展（1967-1971）

テーマ別文書類：ヌル展（1963-1965）

テーマ別文書類：フロリアーデ案（1972）

テーマ別文書類：吉原製油関係（undated）

テーマ別文書類：吉原治良関係（1969-1972 ca.）

4-2 写真・アルバム

4-3 音声テープ

4-4 記事・スクラップ

4-5 パンフレット・DM

4-6 書籍 未処理：移動用の箱に1箱分

5：具体美術協会解散後（1972-1984）

5-1 文書『具体美術の18年』出版関連書類

6：具体美術協会結成以前（1937-1951）

6-1 文書 九室會（1938-1939）／美術團体連合展（1949）

処理担当：横山

管理：松山

引用参考文献・注

1：エリック・ケテラール著，児玉優子訳「未来の時は過去の時のなかに」記録管理学会・日本アーカイブズ学会共訳『入門アーカイブズの世界』日外アソシエーツ，2006，p.33.

2：映画のなかのアーキビスト像については，オンライン記事などにもさまざまに書かれているが，おおむねJocasta Nuの描き方については，否定的な意見である。Aldred, Tania; Burr, Gordon; Parc, Eun, Crossing a Librarian with a Historian: The Image of Reel Archivists, *Archivaria, The Journal of the Association of Canadian Archivists*, 66 (Fall 2008), p.57–93.

3：ICA, Multilingual Archival Terminology. http://www.ciscra.org/mat/mat/termlist/l/Japanese, (accessed 2022-09-03).

4：本文では，場所（建物）あるいは機能として単一のミュージアム・アーカイブが複数ある場合に，ミュージアム・アーカイブズと複数形で表記することがある。

5：日本の公文書館は，山口県（1959年）を皮切りに，郷土史・地域史研究者たちの史料保存運動を背景として，京都府（1963年），東京都（1968年），埼玉県（1969年）など，都道府県での設立が続き，1971年に国立公文書館が開館する。「歴史研究とアーカイブズ：史料保存運動から地域持続まで」『アーキビストとしてはたらく』p.80-81.

6：矢切努「第四講 地方公文書館の現状と課題」『アーカイブズとアーキビスト：記録を守り伝える担い手たち』大阪大学アーカイブズ，2021，p.65-92. 筆者の留学していたアムステルダムには市立アーカイブがあり，日常的に訪れる人々が多く開かれた印象を受けた。Stadsarchief Amsterdam. https://www.amsterdam.nl/stadsarchief/amsterdam-city-archives/, (accessed 2022-09-03).

7：「行政機関の保有する情報の公開に関する法律」（平成11年法律第42号）には政府の説明責任が書かれているが，国民の「知る権利」が明記されていないことも指摘されている。新藤静雄「個人情報保護法制の整備」『行政法研究』(30)，2019，p.91.

8：ISO15489-1 アカウンタビリティの実現を記録管理の目的として明確に位置づけた国際規格。

9：国立公文書館．認証アーキビストについて．https://www.archives.go.jp/ninsho/aboutCAJ/index.html,（参照 2022-09-03).

10：一般社団法人全国美術館会議が2021年度に発行した会員名簿を参照した

ところ，金沢21世紀美術館のみが「アーキビスト」職を置いていた。筆者は館の方針によりアーカイブズ全般を扱う専任となっているが雇用上は「学芸員」であって，個人的に認証アーキビストであるにすぎず，所属する美術館にはアーキビストの専門職枠，職務権限がとくにないためこれには含めない。

11：SAA, Museum Archives Section. https://www2.archivists.org/groups/museum-archives-section,（accessed 2022-09-03）.
日本語では，筒井弥生「アメリカ・アーキビスト協会ミュージアム・アーカイブズ・セクションの活動」『アート・ドキュメンテーション研究』（27･28），2020，p.75-85にて詳述される。

12：Przybyla, Ann Marie, "The Museum Archives Movement," in *Museum Archives: An Introduction*, ed. Deborah Wythe, Chicago: Society of American Archivists, Museum Archives Section, 2004, p.4-5.

13：SAA, Museum Archives Section, Museum Archives Guidelines. https://www2.archivists.org/groups/museum-archives-section/museum-archives-guidelines,（accessed 2022-09-03）.

14：佐々木秀彦・川越仁恵「ミュージアム・アーカイブズの構築に向けて」『東京都美術館紀要』（20），2014，p.28-36や渡邉美喜「日本におけるミュージアム・アーカイブズの萌芽：戦後草創期開館の美術館にみる」『GCAS Report　学習院大学大学院人文科学研究科アーカイブズ学専攻研究年報』9，2020，p.67-82など，ミュージアム・アーカイブズを主題とするこれまでの論文や記事のほとんどがこれを参照，引用している。

15：現用文書というのは，アーカイブズの用語で「業務上利用のある状態」を言い，現用文書の管理を「レコード・マネジメント」としてアーカイブズ（＝非現用，つまり業務上の利用がない状態で，長期保存の価値を有するもの）と使い分ける。レコード（records）は記録のことであり，組織活動の産物である。

16：SAA, Dictionary of Archives Terminology. https://dictionary.archivists.org/index.html,（accessed 2022-09-03）.

17：ニューヨーク近代美術館，ホイットニー美術館，ブルックリン美術館を訪れた際に，各館のアーキビストにインタビューした（2018年3月）。各館とも収集アーカイブの機能があるが，機関アーカイブを主と考え，作品・作家関連資料についてはAAAの拠点化が図られているとのことであった。

18：東京都美術館，90周年ウェブサイト．http://90th.tobikan.jp/,（参照2022-09-03）.

神奈川県立近代美術館，アーカイブ．http://www.moma.pref.kanagawa.jp/storage/jp/museum/archive_index.html,（参照 2022-09-03）.

19：社会教育調査／年次統計統計（データセット情報）によると，昭和62年から平成8年（1987～1996年）の間に類似施設を含む博物館は2,196館増えている。登録博物館だけ見ても，美術館102，歴史博物館は108とこの10年間に急増している。

20：歴文対象文書の現用保存期間満了後も保存期間延長していると考えられるものが大部分で，その移管経緯は不明であるものの，平成12～15年分の「所蔵作品展覧会開催関係書類（歴）」のみが現在大阪市公文書館にある。

21：大阪中之島美術館は美術館としては国内で初めて，PFIコンセッション方式の運営を導入している。大阪中之島美術館，美術館の運営方法 https://nakka-art.jp/about/history/,（参照 2022-09-03）.

22：エリザベス・シェパード，ジェフリー・ヨー共著，森本祥子・平野泉・松崎裕子編訳『レコード・マネジメント・ハンドブック』日外アソシエーツ，2016，p.4.

23：レコード・コンティニュアム，ならびにレコード・マネジメントとアーカイブを一体とするレコード・キーピングの考え方については，以下に詳しい。スー・マケミッシュ著，坂口貴弘，古賀崇訳「きのう，きょう，あす：責任のコンティニュアム」記録管理学会・日本アーカイブズ学会共訳『入門アーカイブズの世界』日外アソシエーツ，2006，p.187-218.

24：独立行政法人国立公文書館『アーキビストの職務基準書』（平成30年12月）には「評価選別・収集」業務を構成する「指導・助言」に文書作成機関のレコード・マネジメントに対する助言が記載されている。

25：Philadelphia Museum of Art, Records Management Manual, First edition, 2010. http://files.archivists.org/groups/museum/standards/8-Phildelphia % 20RM_Manual_Complete_9-14-2010.pdf,（accessed 2022-09-03）.

26：例えば，ポンピドゥセンターのアーカイブズへのアクセスについて。Centre Pompidou, Access to public archives. https://www.centrepompidou.fr/en/offer-to-professionals/access-to-public-archives#1310,（accessed 2022-09-03）.

27：全国美術館会議情報・資料研究部会編「全国美術館会議会員館 アーカイブズ資料所在一覧 2022」https://zenbi.jp/data_list.php?g=93&d=20,（参照 2022-12-01）.

28：ジャン＝ピエール・ワロー著，塚田治郎訳「現在の歴史を生きた記憶として刻印する」記録管理学会・日本アーカイブズ学会共訳『入門アーカイブズの世界』日外アソシエーツ，2006，p.98.

29：アーカイブズ「収集・整理の四原則」の「(4) 記録の原則」は大前提だが，処理作業過程の記録については，筆者はゲッティ研究所での研修に際し，複数のアーキビストとの対話のなかで，自分の後に改めて処理をするアーキビスト，あるいは資料の利用者へ向けて，処理の作業記録をつないでいく，ということの大切さを学んだ。松山ひとみ「美術関連資料の情報化：ゲッティ研究所での実務研修から」『博物館研究』55(1)，2020，p.30-32.

30：大阪中之島美術館アーカイブについて．(Wayback Machine, Internet Archive) https://web.archive.org/web/20191206072706/http://www.nak-osaka.jp/archives.htm,（参照 2022-09-03）.

31：Wythe, Deborah, "Appraisal" in *Museum Archives: An Introduction*, ed. Deborah Wythe, Chicago: Society of American Archivists, Museum Archives Section, 2004, p.28

32：Morris, Sammie L., Starting from Scratch: How to Create a Museum Archives, 2006. https://docs.lib.purdue.edu/lib_research/45/,（accessed 2022-09-03）.

33：J. Paul Getty Trust Institutional Archives, Appraisal Principles 3rd Edition, September 2014. http://files.archivists.org/groups/museum/standards/2. % 20Appraisal % 20and % 20Acquisition/Getty_Appraisal_manual_3rdEdition.pdf,（accessed 2022-09-03）

34：大阪中之島美術館．コレクション 収集方針．https://nakka-art.jp/collection/top/,（参照 2022-09-03）.

35：ISAD (G): General International Standard Archival Description - Second edition. https://www.ica.org/en/isadg-general-international-standard-archival-description-second-edition,（accessed 2022-09-03）.

36：Describing Archives: A Content Standard. https://github.com/saa-ts-dacs/dacs,（accessed 2022-09-03）.

37：Greene, Mark A. ; Meissner Dennis, More Product, Less Process: Revamping Traditional Archival Processing, 2005. https://www.archivists.org/prof-education/pre-readings/IMPLP/AA68.2.MeissnerGreene.pdf,（accessed 2022-09-03）.

38：ビデオレコーディングの長期保存に関しては，国際音声・視聴覚アーカイブ協会（International Association of Sound and Audiovisual Archives, IASA）の技術委員会がガイドラインとしてまとめており，取り扱いに関する包括的かつ詳細な情報が得られる。Guidelines for the Preservation of Video Recordings, IASA Technical Committee. https://www.iasa-web.org/tc06/guidelines-preservation-video-recordings,（accessed 2022-09-03）.

39：Erway, Ricky, You've Got to Walk Before You Can Run: First Steps for Managing Born-Digital Content Received on Physical Media, Dublin, Ohio: OCLC Research, 2012. https://www.oclc.org/research/publications/2012/oclcresearch-managing-born-digital-physical-media.html,（accessed 2022-09-03）.

Barrera-Gomez, Julianna; Erway, Ricky, Walk This Way: Detailed Steps for Transferring Born-Digital Content from Media You Can Read In-house, Dublin, Ohio: OCLC Research, 2013. https://www.oclc.org/research/publications/2013/oclcresearch-transferring-born-digital.html,（accessed 2022-09-03）.

40：日本語の文献として，櫻庭信之・行川雄一郎・北條孝佳編著『法律実務のためのデジタル・フォレンジックとサイバーセキュリティ』商事法務，2021も参考にされたい。また，BitCuratorのコミュニティでは，豊富なリソースが提供されている。Wang, Hannah ; Lee,Cal. BitCuratorEdu Bibliography. BitCuratorEdu Project, May 27, 2022. https://bitcuratorconsortium.org/bitcuratoredu-bibliography/,（accessed 2022-09-03）.

41：OAISについては，東京国立近代美術館フィルムセンターBDCプロジェクト（現・国立アーカイブ）の解説記事がわかりやすい。

東京国立近代美術館（アーカイブサイト）. 情報の長期保存に有力なOAIS参照モデル（全2回）. https://www.momat.go.jp/nfc_bdc_blog/category/bdcブログ/デジタル映画に関わる課題/保存システム ,（参照2022-09-03）.

42：Digital Preservation Coalition（UK）の発行するDigital Preservation Handbook（第2版，2015）にもデジタルデータ保存の方策が詳細に示されているので参照されたい。https://www.dpconline.org/handbook,（accessed 2022-09-03）.

43：Encoded Archival Description（EAD）はアーカイブズ記述を電子的に符号化（機械可読化）し，カタログ情報を共有するためにつくられた国際標準である。アーカイブズを階層的に扱うことのできる専用システムに実装されている。

44：ArchivesSpace. https://archivesspace.org/,（accessed 2022-09-03）.

45：atom. https://www.accesstomemory.org/en/,（accessed 2022-09-03）.

46：SAA, Digital Archives Specialist（DAS）Curriculum and Certificate Program. https://www2.archivists.org/prof-education/das,（accessed 2022-09-03）.

47：特定非営利活動法人日本デジタルアーキビスト資格認定機構．デジタルアーキビストとは．https://jdaa.jp/digital-archivist,（参照 2022-09-03）.

48：公益財団法人日本文書マネジメント協会．文書マネジメントとは．https://www.jiima.or.jp/basic/korekara_management/,（参照 2022-09-03）.

49：The Association of Moving Image Archivists. Webinars. https://amianet.org/events/webinars/,（accessed 2022-09-03）.

50：Museum Archives Section Standards and Best Practices Working Group, Advocating for Museum Archives: Personal Essays Project, SAA. 2015. https://www2.archivists.org/sites/all/files/Final%20Advocacy%20Project_0.pdf,（accessed 2022-09-03）.

51：Online Archive of California. https://oac.cdlib.org/,（accessed 2022-09-03）.

52：Archives Hub. https://archiveshub.jisc.ac.uk/,（accessed 2022-09-03）.

53：Social Networks and Archival Context. https://snaccooperative.org/,（accessed 2022-09-03）.

コラム 3　アーカイブの実務を学ぶ

はじめに

国内にも，学習院大学大学院（人文科学研究科アーカイブズ学専攻），島根大学大学院（人間社会科学研究科社会創成専攻）をはじめ，アーキビスト養成プログラムを開設している大学がいくつかある。関連する業務のなかで，いま少しアーカイブズの取り扱いに関する実践的知識や技術を得たい，必要に応じてスキルアップをしたいといった場合，これらの大学院で教育を受け直すことは有用かつ理想的だが，その決断は容易ではない。ここでは，社会人にも参加機会が開かれたアーキビスト養成関連の講座や研修について紹介する。

社会人の研修機会

実務の延長線上に位置づけられる点で，少なくともアーカイブズを取り扱う必要のある組織に勤務していることが前提となる，あるいは受講期間が長期にわたるなど，職場の理解と協力が必要となるが，主な選択肢として，次のような講座や研修がある。申し込み時期や開講方法など，いずれも最新情報はウェブサイト等でご確認いただきたい。

・国文学研究資料館アーカイブズ・カレッジ（長期コース／短期コース）

https://www.nijl.ac.jp/event/seminar/

大学共同利用機関法人人間文化研究機構国文学研究資料館が毎年開講するアーカイブズ・カレッジは，1952 年の「近世史料取扱講習会」に始まり，アーカイブズの基礎知識を学べる総合的な講座として今日まで継続している。東京で実施される長期コース（約2カ月間）と，地方で実施される短期コース（6日間）があり，いずれも論文を提出して修了となる。長期コースは最長3年での分割履修も可能で，修了すると国立公文書館認証アーキビストの申請における「知識・技能等の体系的修得（1号申請）」の要件を満たす。

・企業史料協議会ビジネスアーキビスト養成講座（基礎コース／応用コース）
https://www.baa.gr.jp/newst.asp
企業の文書管理，史資料管理，社史編纂等の担当者を対象に開講。ビジネスアーカイブズの目的・意義，資料（モノやデータ）管理・活用・保存，優れた事例の紹介等から学ぶ基礎コース（全4日），応用コース（テーマ別全6回，選択受講可）があり，会場は東京だが，近年はオンラインでの参加が可能なハイブリッド開催となっている。

・NPO法人行政文書管理改善機構行政文書管理アカデミー
http://www.bunsho-academy.jp/
国や地方公共団体の公務員，独立行政法人や公益法人などの現職の行政職員を対象とする約10カ月のプログラム。インターネットを利用した遠隔教育を行っており，文書管理の改善理論と技法を修得する。

・国立公文書館アーカイブズ研修（Ⅰ～Ⅲ）
https://www.archives.go.jp/about/activity/conference.html
国や地方公共団体の公文書館，文書主管課職員などの現職者を対象とする研修。Ⅰ（基礎コース，初任者向け）～Ⅲ（専門職員養成コース）と発展的に構成されており，Ⅰ～Ⅲすべてを履修すると大学院10単位と同等とみなされ，国立公文書館認証アーキビストの申請における「知識・技能等の体系的修得（1号申請）」の要件を満たす。

海外で学ぶ

・ミュージアム専門職員等在外派遣事業
https://www.bunka.go.jp/seisaku/bijutsukan_hakubutsukan/shinko/about/kenshu/haken/index.html
　ミュージアム職員であれば，海外のミュージアム等での調査・研究を目的に，実地研修を受けるという選択肢もある。受入機関を見つけ，渡航時期や住まいなどを含め自ら調整をして申し込む必要があるため，参加のハードルはやや上がるかもしれないが，90日間（上限）までの派遣に関し，資金的補助を受けられる。

以下には，筆者が平成30年度に本事業（当時の名称は「学芸員等在外派遣研修」）の採択を受け，約1カ月滞在したゲッティ研究所（Getty Research Institute）への派遣について，研修後に提出した報告書「美術に関するアーカイブコレクションの効率的な情報化の手法ならびに情報資源共有のための技術」から要所を抜粋して再録する。なお，派遣事業の報告書は文化庁のウェブサイトに掲載されている（令和3年10月現在）ので，全篇はそちらを参照されたい。

ゲッティ研究所での経験から

筆者は，平成31年2月1日～28日までの間，米国ロサンゼルスに位置するゲッティ研究所の特別コレクション部門（Special Collections）に短期インターンシップのようなかたちで受け入れていただいた。ゲッティ研究所がふだん提供している教育プログラムのパッケージではないため，当方の目的と学びたい内容に合わせて時間割と指導者とを調整してもらうこととなり，基本的に週に 3～4 日間は特別コレクション部門にてアーカイブ処理（Processing）の実践，週 1～2 日は，館内のほかの部門，機関アーカイブ（Institutional Archives）やデジタルサービス（Library Systems & Digital Services），リサーチサービス（Research Services）といった各所を訪ね，担当者から業務内容についてのレクチャーを受ける，という内容となった。

ゲッティ研究所は，1954 年に実業家で美術品収集家の J・ポール・ゲッティがマリブに開設したゲッティ美術館を基礎に，より良い美術研究環境をめざし発展した複合施設「ゲッティ・センター」の一部である。1985 年からは，独立機関として館長を置く研究図書館／研究所となり，文献資料（一般図書，定期刊行物，オークションカタログ 140 万冊以上）のライブラリーを核に，アーカイブズなどの一次資料や希少価値の高い貴重資料（書物，版画・素描アルバムなど）を扱う特別コレクション，美術作品や建築物などを記録撮影した 200 万点もの研究写真を保管する写真アーカイブ，J・ポール・ゲッティやゲッティ財団の活動に関する組織レコードを管理する機関アーカイブなどを擁する。年々増加するさまざまな収蔵物は，図書館総合カタログ Primo（ExLibris 社のディスカバリーシステム）を通して一元的に検索できるようになっている。

組織やコレクションの規模，体制，職員の数，環境，利用者の数……いずれをとっても，マクロな観点からは参考にし難い場所である。一方，美術関連資料群の処理を現場で一から教えてもらうという経験がこれまでになかった筆者にとっては，小さな疑問や不安要素を一つひとつ解消する貴重な機会となった。

処理作業はまず，ゲッティ研究所の保有するアーカイブズの処理者として認識しておくべき基礎文献を一通り読み（すでに読んだことのあるものは省略），困ったときに正しい判断に行き着くための職員用ウィキ（Confluence System）の使い方を教わるところから始まる。その後，作業全体の流れ（手順）について説明を受け，処理対象（2つの箱に入ったMother Art〔ロサンゼルスを拠点に1970～80年代に活動した女性美術家グループ〕の記録）と向き合う。手順がわかっているので，箱を開けてからの作業に無駄がない。箱の中身がどんなもので，残り方に秩序があるのかないのか，それをざっと確認したら，編成計画（図1）を書いて提出する。このとき，とても大事だと教えてもらったのは，完了時期を明示することで，ゲッティ研究所の作業ルール上，編成計画への完了時期の記載は必須である。処理スケジュールの管理を重視し，無理がないかを監督者が見直すことで，コレクション全体からの取り残し（Backlogs＝未処理による死蔵）を減らす努力がなされている。

編成計画が受理されると，リハウジング（保存フォルダへの移し替えやクリップなどの取り外し）をしながら，記述のための情報を集める。イベントや作品の名称，開催年代，ドキュメントの種類や素材についてのメモは，データベースに情報を登録し，検索手段を作成するときに使用する。ここでも，先の手順を意識して作業を行う。任される作業の間は，質問や確認したいことがあるとその箇所に中性紙を挟んでおき，休憩前や終業前にまとめて助言をもらっていた。封筒やバインダー（中身と関係がない）を捨ててよいのか，写真プリントやポスターはどんなふうに保管するのか，慣れるまでは質問だらけだった。

それが一般的なものかはわからないが「分離シート（Separation

2017.M.60 Mother Art records

PROCESSING PLAN: Mother Art records (2017.M.60)

Creator(s): Mother Art

Provenance information: The archives of Mother Art, donated by the three active members, Suzanne Siegel, Laura Silagi, and Deborah Krall, were generated during the course of the group's existence from 1973 to today.

Processor: Hitomi Matsuyama **Supervisor:** Sarah Wade

Additional staff:

Date assigned: 2019 February 5

Anticipated date of completion for processing and description (MANDATORY): 2019 March

---

Descriptive standards to be applied (required for all intern projects): DACS

Extent (unprocessed): 4 linear feet (2 bankers boxes, 1 oversize box)

Formats: Project files and binders, notepads and notebooks, catalogs, clippings, ephemera, postcards, correspondence, posters, one original drawing, photographs, negatives, color slides, audiocassettes, videodiscs, and computer discs.

Description of the collection: Mother Art was a collective of women artists that formed in 1973 at the Los Angeles Woman's Building and was most active during the 1970s and 1980s. The collective was dedicated to creating social-political art around issues such as the social invisibility of maternal labor and the impact of the lack of socially supported day care on professional practices of working artist-mothers. The collection documents the group's artistic engagement with women's issues from 1974 to 2011 through photographs, posters, ephemera, clippings, and audio and videorecordings.

図１　編成計画（部分）

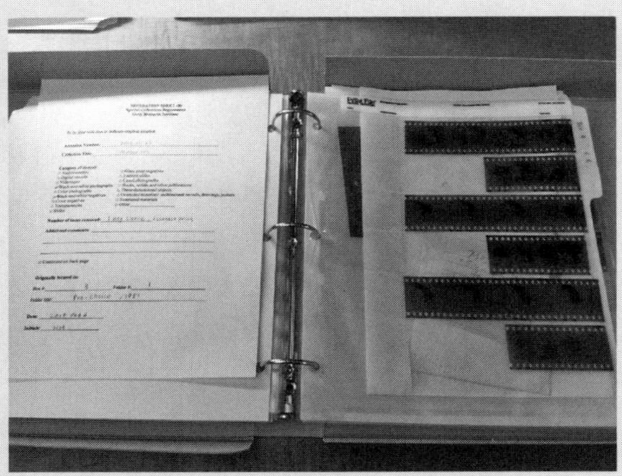

図２　写真ネガの分離（シートＢの使用例）

Sheet A/B)」は非常に便利で，研修後，フォームを真似して日本語で作成し，使っている。記述上は同じシリーズやファイルの中で扱いたいのだが，長期保管のため収納器材や場所を分けなければならない場合に，現物の代わりに本来の帰属グループの方へ入れておくシート（A）と現物に付属させ出自たる帰属グループの場所を示すシート（B）からなる 1 組の記録シートである（図 2）。このような作業を経てリハウジングを終えると，2 箱だった Mother Art の記録は，文書用保存箱 1〜3，写真用バインダーボックス 4〜6，大型資料用保存箱 7〜8，視聴覚メディア専用箱 9〜12，計 12 箱になった。

次に，検索手段を構成する記述情報を加えていく。ゲッティ研究所での研修を希望した理由のひとつに，ArchivesSpace というオープンソースソフトウェアをアーカイブズの情報管理システムとして採用している点があり，筆者の所属館においても同ソフトウェアの導入を予定していた。雑然と箱に収められていた資料群が保管しやすく，かつ検索可能になるまで，限られた時間で完結させる手法を実体験できたことは，少なからず自身の作業姿勢に自信を与えるものとなった。それ以上に得られたものは，頼れるメンターであり，同種の資料群の処理に日々奮闘する仲間である。

おわりに

十分な人材がいない現場では，当然ながら，OJT（On-the-Job Training）は成立しない。アーカイブ機関でないところでは，アーキビストの質を（属人化に陥らないよう）維持・向上するのもなかなか大変なことなのだ。アーキビストの業務は本来，司書の仕事がそうであるように，ミュージアム学芸員の「プラス α」の努力で成り立つような資料整理の範疇には収まらない。それを専門的に遂行するだけの社会的・文化的意義だけでなく，相当の業務量がある。また，一度身につけた知識や技術も，時代の変化に合わせて常にアップデートしていく必要があり，専門職コミュニティを通じた情報交換や，ワークショップなどへの積極的な参加が求められる。国内で実施されている講座や研修によって，多くの人に専門家としての道が開けることを願いつつ，そうして新しい地平に立つ方々と共に，さらなるスキルアップをめざしたいと考えている。

コラム 4　国立美術館におけるデータ公開・利活用

独立行政法人国立美術館（以下，国立美術館）は独立行政法人国立美術館法にもとづき 2001 年に設置された独立行政法人である。法人格としての本部事務局は東京国立近代美術館内に存在する。法人の中には，東京国立近代美術館，国立西洋美術館，京都国立近代美術館，国立国際美術館，国立新美術館，国立映画アーカイブ，国立工芸館（東京国立近代美術館工芸館）があり（以下，各館），それぞれ独自の活動を展開している。本部事務局は所轄官庁や各館の調整を担い，研修やファンドレイジング事業を行う。筆者は各館に共通する ICT インフラ整備などを担う情報企画室に所属している。

オープンデータとは？

ファイブスターオープンデータ（5 つ星オープンデータ，The 5

Star Linked Data system）をご存知の方も多いだろう。データの公開・利活用性を5段階に定義したものだ。詳細は割愛するが，オープンデータは定義の3段階目にあたり「①営利目的，非営利目的を問わず二次利用可能なルールが適用されたもの ②機械判読に適したもの ③無償で利用できるもの」（オープンデータ基本方針より）が求められる。

行政施設は官民データ活用推進基本法によってオープンデータの取り組みが義務づけられていることもあって，政府CIOポータルの「地方公共団体におけるオープンデータの取組状況」によると，自治体は2023(令和5)年1月30日の時点で74％（1,321/1,788）が取り組んでいる。文化施設は規模や扱う情報がさまざまなためか事例数は明らかでない。

オープンデータには新たな価値の発見やサービス創出を外部人材・組織が実施できるようになる利点があり，各国の行政機関だけでなく文化施設でも対応が進められている。この利点をふまえず「文化施設はサービスを提供するもの」という従来の考えだと「どう利活用されるか」を先に定義しようとしてしまうため，データ公開にたどりつけない難しい状況に陥りやすい。

国立美術館各館の美術情報サービス

間接的にオープンデータ化が進んだことで新たなサービスを実現した当法人の事例を紹介する。

はじめに，国立美術館や各館が提供している美術情報サービスを見ていきたい（表1）。

・「国立美術館所蔵作品総合目録（以下，総合目録）」は東京国立近代美術館，国立工芸館，国立西洋美術館，京都国立近代美術

表１　国立美術館の美術情報サービス

美術情報サービス		国立美術館所蔵作品総合目録（４館総合目録）	国立映画アーカイブ所蔵フィルム検索システム（フィルム検索）	アートコモンズ	各館の図書室蔵書検索システム（OPAC）	機関リポジトリ
サービスの特徴	扱う美術情報	所蔵作品	日本劇映画の上映用フィルム	展覧会情報	美術図書	研究紀要・館報
	運営	国立美術館本部	国立映画アーカイブ	国立新美術館	各館	東京国立近代美術館 国立西洋美術館
	更新頻度	年１回	年１回	年数回	随時	随時
	データの外部出力	×	×	×	△（一部館のみ）	○
	データの二次利用	×	×	×	×	×
ジャパンサーチ	ジャパンサーチ連携対象	○	○	○	―	―

館，国立国際美術館の所蔵作品を検索できる。各館個別の美術館内部用管理システムからデータを取り出し，共通フォーマット変換を経てからデータ更新している。

・「国立映画アーカイブ所蔵フィルム検索システム（以下，フィルム検索）」は国立映画アーカイブ所蔵の日本劇映画上映用プリントを検索できる。内部用管理システム（記録映画や外国映画も含み，保存用フィルムや原本のフィルムも管理）から，データを部分的に抽出している。

・「アートコモンズ」は展覧会情報を検索できる。日本各地の展覧会パンフレットから情報を人の手で入力している。

- 「各館図書室の蔵書検索システム（以下，OPAC）」は各館の美術図書を検索するサービスである。司書の方々が日々情報を更新し，最新性を保っている。
- 「機関リポジトリ」は東京国立近代美術館と国立西洋美術館が開設し，研究紀要や館報を蓄積・保存し公開している。データ出力機能やAPI（サービスやシステム，プログラムから機械的にデータを呼び出す仕組み）が搭載された国立情報学研究所（NII）のシステムを利用し，データの利活用性が高い。

さまざまな美術情報サービスが存在するが，全体として見通しが良くない。利用者が，ある作家の作品について調べたいとき，まず総合目録でどの美術館が所蔵しているかを確認し，次に関連する蔵書があるかOPACで検索し，さらに研究紀要で触れられているか機関リポジトリを検索する，という手順を行う。サービス間の移動にはGoogleなどの検索サービスを用いる必要があり，ちょっとした確認でも手間がかかる。

国立美術館サーチ

そこで，国立美術館全体の美術情報へ一元的にアクセスするサービス提供を行うこととなった。美術情報の横断的な検索を可能とする「国立美術館サーチ」である（図1）。参考として，構築中の国立美術館サーチ試験公開版の画面例も示した（図2）。

複数のサービスやデータ間を繋いで検索する仕組みはおおまかに2つある（図3）。1つ目は，データや検索の仕組みをサービス側にもたず，複数の外部検索システムに検索を代行させ，検索結果を統合して表示する「メタサーチ」（横断検索）という手法（図3）であ

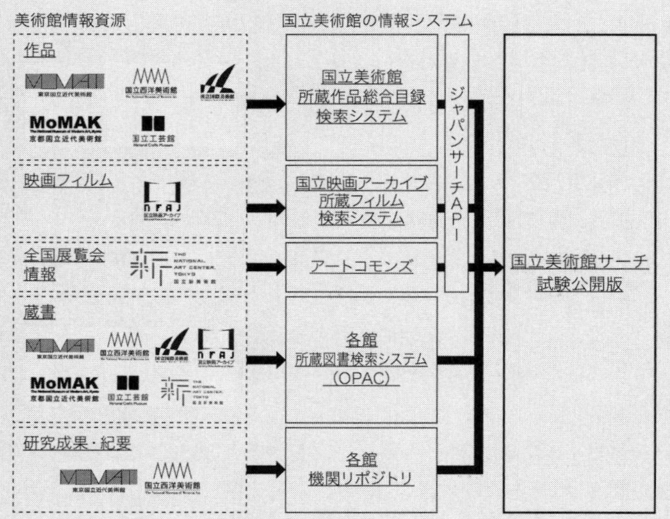

図１　国立美術館サーチの構成イメージ図

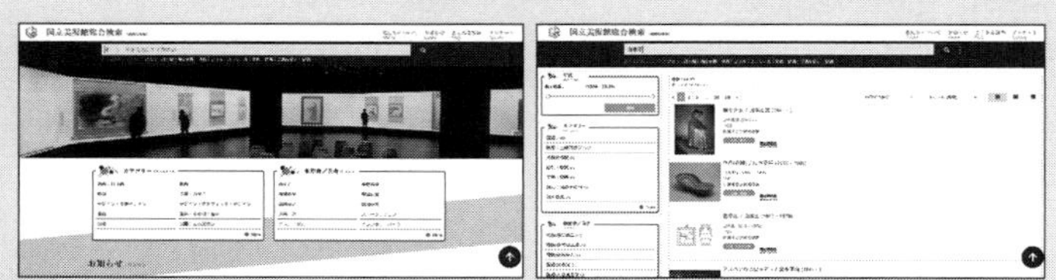

図２　国立美術館サーチ試験公開版の画面例

る。2つ目は，予めデータを取り込み統合しておき，検索インデックスを事前生成することで高速に検索結果を利用者に提供する「統合検索」という手法（図4）である。

この2つは原始的な分類だが，待ち時間が少なく高速な検索が行える点，あらかじめ絞り込みや関連資料のつながりをつくれて検索

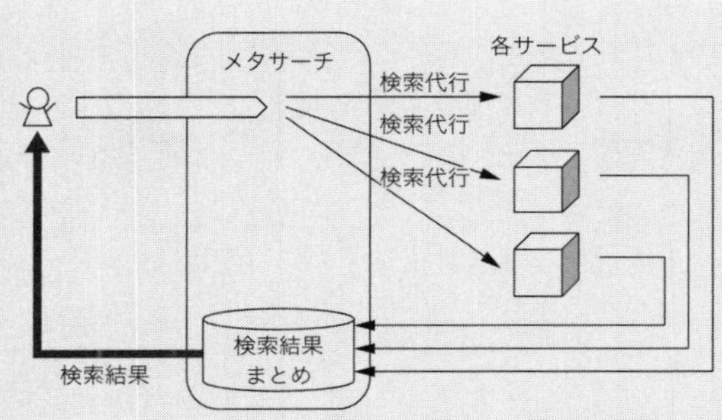

図3　メタサーチ手法のイメージ

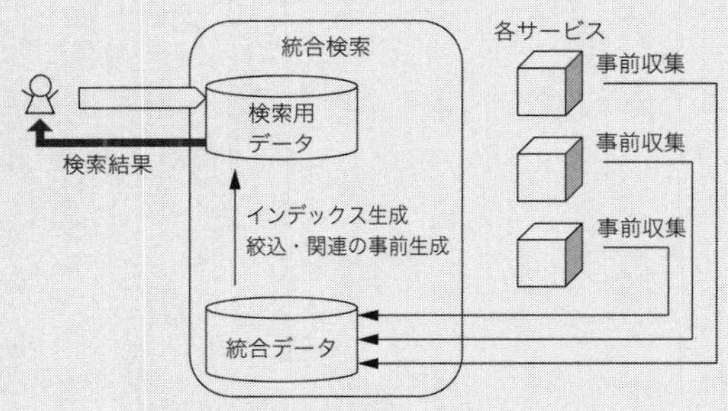

図4　総合検索手法のイメージ

精度が高い点から「統合検索」手法が一般的であろう。

当法人でも統合検索の手法を採用して検討を進めた。しかし，①各館や各美術情報のデータを持ち寄ること，②持ち寄ったデータについて統合書式を検討すること，③検索の仕組みを構築すること，これらの課題を既存業務の合間に解決することが困難であった。

改めて当法人美術情報サービスの特徴を見てみたい（表1）。

「データ外部出力」のとおり，サービスの中だけにデータが存在するものが多い。オープンデータの議論が盛り上がる前にサービス開始しているため，別サービスからは容易にアクセスできる仕組みをもたずデータサイロと化している。

また，当法人は主に近代美術を取り扱うため，著作権保護や権利者との契約への配慮が優先事項として存在し，許諾を特定のサービスに限定して得るケースも多いことから「二次利用」については慎重な姿勢を続けている。

ジャパンサーチの活用

難しい状況を打破する契機となったのはジャパンサーチのリリースである。

ジャパンサーチは，日本中の文化資源を一元的に検索可能であり，デジタルアーカイブ的なコンテンツを提供する機能も備えている。各機関から集めたメタデータを検索でき，API 経由でアクセスする機能もある。メタデータは国際的流通を意識し原則 CC0（著作権や関連するすべての権利を，法的に可能限り放棄すること）が求められ，誰もが二次利用可能となっている（著作性のあるもののみ「CC BY」）。

ジャパンサーチにデータ提供する側の大きなメリットは「データ連携することさえできれば，そのメタデータはオープンデータとして機械処理も可能となる」ことだろう。メタデータは各機関の自由項目が連携されているだけでなく，ダブリンコアを基本とした共通項目により利活用性・相互運用性を担保している。

当法人では，総合目録，フィルム検索，アートコモンズ，などのメタデータを連携することになった。サービス本体はデータを外部提供できないままであるものの，ジャパンサーチ経由でデータを機械処理可能になり，先に述べた課題①～③やデータサイロの問題が間接的に解消したのである。二次利用条件についても，連携用のメタデータという文字情報に限定することで整理された。

これを利用して国立美術館サーチはメタサーチ手法にスイッチした。自分たちで解決することが難しかったデータ利活用性の担保を外部サービスに任せ，データを繋ぐことで国立美術館サーチの実現したのである。開発を進めるなかでは，ほかにもさまざまな課題が生じることになるのだがここでは省略する。

おわりに

本稿では，ジャパンサーチを活用し自組織のデータをオープン化することで，新しいサービスの実現が可能となる事例をみてきた。データ公開・利活用の参考になれば幸いである。外部サービスを活用した国立美術館サーチ試験公開版により，当法人の美術情報は活用しやすくなるだろう。今後も改善を続け，サービスの質の向上とデータ公開を両輪で進めたい。

4章

ドキュマンタシオン
―― 作品の歴史情報とその資料の集成

4.1 イントロダクション

本書の2章，3章では，ミュージアム・ライブラリーとミュージアム・アーカイブズが詳細に取り上げられ，各部門が扱う資料の特性や，収集，組織化の方法が整理された。それらの議論をふまえたうえで本章では，ライブラリーやアーカイブの領域と重なりながらもそれらの理論や手法とはまた異なる美術館独自の情報資料活動を扱いたい。それは，所蔵作品についての歴史情報の資料管理である。

作品の歴史情報とは広い意味では，作品自体がたどってきた歴史的経緯と，作品の管理記録の2つに整理することができる。作品自体の歴史的経緯とは，ある作品が制作されてから，それが誰に所蔵されてきたか（来歴），どの展覧会に出品されてきたか（展示歴），どのような本や論文に言及されてきたか（文献歴）などの履歴である。対して作品の管理記録とは，主には美術館の所蔵になって以降，作品の状態にどのような変化があったか（状態歴），どのような修復がなされてきたか（修復歴），どこに貸し出され，どのような移動をしてきたか（貸出歴，移動歴），などの物理的な管理情報の蓄積である。狭い意味では，作品の歴史情報とは前者の来歴，展示歴，文献歴などの履歴のみを指し，後者の管理記録はまた異なる文脈でその性質や扱いが論じられる。本稿でも以降「作品の歴史情報」とはそうした来歴等の履歴を指すものとする。また作品の歴史情報の元となる文献や書類等の資料を「作品資料」と呼び，修復歴等の管理情報を形成する資料を「作品管理記録」と呼んで区別する。

作品資料の管理にあたっては，諸外国では専門の部署と職員が設置されているケースも少なくない。例えばフランスの美術館では「サントル・ド・ドキュマンタシオン（Centre de Documentation）」（以下，ドキュマンタシオン）という専門の部署が発達しており，「ドキュマンタリスト（Documentaliste）」と呼ばれる専門職員が日々，資料の調査研究や収集，整理，保管，公開にあたっている。ドキュマンタシオンには所蔵品ごとにつくられたファイルが並んでおり，所蔵品の掲載文献や写真資料，その他記録資料などのコピーが，それら個別のファイルに振り分けられ情報が蓄積されていく。

フランス以外の欧米諸国の美術館においても，所蔵品に関する文献コピーや来歴関連書類，そして画像資料等を作品ごとにまとめたファイル資料の管理が発達している。それらは「オブジェクト・ファイル（Object file）」や「キュラトリアル・ファイル（Curatorial file）」と呼ばれ[1]，それらの管理を担う職員は「ドキュメンテーション・スタッフ（Documentation staff）[2]」等と呼ばれている。

ライブラリーで扱う資料が主に複製物で基本的には完成物であるとすれば，所蔵品ごとのファイル資料は世界に一つだけの資料群で，永遠に更新し続けられ，決して完成することはない。またアーカイブで扱う資料が原則として非現用資料であるのに対して，作品の歴史資料群は調査や業務のたびに利用され，中身の追加も繰り返されていく現用資料である。そのため作品資料ファイルの管理や更新作業には，ライブラリアンでもアーキビストでもない，独自のノウハウや調査能力が求められる。資料の調査収集に際しては美術史の専門知識も欠かすことができない。また長期的な視野で効率的に資料を収集するためには，安定した雇用体制が求められてもいるだろう。しかし国内に目を向ければ，ライブラリーの専門職員を常勤で置くことすらままならず，アーカイブの専門職員に至ってはその認知すら浸透していない状況であり，さらなる情報資料系の専門職が直ちに普及するとは考え難い。

そこで，ここでは諸外国の事例の中からフランスにおけるドキュマンタシオンの成立の背景や，そこで扱われる資料をごく簡単ではあるが紹介しつつ，フランスのドキュマンタシオンの起源を探ることで，作品の歴史資料を扱う専門業務が日本の美術館に未だ普及しない理由についてわずかながらの考察も試みたい。そして次に，作品の歴史情報を形成する資料の中でも来歴，文献歴，展示歴の資料に焦点を当てて，美術館が集成すべき情報資料の種類やその意義を整理する。続いてフランスの美術館におけるドキュマンタシオンの事例を挙げながら，求められる職能や組織のあり方を紹介しつつ，国内の美術館で取り組まれている事例にも言及する。本稿が，美術館の使命としての情報資料活動のあり方を考える一材料になるとともに，現下置かれた体制の範囲でもできること，最低限しておくべきことは何かというヒントとなれば幸いである。

なお本稿は筆者の限られた経験にもとづくことからフランスの美術館に海外の事例内容が偏っており，また前章までの「ライブラリー」や「アーカイブ」に対応させてわかりやすく施設名（部門名）を呼び分けるため，章タイトルに「ドキュマンタシオン」というフランス語の施設名称を用いた。後述する「ドキュメンテーション」という博物館学の用語に対して，本稿で扱う情報資料活動の特色をわかりやすく表現するため，本文中でも「ドキュマンタシオン」という部門名をあえて「ドキュメンテーション・センター」と英語に直さずに書くこととした。しかし先述のとおり作品ファイル資料群はフランス以外の諸外国における美術館でも発達しており，本稿で触れるような作品のドキュメンテーション活動は，フランスの美術館に特有のものとは限らないことを予め断らせていただきたい。

4.2　ドキュマンタシオンとは

4.2.1　フランスの美術館における「ドキュマンタシオン」

フランスの美術館におけるドキュマンタシオンの仕事を度々日本に紹介してきた国立西洋美術館の初代情報資料室長である波多野宏之は，ドキュマンタシオンとは「作品１点ごと，あるいは作家ごとに作品台帳や購入時の文献，文書，あるいは印刷物に紹介された図版，展覧会に貸し出した際の記録，展覧会カタログの該当部分コピー，作品関連論文の抜き刷りなどがファイリングシステムで集積[3]」されている場所であると説明している[4]。

フランス文化通信省のアーキビストであるコリーヌ・ジュイ・バーベリンは，作品の資料群を「作品資料群」と「作品管理資料群」に二分し（表4-1），そのうえで，作品資料群が対象とする資料をさらに詳しくまとめている（表4-2）。この「作品資料群」にあたるものが，主にドキュマンタシオンで扱われる資料と考えてよいが，バーベリンも述べているように，各資料の特性によっては，ドキュマンタシオンというよりもアーカイブで保存されるものもある[5]。また，作品資料群の中に作品管理記録を含むこともあれば，作品管理記録はドキュマンタシオンの分掌外として別部署で管理されるこ

表 4-1　作品資料の２種

作品資料群（仏語：Dossier d'œuvre） 所蔵品１点（または１群）に関する資料をまとめたもので，受入資料，状態調書，写真，掲載文献，関連作品資料等が含まれる。美術館の所蔵になった時点から作品に伴っているもの。
作品管理資料群（仏語：Dossier de régie d'œuvre） 作品移動についての物理的な管理情報が集められたもので，貸出，点検，館内移動，状態調書，保険額，所在地の記録が含まれる。展覧会準備，作品の引越，修復，棚卸し作業のときに作成されるもの。

出典：Jouys-Barbelin, Corinne, "Dossier d'œuvre et dossier de régie d' œuvre. Constitution et communicabilité," *Documenter les collections des museés: Investigation, inventaire, numérisation et diffusion*, La documentation française, 2014, p.57-58 をもとに筆者作成

表 4-2　作品資料群（作品ファイル）の対象となる資料例

1）美術館に所蔵される前の歴史資料（通信文，文献コピー，調査ノート，論文，写真）
2）所蔵時の受入資料（諮問委員会の議事録のコピー，受入帳簿のコピー，目録のコピー，調査ノートのコピー，法令文書のコピー，売り立て目録のコピー，過去の所蔵者についての書類，発見場所（出土地）の地図等）
3）作品調査資料（文献コピー，インターネットページのコピー，科学的な調査報告書のコピー，点検調書）
4）形式や技法，図像学的な類似作品の資料（文献コピー，売り立て目録のコピー）
5）写真資料（最新の写真，過去の写真）
6）科学的分析資料（調査報告書，通信文）
7）修復記録（報告書，写真，見積書，仕様書，請求書，通信文書等）
8）展覧会資料（通信文書，貸出書類の写し，保険証の写し，状態調書）
9）通信文書（撮影・複写申請書，作品情報提供申請書）
10）作品の評価の変遷がわかる資料（風刺画等）
11）訴訟関係資料（公正証書，裁判の判決の写し，報告書等）

出典：Jouys-Barbelin, Corinne, "Dossier d'œuvre et dossier de régie d' œuvre. Constitution et communicabilité," *Documenter les collections des museés: Investigation, inventaire, numérisation et diffusion*, La documentation française, 2014, p.71-72 の表をもとに筆者作成

ともある。つまり何を作品資料として保管するか，どこまでをドキュマンタシオンの管轄下とするかは厳密には定まっておらず，各館の裁量に委ねられているというのが実情である。

フランスにおいてドキュマンタリストという専門職は，第二次世界大戦以降に確立されたというが[6]，ルーヴル美術館絵画部門にはそれ以前からドキュマンタシオンが存在していた。その創設年は1936年に遡る。主導したのは，当時ルーヴル美術館でフランドル美術を専門とするキュレーターであったエドゥアール・ミシェル（1873–1953）であるという。そのきっかけには，改めて精緻な所蔵品目録を刊行しようという動きがあった。刊行準備のなかで，それまで所蔵品研究のために個々のキュレーターが集めた作品資料が，結局のところは集約されずに散逸してしまっていた状況が改めて認識されることとなり，その改善が求められたのである。当時，絵画部門の気鋭のアシスタント・キュレーターで，1937年には若くしてチーフ・キュレーターとなったルネ・ユイグ（1906–1997）も，ドキュマンタシオンの創設に深く賛同し，プロジェクトを後押ししたメンバーの一人であった[7]。

この背景からもわかるとおり，ドキュマンタシオンがルーヴル美術館絵画部門につくられた大きな目的，あるいはモチベーションの一つは，ルーヴル美術館が所蔵する絵画の詳細な文献歴を付した目録を刊行することにあった[8]。またもう一つの目的が，学芸業務に資する学術的なアーカイブを形成し，調査研究に役立つ資料を効率的に活用できるようにすることであったという[9]。つまり，学芸業務上の具体的かつ差し迫った目標と，より効率的，組織的，かつ学術的に仕事を行う環境が整わないと自分たちに不利益が生じるという現実的なニーズがそこにあったのである。この事実が指し示すことは，ドキュマンタシオンは「重要だからつくろう」という「べき論」で発展したのではなく，切実に現場の実務にとって必要であったからこそ生まれたという点である。美術館が所蔵品の調査研究を行う機関であり，その成果を刊行物等で公開していくことが求められているという認識，そしてそのための実務が大前提としてそこにある。

一方日本の美術館では，所蔵品目録の刊行や所蔵品データベースの公開こそ行われているものの，その公開内容の質について問われることは少なく，そこに作品の歴史情報を詳しく掲載したものは決して多くない[10]。所蔵品目録に歴史情報を掲載すべきであるという認識すら未だ乏しい。したがって，ドキュマンタシオンのように作品の歴史資料を集成する専門部署があることが望ましいことに異議を唱える者はいないものの，それがないと仕事ができないという状況にまではなっていないのが実情ではないだろうか。集客力のある展覧会を次々と回していくことを評価する組織の要求に応え，作品研究は業務外の個人の時間をあててなんとか行っている学芸員が多い状況下で，組織的に作品の情報資料を収集し体系化していくニーズやメリットは実感され難い。

しかし所蔵する作品が制作されてから今日までの資料を網羅的に収集し調査し，歴史情報を編纂することは，人類共有の財産である美術作品を管理する機関の責務である。同時に，新たな価値創造や美術館のアイデンティティにも関わる行為である。資料から得た新しい切り口で所蔵品展を行えば，大規模な海外からの作品借用を行わなくても，低コストで魅力的な展覧会を企画でき，収益につながることも十分あるだろう。美術館の新たなブランディングのアイディアが歴史的な資料からもたらされることもあるかもしれない。作品の歴史情報の収集や管理は，美術館の発展のために戦略的に取り組むべき課題なのである。

4.2.2　博物館学における「ドキュメンテーション」との関わり

ここで，これまでに説明した「ドキュマンタシオン」で行われる活動——すなわち作品の歴史資料の収集，管理や歴史情報の調査，編纂という意味でのドキュメンテーション活動と，博物館学においてより一般的に用いられる「ドキュメンテーション」という言葉との関わりを整理しておきたい。フランス語の「ドキュマンタシオン（Documentation［名詞］：考証，文献調査，資料の収集（方法），資料群）」にあたる英単語は「ドキュメンテーション（Documentation）」であり，施設としての「ドキュマンタシオン」を英語に直訳すれば「ドキュメンテーション・センター（Documentation Center）」となるだろう。しかし博物館学の文脈で「作品のドキュメンテーション」とカタカナ語を用いて言われるとき，それは本稿で取り上げている情報資料活動とはずれがあることを指摘しておかなければならない[11]。

博物館学の文脈で「ドキュメンテーション」とは一般的に，「博物館が資料を受け入れ，資料の状態をチェックし，資料台帳に記載し，財産登録し，展示や教育活動に供し，または保存する一連のプロセス[12]」を指す。その議論や方法論は，コンピューターによる情報処理技術やインターネットを通じた情報流通の革命に伴い発達したものだ。従来博物館が行ってきた作品のカタロギング（台帳づくり）を超えて，作品の情報を標準的，普遍的にデザインし，共有していこうという動きの延長に位置づけられると言えるだろう。データの標準化という大きなトピックのもと，英国の「博物館ドキュメンテーション協会（Museum Documentation Associate）」（現在は「コレクションズ・トラスト（Collections Trust）」と改称）や，国際博物館会議（International Council of Museums：ICOM）の委員会「国際ドキュメンテーション委員会（Committee for Documentation：CIDOC）」といった組織も生まれ，その理論や動向を日本に紹介する書籍や論文も多数刊行されている[13]。本「博物館情報学シリーズ」の１巻目にあたる『ミュージアムの情報資源と目録・カタログ』もその意味においてのドキュメンテーション活動に触れている[14]。

一方，フランスの美術館に見られるドキュマンタシオンやそこで行われている活動は，コンピューターやインターネットといった情報技術の発展に端を発するものではない。それ以前からの美術史学の伝統を基礎にして発達したものである。例えば先述のルーヴル美術館絵画部門のドキュマンタシオンで当初から集められていた資料は，作品の掲載文献に加え，署名のない作品の帰属作家特定の理由となる資料，作品のさまざまな評価がわかる資料，下絵やスケッチなど本画が描かれるまでの関連作品，同主題のバリエーション作品，後世の作家が描いた模写や，その作品に影響を受けて派生した作家や作品の資料等であったという。作品が完成するまでの関連資料や，その作品が影響を与えた作品の資料は，まさに作品を歴史（美術史）の流れの中に位置づけるための確証となる資料である。ドキュマンタシオンの資料集成は，美術史学の手法や理念と直結した作業にほかならない。そして，そこで行われていることは言わばアナログな紙資料の整理であり，文献調査とファイリングという古典的な手法である。

そうした地道な活動こそが，所蔵作品の言説や価値を支え，歴史を紡ぐという，美術館にとって最も重要な情報資料の源泉となっていることは強調してもしきれない。ドキュマンタシオンに蓄えられる学術資料はむしろ，ミュージアム・ドキュメンテーションの方法論を用いて美術館の情報化を推し進める際に，世界に発信すべき情報の中身と根拠となるものであると言えるだろう。中身と根拠とは言い換えれば，学術的に精製された情報と，そのエビデンスとしての資料群である。

4.2.3 「コレクション・マネジメント」との関わり

本稿冒頭で，作品の歴史情報とは狭い意味においては来歴，展示歴，文献歴などの歴史的経緯のみを指し，作品の管理記録はまた異なる文脈でその性質や扱いが論じられると述べた。作品の管理記録は，作品活用や保存処置の歴史を物語る記録という意味合いでは作品の歴史的資料の一部とみなすこともできるが，美術館が作品を活用保存するプロセスで生成されていく記録物という意味では，機関アーカイブの資料として捉えることもできる。しかし同時に，作品の状態調書や移動記録，貸出記録などはその案件が発生するごとに情報が更新されていくため，非現用資料を扱うアーカイブズよりは現用資料であるレコード・マネジメントの性質を帯びている業務領域である。そのため，作品の管理記録は，諸外国では「コレクション・マネジメント・レコード（Collection management Record）」と呼び習わされ，その業務は「コレクション・マネジメント（Collection management）」ないしは「レジストレーション（Registration）」と呼ばれている。その担当者としては，「コレクション・マネージャー（Collection manager）」ないしは「レジストラー（Registrar）」という専門職が置かれる。最近では国内の美術館でもレジストラーを配属する館が散見され，またその仕事に対する議論や興味関心も高まっているように見受けられる[15]。

後述するが，ドキュマンタシオンではこうした「コレクション・マネジメント・レコード」にあたる作品管理記録を作品資料と併せて保管する事例もある。しかしルーヴル美術館絵画部門のドキュマンタシオンの起こりからもわかるように，ドキュマンタシオンが主として扱うのは，作品の物理的な管理記録（カルテのようなもの）よりも，作品の歴史情報資料（履歴書のようなもの）である。また，ドキュマンタシオンは基本的に外部に向けて資料を公開しているが，作品の移動歴や修復歴などは，セキュリティの観点からすべての情報を館外に公開するようなものではなく，館内業務のために活用されることが主である。以上を整理すると，ドキュマンタシオンが扱う情報資料と，コレクション・マネジメントの範囲となる情報

表4-3　作品の歴史情報の種類

広義の「作品の歴史情報」の例	情報源となる資料	資料種別	専門職
来　歴	文献 購入時の売買契約書 寄贈時の契約書類 売り立て目録 額裏のラベル	作品資料 （作品自体の歴史的経緯を示す） ＊狭義の「作品の歴史情報」	ドキュメンテーション・スタッフ （本稿では仏語の“ドキュマンタリスト”という呼称を用いている）
展示歴	文献 事務的な記録		
文献歴	文献のコピーや 切り抜き資料		
移動記録 貸出記録	館内決裁文書， 貸出協議資料，貸出契約書，輸送手配書	作品の管理記録 （コレクション・マネジメント・レコードとも言える）	コレクション・マネージャーまたはレジストラー
状態記録	状態調書		
修復記録	館内決裁文書，修復報告書，記録画像		

資料とは，以下の表のように区別することができるであろう（表4-3)。そこで次の節からは，ドキュマンタシオンが主に扱う作品の歴史情報について，その意義や具体的な資料例を整理していきたい。

4.3　作品の歴史情報とその資料とは

作品の歴史情報とは，作品の基本情報とともに，作品情報を形成する要素である。作品の基本情報とは，作者，作品名，制作年に加え，寸法，素材，技法といった物理的な事実から成る。作者，作品名，制作年は，絵画や彫刻そのものに書かれていることもあれば，調査や分析によって明らかとされる場合もあるだろう。寸法，素材，技法は，まさに作品そのものから物理的に得られる情報である。対して歴史情報とは，作品自体から得ることが難しい場合が多い。その最も重要な要素とは，繰り返しとなるが，来歴，展示歴，文献歴の3つである。これらは世界に1つだけ存在するモノの固有の情報である。版画作品や貴重図書のように，版違いの同じ作品が複数世にある場合でも，その美術館が所蔵している1点が背負う歴史は唯一のものにほかならない。

情報資料の集成プロセス	情報公開
調査研究とともに資料を収集し，情報を編纂する	インターネットや刊行物などを通じて館外の研究者や一般に公開
日々の業務の中で資料が生成され，情報が蓄積されていく	館内のみに公開し，館内業務のために利用

モノは研究され，情報を付

加され，その価値を判断されてこそ，美術館や博物館の作品（資料）となる。よって歴史情報とは美術作品が美術作品として存在するための根源的な情報であり，物の価値に影響を及ぼすきわめて重要な役割を果たす。以下，具体的に来歴，展示歴，文献歴とはどのような情報で，どのような意義をもつものか，そしてその情報源となる資料はどのようなものかをまとめたい。

4.3.1 来歴

来歴とは，美術作品の所有者の変遷を表す歴史情報であり，いわば美術作品の出自を示すものでもある。来歴情報の要素は「所蔵者（画廊），入手した日付（オークション開催日），入手の種別（寄贈か購入か）」である。美術館に所蔵される以前，過去に誰に所有されていたかという情報は，時に作品の見方に影響を与え，時に作品の価値を高める。例えばアーティゾン美術館所蔵のパウル・クレー《島》（1932年）は，20世紀を代表する建築家ミース・ファン・デル・ローエが旧蔵していた来歴を有する。本作はその事実により，ともにバウハウスの同僚であったクレーとミースの交友を示す意義をもち，鑑賞者にミースがこの絵からどのように感化されていたのだろうかという想像力を掻き立てるものとなっている。また2007年にはマーク・ロスコの大作《ホワイト・センター》（1950年）が現代美術の最高落札額を記録したが，それはロックフェラー家の旧蔵であることが付加価値となったためであった。同家が購入した当時は1万ドル以下だったという価格が，その来歴の効力により7,280万ドル（当時の為替で約87億円）にまで跳ね上がったのである[16]。

一方で，来歴はより根本的な価値の問題，すなわち真贋を判断する材料である。作家がその作品を世に送り出してから現在までの経歴がきちんとたどれるということは，それが真筆であることを示す確かな根拠であり，絵の買い手が購入を決断する重要な要因となる。そうした来歴の権威を示す出来事として，その力を逆手に取った詐欺事件が実際に起きている。1990年代のイギリスで，ある贋作画家と手を組んだ研究者が，テート・ギャラリーをはじめとする高明な美術館のライブラリーやアーカイブに利用者を装って入室し，捏造した図録や来歴資料を作品ファイルに挿入した事件である。目的は，贋作者が制作した偽物の作品の来歴資料が美術館に保管されているという既成事実を造ることで，その作品が本物であることを「証明」し，200点以上の贋作を世界中に売ることであった[17]。作品の真贋や価値の判断が，いかに資料に負っているかを示す皮肉な出来事である。

また来歴が美術館にとって近年これまで以上に非常に重要かつ深刻な問題となっている背景には，ナチスの略奪美術品など盗難や略奪を受けた文化財の返還運動がある。美術館は所蔵品の来歴を明らかにすることによって，その作品が不当に持ち出されたり，法を侵した取引による入手ではないことを証明しなければならないのだ。そして万が一最新の研究で所蔵作品に盗難品や略奪品の可能性が判明した場合，返還すべき先と速やかに連絡をとり，真摯に対応しなければならない。すなわち来歴情報は国際社会で求められる美術館の倫理や公正性に関わる問題であり，日本の美術館も当事者として真剣に取り組むべき課題にほかならない[18]。

来歴の情報源は，作品自体に付属していることがある。額の後ろに売買を取り扱った画廊のラベルや旧蔵者の管理番号が貼られていたり，輸出入時のラベル，スタンプなどから，所有や移動の変遷をたどることができる場合がある。そのような物証がある場合は記録写真を残し，データやプリントアウトしたものをすぐに参照できる資料として作品ファイル等に保管しておく必要がある。また作家のカタログ・レゾネ（以下，レゾネ）が刊行されている場合はまずそこに書かれている来歴情報を出発点とし，それを裏付ける文献資料の収集に取り掛かる。作品から情報が得られずレゾネも刊行されていない場合は，売り立て目録や展覧会目録，画廊や個人の元に残された売買契約書などが手がかりとなる。現在は売り立て情報のデータベース[19]や，来歴情報を検索するためのプラットフォーム[20]など，来歴情報を探索するためのさまざまな手段が発達してきている[21]。データベースや文献を駆使していかに資料を集められるかが，来歴情報編纂の要となる。

また，所蔵時の受入記録資料も，広い意味で来歴資料の一部となる。作品を購入または寄贈する際の調査メモ，画廊や寄贈者との交渉文書，館内決裁書類，会計書類，鑑定書等は，美術館に所蔵された経緯を説明するための貴重な資料である。こうした機関アーカイブの領域に重なる資料も，時として作品の歴史資料として見なされうる。

4.3.2　展示歴

展示歴とは，作品がいつ，どこで展示されたかという歴史情報である。展示情報の要素は「展示期間，展示場所（美術館名，都市名），展覧会名，出品番号」である。個展かグループ展かという情報が要素に追加されることもある。

どのような展覧会に出されているのか，展示された機会が多いのか少ないのか，どれだけ多くの地域で展示されているのかは，作品の活用度を知るひとつの指標となる。また，どの地域でいつその作品が人々に鑑賞されえたのかという事実は，作品の受容史にとっても重要な情報である。再度アーティゾン美術館所蔵作品の例となるが，ルノワール《水浴の女》(1907年頃) は，パリに留学していた洋画家の山下新太郎がルノワールから直接購入して日本へ持ち帰り，1912年の展覧会において，日本で初めて一般公開されたルノワール作品である。この作品はその展示歴によって，日本におけるルノワール受容のきっかけとなった非常に重要な意味をもつ。

展示歴の編纂作業については，作品が美術館の所蔵となる前の情報と，美術館に所蔵されてからの情報に分けて考えられるだろう。所蔵前の展覧会歴を調べるためには，まずは当該作家のレゾネにあたることになる。レゾネが未刊行の場合は，当該作家の回顧展図録などから調査を始め，必要に応じて他の展覧会カタログにも探索の幅を広げていく。それらレゾネや展覧会カタログのコピー資料が，展示歴の情報源となる。現在は，展覧会目録からテキストの内容を抽出したデータベースもつくられているため，分野によっては活用されたい[22]。

作品が美術館の所蔵になった後の展示歴については，作品管理システムで展示記録を管理更新するなど，業務の中でスムーズに漏れなく情報が蓄積されていくような仕組みづくりが大切である。これは作品の歴史資料の収集という文脈よりも，先述のコレクション・マネジメントやレジストレーションという業務と関わってくる部分である。

4.3.3　文献歴

文献歴とは，作品がどういった文献に掲載されてきたかという歴史情報である。文献情報の要素は「書誌情報，掲載頁（図版番号），図版の有無」等であり，詳しくは4.4.4の最後にアーティゾン美術館を事例として再び触れる。

作品が刊行物に掲載されてきた歴史をたどることは，その作品の研究史をたどることにもつながる。文献歴が豊富な作品はそれだけ研究や議論の対象とされてきたということだ。だからと言って優れた作品であると短絡的に結びつけられるほど単純な話ではないものの，その作品の社会的注目度や美術史学的な重要性を示す一定の指標ではあるだろう。そして文献歴はその後の研究の基礎となる情報であり，所有者である美術館が学術情報を編纂し広く公開することは，美術史学の調査研究支援という意味でも重要なことである。

文献歴の編纂のためには，掲載文献の地道にして不断の収集整理が必要とされる。展覧会カタログ，所蔵品目録，研究書，学術論文，研究紀要，美術雑誌，新聞，報告書，画集など扱う文献の種類は実にさまざまである。後にその作品の調査研究をするにあたり参照される価値があると判断されれば，一般書なども文献歴に掲載する対象としてよいだろう。こうしたさまざまな文献のコピー資料が，文献歴情報編纂の元資料群となる。

レゾネや，すでに旧蔵者によってまとめられた所蔵作品の文献リストがある場合も，美術館はそれを鵜呑みにせず，可能であれば一つひとつの文献の現物を収集し，事実確認を行うことが求められている。図版番号やページ番号に誤りがあることや，非常に似ている同作家の別バージョンの作品が掲載された文献が誤って文献歴の一部とされていることも稀にあるからだ。これは来歴や展示歴についても同じことで，すでに情報の形になって提供されたものを鵜呑みにするのではなく，裏付けとなる文献資料を収集し，その証拠にもとづいて改めて美術館が主体となって情報を編纂していくことが重要なのである。

掲載文献の収集は，ある作品を目的として探索する方法だけではなく，さまざまなアプローチがある。主要な美術雑誌や，新聞に日々目を通し，そこで所蔵作品または関連する情報に出合うたびに切り抜きや複製を収集するクリッピング作業を行う美術館もあるだろう。図書を受け入れた際，目次や内容を確認して所蔵作品の掲載有無を確認し記録する手間をフローに含むことも意識したい。所蔵作品の画像貸出の納品物として，あらかじめ把握していた掲載紙の現物が画像貸出担当者の元に納品されることもあろう。そして当然のことながら，学芸員や司書は日々の調査研究の中で所蔵作品の掲載を見つけたり，他の研究者から情報提供を受けたりする。また作品を購入ないし寄贈で受け入れる際，画廊や旧蔵者がその作品の情報資料をまとめて提供してくれる場合は購入担当の学芸員が資料の受け手となるだろう。このように掲載文献資料は，資料を発見したり受け入れたりする担当者が館内で複数に分かれることが想定される。そのため，各自が発見した掲載資料をどのように集約し，整理するかという体制づくりが欠かせない。作品掲載文献は組織的に収集すべきもので，収集した資料は個人が抱え込まずに館内で共有されていくべきなのだという共通概念の形成が肝となってくる。

4.4　事例紹介

4.4.1　オルセー美術館

オルセー美術館には，ライブラリー部門とは別に立派なドキュマンタシオンが備えられており，複数のドキュマンタリストが配属されている。多数の学生アルバイトも働いており，日々文献のコピー

図 4-1　オルセーのドキュマンタシオン

図 4-2　ドキュマンタシオンで資料整理にあたるスタッフたち

や切り抜き作業，そして各作品のファイルボックスへの資料の整理収納を行っている。単純労働にも思われる作業であるが，所蔵作品の熟知と美術史学の専門知識，そして資料を的確に扱うノウハウが問われる作業でもあり，美術史学を専攻する大学院生の職業訓練機会ともなっている。こうして日々途切れることなく集められてくる資料の組織化は，終わりのない壮大なプロジェクトであり，知のバトンをつなぐリレーのような意義をもつ。

筆者がオルセー美術館のライブラリーとドキュマンタシオンを視察する機会を得た2017年当時の話となるが，ライブラリーの職員数が，責任司書1名，目録作成およびカウンター担当2名，学生アルバイト4名，書庫管理係1名であるのに対し，ドキュマンタシオンには常勤の職員が12名，学生アシスタントが2名，退職した職員が7名（ハーフタイムで勤務）という人員措置がとられていた。その数字から，ライブラリーよりもむしろ大所帯であることがわかる。常勤のドキュマンタリストたちはイタリア美術，フランス美術など，所蔵品の各専門分野に分かれて資料の調査収集にあたる。オルセー美術館では，キュレーターと各分野のドキュマンタリストがペアになって展覧会の調査を行うことが少なくないという[23]。資料に熟知した作品資料を扱う専門職が，作品の新たな価値や新しい切り口の発見に重要な働きをもち，キュレーターと同等の専門性と調査能力を有する研究職であるという認識が，このような体制にも現れている。

なお，オルセーのドキュマンタシオンで扱われている資料は，所蔵作品ごとに掲載資料や関連資料を集めた作品ファイル，ならびに1820年から1870年までに生まれた作家の作家ファイルから成るファイル資料群と，所蔵作家の書簡や旧蔵品など，展示物にもなりうるオリジナル資料であるアーカイブ資料群とに分かれていると説明を受けた。アーカイブ資料群はより厳しいセキュリティで管理されおり，第3章で取り上げられた収集アーカイブに類似するものであると言えよう。さらにオルセー美術館で開催された展覧会の記録資料の収集と組織化にも関与しており，ドキュマンタシオンの領域は，機関アーカイブの業務とも重なる部分があることが窺える。

4.4.2　オランジュリー美術館

次に，同じフランスにおいて，オルセーと同組織でありながら対照的に小規模の図書室をもつオランジュリー美術館の事例を紹介したい。オランジュリー美術館には，ドキュマンタシオンという部門は独立して存在しない。約4万冊の蔵書をもつオルセー美術館に対し，約5千冊の蔵書をもつ一部屋の図書室が，ドキュマンタシオンを兼ねているかたちである。しかしその規模に対し，常勤職員2名，学生インターン2名が勤務し，2種類のファイル資料を管理，随時更新している（2017年当時）。

一つは，オランジュリー美術館のコレクションの基礎となったコレクションを形成したポール・ギヨーム旧蔵作品の画像と文献が作品ごとにファイルされたファイルシステムである。その資料群の意義を理解するには，美術館の歴史を紐解く必要がある。オランジュリー美術館はモネの大作《睡蓮》を壁一面に展示した楕円形の展示室で観光客にも人気の美術館であるが，ジャン・ワルター＝ポール・ギヨーム・コレクションと名付けられる印象派やポスト印象派の作品群でも知られている。このコレクションはもともと，気鋭の画商，ポール・ギヨームが収集した数百点に及ぶ印象派をはじめとしたフランス近代美術の作品群に端を発している。しかしギヨームの死後，ギヨームの妻，ドメニカ・ギヨームが建築家のジャン・ワルターと再婚し，ギヨームのコレクションの一部を売買したことで，そのコレクションの姿は変えられていった。1950年代後半，ワ

図4-3　ポール・ギヨーム・コレクションファイル

ルターの死後にフランス政府より同コレクションの購入をもちかけられたドメニカは，それを受け入れるとともに，コレクションに二人の夫の名前を冠するよう希望して現在に至るという歴史があるのである。

ポール・ギヨームは生前からフランス近代美術の美術館をつくることを夢にみて作品収集を続けてきた。オランジュリー美術館は現在，所蔵している作品のみならず，かつてのポール・ギヨーム・コレクションの全貌の把握と復元，そのための調査や資料収集を一つの使命としている。オランジュリー美術館の司書は，他のヨーロッパ諸国やアメリカ等，旧ポール・ギヨーム・コレクションの現在の所蔵先に出張し，調査と資料収集を行っているという。偶然にも，アーティゾン美術館所蔵のアメデオ・モディリアーニ《若い農夫》(1918年頃) は，かつてギヨームが所蔵していた作品である。オランジュリー美術館のギヨーム・コレクション・ファイルには，その《若い農夫》のファイルも存在し，掲載文献のコピーや切り抜き資

図4-4　現アーティゾン美術館所蔵作品のファイル

料，ブリヂストン美術館（現アーティゾン美術館）との手紙文書，調査メモなどが収められていた。

2種類目が，所蔵品の資料ファイル群である，ここでは写真・文献に加え，額情報・状態調書・修復記録・作品裏情報・展覧会出品移動記録のコピーが作品ごとに保管されている。ファイルの中は色別の5つのフォルダに分かれている。

- 青：修復記録
- 紫：作品裏情報
- 緑：額情報
- 赤：展覧会出品移動記録（状態調書含む）
- 橙：文献（さらにその中で，所蔵品目録，来歴文書，展覧会カタログ，研究書などの文献，関連作品の文書などにスリップ分けされている）

この作品ファイル群は，作品の修復記録や状態記録，移動記録，額情報などを含むことが特徴である。オランジュリー美術館の図書

図4-5　所蔵品ファイル

図4-6　各ファイル資料の中の５種類のフォルダ

室は，レジストレーション業務そのものを担っているわけではないものの，作品管理の過程で生まれた各種記録資料のコピーが図書室に行き渡るようになっており，作品ごとの管理記録も，作品資料と一緒に一覧できるシステムになっているのである。

同館の司書は，所蔵品の来歴や関連資料を集め，それを元に調査研究を行い，さらにコレクションの説明を補強するために必要な資料を判断，収集活動を展開させていくということを，美術館の情報資料担当者の役割として強調されていた。そこにはドキュマンタシオンの有無にかかわらず，美術館では作品の歴史的・学術的調査によって集まった資料群が体系的に保存されていくべきであるという前提が読み取れる。それは翻って，美術館に情報資料活動の場としてかろうじて図書室や資料担当が置かれている場合，その限られた資金，人員，スペースをどのような情報資料活動に割くべきかという方針を示唆してくれる事例でもあるだろう。

4.4.3　国立西洋美術館

国内に目を向けてみると，「ドキュマンタシオン（ドキュメンテーション・センター）」にあたる部門を独立させてもつ美術館は皆無であるが，所蔵作品のファイル資料を既存部署で管理している美術館はいくつか見受けられる。例えば国立西洋美術館には所蔵作品ファイルと呼ばれるファイル資料群があるが，それは学芸課の一部である情報資料室[24]が管理している[25]。所蔵作品１点（または連作版画等の場合は一群）ごとにファイルが作成され，その中に当該作品に関わるあらゆる資料が保存されており，以下の４つの区分に色別の紙でフォルダ分けされている（図4-7，4-8）。

図 4-7　国立西洋美術館の所蔵作品ファイル

図 4-8　各ファイル資料の中の 4 種類のフォルダ

グレー：基本データ

ピンク：文献

グリーン：購入関係

ブルー：その他

グレーの基本データフォルダには，作品写真，館報などに掲載された新収蔵報告，古い台帳，タイトルなど基本情報を書き換えた際の記録が収納される。作品裏の旧蔵者が貼付したラベル資料などが剥がれてしまった場合にはここに保存することもある。ピンクの文献フォルダは，文献歴や展示歴の情報源となる切り抜き資料，コピー資料を保管するためのものである。来歴を示す売り立て目録のコピーなども文献としてこのフォルダに収められている。グリーンの購入関係フォルダには，画商との手紙文書やメールのコピーなどの事務文書，画商から提供された作品資料，調査メモ，海外から購入した際の輸入関連文書などが収められている。ブルーのその他のフォルダには，葉書などその作品を用いて作られたグッズや，研究のための文献というほどではない一般向けリーフレットなど，その他あらゆる関連資料が振り分けられる。作品の購入や寄贈の決裁文書や会計書類等は，総務や会計担当が別途保存しているが，場合によってはそれらのコピーが収納されていることもある。

資料の収集は，館の各部署を超えて組織的に行われる。作品が掲載された文献は，掲載申請の担当窓口を通じて情報資料室へ渡され，作品ファイル担当者が掲載箇所の複写あるいは切り抜きを各ファイルに収納する。図書の受入担当や目録登録担当が受入文献に所蔵品の掲載を見つけた場合も，作品ファイル担当者に情報が知らされる。情報資料室では主要な新聞各紙のクリッピング作業を毎日行っており，所蔵作品に関わる記事があればそれらを切り抜き，各ファイルへ分類することも日々のルーティーンである。また学芸員は調査研究の中で所蔵品についての文献を発見した場合，共有スペースに設けられているトレーにそのコピーを入れておくことになっている。情報資料室は適宜そのトレーを確認し，資料の整理収納を行う。こうして館全体の共同作業により資料が収集され，情報資料室がそのマネジメントを行うことで収集された資料が蓄積されていく仕組みとなっている。また作品ファイルは事前の申請により館外の研究者にも公開され，館内外の調査や研究に役立てられている。

こうしたファイルに整理分類された資料群から編纂された来歴，展示歴，文献歴は，所蔵品データベースに個別のテーブルを設けて管理している。そしてデータベースに蓄積された情報は，ウェブ公開用のサーバーを通じ，美術館ウェブサイトの所蔵作品データベースで全世界に公開される仕組みとなっている。例えばフィンセント・ファン・ゴッホの《ばら》（1890年）についてウェブサイト上の作品ページでは，基本情報や解説に加え，来歴，展示歴，文献歴の歴史情報が記載されている（図4-9）。来歴欄を見てみると，ある来歴情報の根拠となる手紙が国立西洋美術館作品ファイルに保管されていることが明記されており（NMWA curatorial file と表記），作品ファイルの中身が直

図4-9　国立西洋美術館ウェブサイト内所蔵作品ページ：フィンセント・ファン・ゴッホの《ばら》（1890年）

Provenance
Galerie E. Druet, Paris, stock no. 4570, Druet-Vizzavona photo. no. 2785; purchased from Galerie E. Druet by Kojiro Matsukata, Kobe, ca. December 1921, as "Paysage de Bretagne" [see letter from Galerie E. Druet to Léonce Bénédite, dated 13 December 1921, in the Bibliothèque centrale des musées nationaux, Paris (copy in NMWA curatorial file)]; sequestered by French government, 1944; vested in French government under San Francisco Peace Treaty, 1952; transferred from French to Japanese government, 23 January 1959; entered into NMWA, April 1959.

図 4-10　フィンセント・ファン・ゴッホの《ばら》来歴部分

接的に情報形成に寄与していることがわかる[26]（図 4-10）。作品の歴史情報の編纂と公開を可能にしているものが，これまで述べてきた作品ファイル資料群の存在にほかならないことが理解されよう。

フランスにおけるドキュマンタシオンの起こりが，詳細な歴史情報を付した所蔵品カタログの制作にあったことを先に述べたが，不断の地道な資料のクリッピングとファイリング，そしてデータベースへの情報登録は，このように所蔵作品の学術的に有用な情報公開を可能とするものである。翻って言えば，いくら最新技術を用いたウェブサイトを作成しても，その中身となる学術資料のアナログな集成無くしては，ここで示しているような情報公開は成しえないのである。

4.4.4　アーティゾン美術館

国内のもう一つの事例として挙げられるのが，アーティゾン美術館の取り組みである。アーティゾン美術館では近年，作品の歴史情報のうち，文献歴の整備に改めて着手した。とはいえ，作品の掲載情報は，アーティゾン美術館の前身にあたるブリヂストン美術館開館時から続けられてきたことであり，まったく積み重ねがなかったところからスタートしているわけでは決してない。むしろ，開館以来地道に館内に情報が蓄積されてきたのであるが，その蓄積の形態が3つ存在し，職員の入れ替わりなどによりそれぞれの更新の足並みが少しずつ揃わなくなっていたことが課題としてあった。その3件とは，①先述の作品ファイルのような作品ごとに文献資料がまとめられたファイル資料，②元々はファイルメーカーで，現在は図書館システムで管理している蔵書データベース上の項目で管理してきた「作品掲載注記」情報，③作品データベースの文献情報テーブルに記録された，各作品の掲載文献リストである。これら3つの情報源は，各担当者が状況に応じて管理更新を続けてきたものの，それらが総体的に捉えられるに至らず，他方で記録されている情報が他方には共有されずに記録から漏れているなどの影響が生じていた。

そもそもファイル資料については，ファイル形式の統一が取れていない，満杯になってしまったファイルがある，全作品のファイルが完備されておらず新規収蔵作品のファイルが作成される体制も曖昧となっているという課題点があった。そこで第一に取り組んだのが，ファイルの形式統一と管理更新のルール見直しである。ファイルはA4サイズに統一し，保存スペースの制約から作品ごとではなく作家ごとにファイルを作成し，各作家ファイルの中で，作品ごとにフォルダ分けをした（図4-11〜4-14）。ちなみに作者不詳の作品は，作品分類ごとに作者不詳のボックスを作り，その中で作品ごとのフォルダを管理番号順に並べている。資料が集まっている作品もまったく資料がない作品も，とりあえずはすべての作品資料の行き場所を確保することとした。加えてファイルの更新や管理体制のフローを改めて明確化し，掲載文献が美術館に受け入れられた際に迷うことなくその切り抜きや複写がファイルへと行き着く流れを整備した（図4-15）。

図 4-11　アーティゾン美術館の作家ファイル

図 4-12　同上　作家名順に配架されている

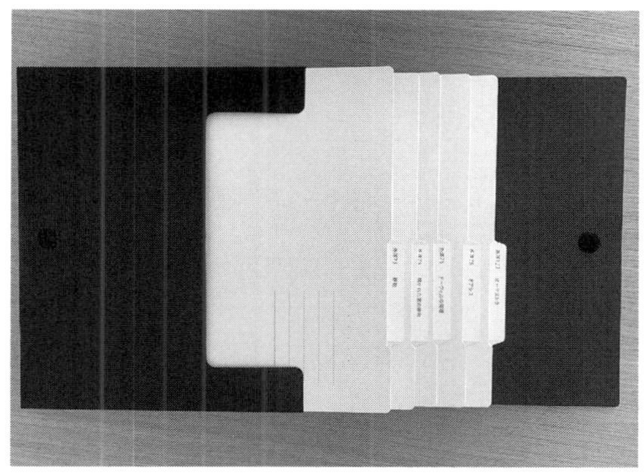

図 4-13　作家ファイルの中に収納された作品フォルダ

図 4-14　作品フォルダの中身

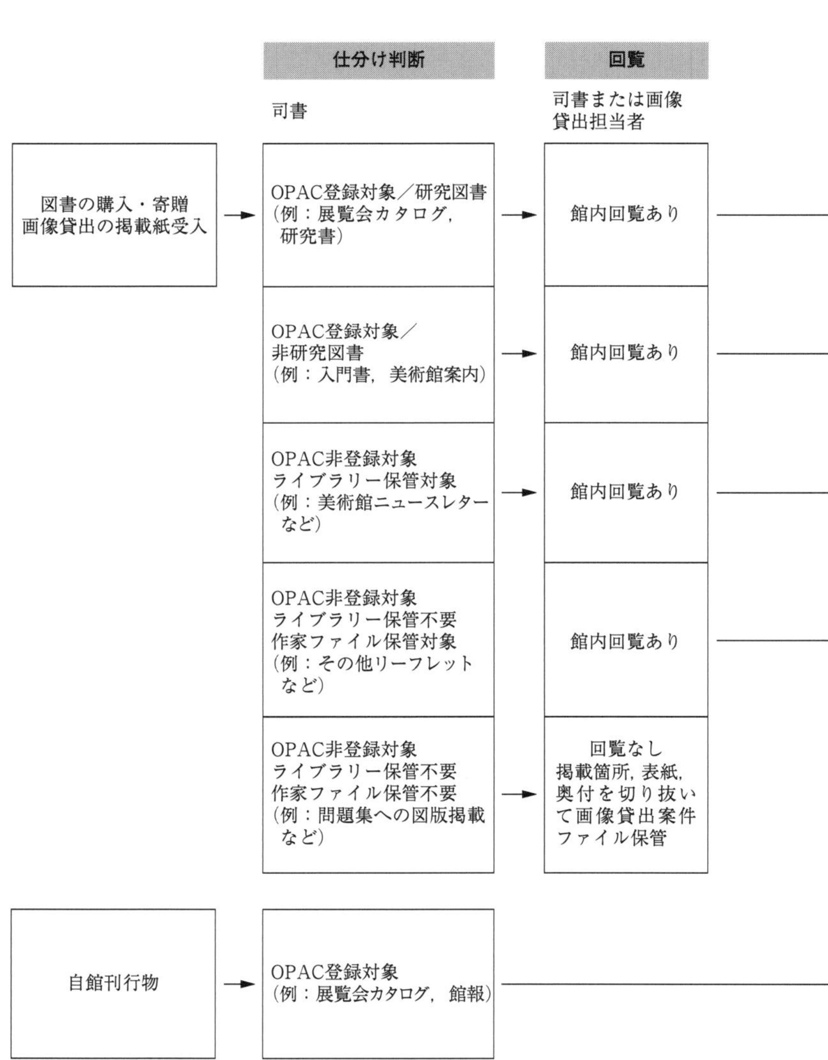

図 4-15　アーティゾン美術館

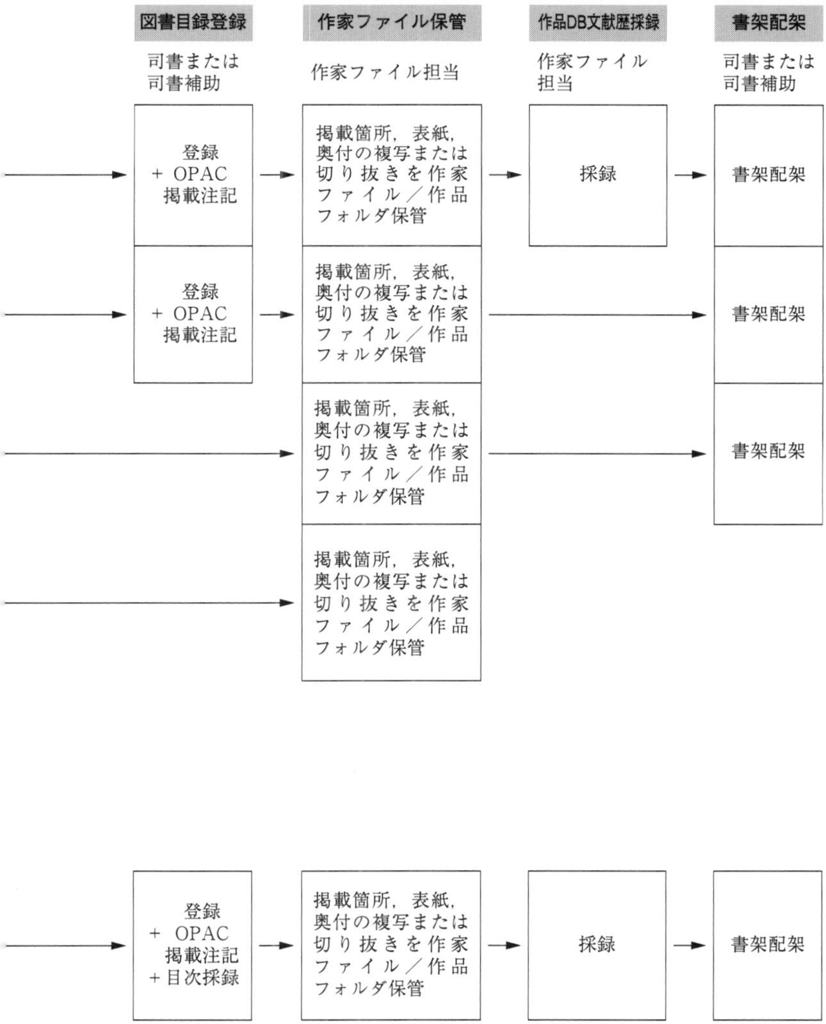

図書目録登録
司書または司書補助
作家ファイル保管
作家ファイル担当
作品DB文献歴採録
作家ファイル担当
書架配架
司書または司書補助
登録 + OPAC 掲載注記
掲載箇所，表紙，奥付の複写または切り抜きを作家ファイル／作品フォルダ保管
採録
書架配架
登録 + OPAC 掲載注記
掲載箇所，表紙，奥付の複写または切り抜きを作家ファイル／作品フォルダ保管
書架配架
掲載箇所，表紙，奥付の複写または切り抜きを作家ファイル／作品フォルダ保管
書架配架
掲載箇所，表紙，奥付の複写または切り抜きを作家ファイル／作品フォルダ保管
登録 + OPAC 掲載注記 + 目次採録
掲載箇所，表紙，奥付の複写または切り抜きを作家ファイル／作品フォルダ保管
採録
書架配架

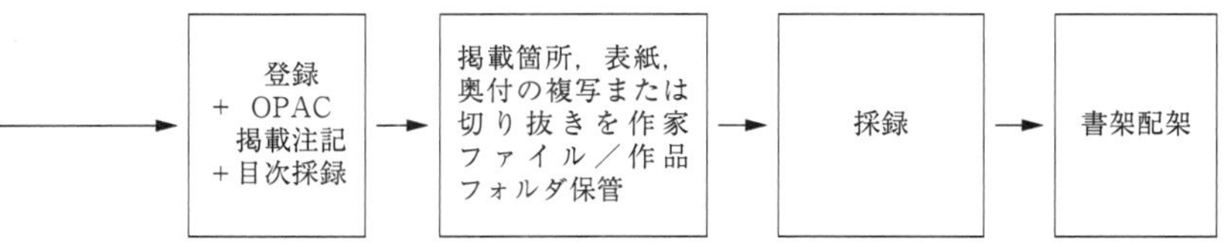

作品掲載文献の整理フロー

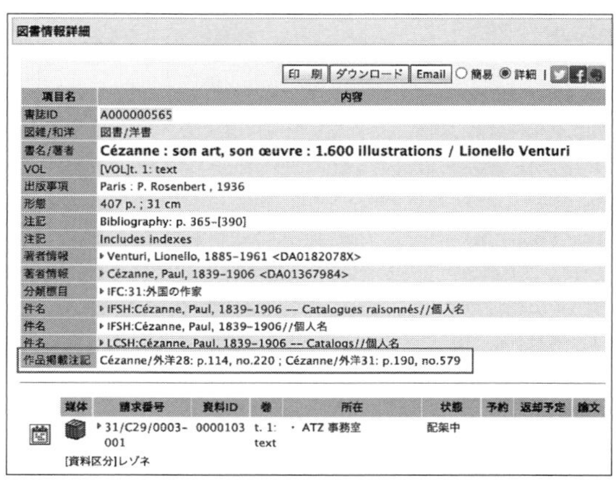

図 4-16　アーティゾン美術館 OPAC の掲載注記例

一方，蔵書データベースで記録をつけてきた「作品掲載注記」とは，書誌項目の一つに設けられた独自項目（図 4-16）で，以下の要領で情報を記述してきたものである。

作家の姓/作品管理番号: 頁番号, 図版番号

例）Cézanne/外洋 28: p.114, no.220

＊ページ番号も図版番号もないときは，以下のように記述し，図書本体には当該箇所に付箋を挟み込んでいる。Cézanne/外洋 28: n.pag.

この独自注記は OPAC のクイックサーチで検索される対象項目としているため，アーティゾン美術館の OPAC では所蔵作品の管理番号を検索すれば，所蔵している掲載文献を一覧で表示させることができる仕組みとなっている[27]。

こうした掲載注記の採録は，文献リストを編纂するほどの労力な

く図書登録の流れの中で確実に所蔵作品の掲載情報が記録されていくため，近年刊行された掲載文献の情報を効率的に蓄積する手段として機能してきた。しかし，それはあくまでも図書登録に伴い可能となる作業であり，文献現物を所蔵しなければ，当然のことながら図書館システムにその資料が登録されず，掲載注記も記録されない。すなわち，最終的には作品ファイル資料で確認するしかない掲載文献が生じる。

登録図書の情報に特化した「掲載注記」と，図書登録されないエフェメラも含めた文献資料の集積場所である「作品ファイル」から得られる情報に差異が生じるのは，仕方のないことでもある。だからこそ，それらを統合し，より精製された歴史情報の形にして蓄積していく場所として，作品データベースを機能させることが重要であると言えるだろう。アーティゾン美術館の所蔵品データベースには文献歴を蓄積するテーブルが設けられており，歴代の担当者が管理更新を続けてきた。しかし，古いカード式の台帳からデータ移行された文献歴を元としてそれなりに文献情報が蓄積されているだけに，不確かな情報の確認作業や，文献の記述形式のばらつきの修正に際しては，登るべき山が大きすぎた。日々展覧会業務に追われる学芸員が公開の締め切りがない本案件を不本意ながら不急のものとして後回しにしてこざるをえなかったことは，自然の理である。また司書が管轄していた掲載注記との情報連携が不足し，所蔵までされている掲載文献の情報が作品データベースの文献歴担当者に伝達されないという事態も常態化していた。

そこで，学芸員と司書の共同で，2020年より作品データベース上の文献歴の補填・整備作業が行われることとなった。司書が方針と業務フローを整え，学芸員が学術的な確認を行い，5名の業務委託スタッフ（文献歴補填作業スタッフ３名，作家ファイル担当スタッフ１名，司書補助１名）による体制で，以下の手順で作業を行った。

①文献歴補填作業スタッフが作品データベースに収録されている作品掲載文献歴の形式を整える。また，収録されている情報を鵜呑みにするのではなく，現物または作家ファイルに収納されている現物の切り抜き／コピー資料を確認し，ページ番号や図版番号が正しいか精査する。
具体的には，まず作品データベースに収録されている作品掲載文献を当館OPACで検索する。所蔵がある場合，OPAC上の掲載注記が記載されているか確認し，されていなければ掲載注記を記入する。所蔵がない場合，作家ファイルに切り抜き／コピー資料が保存されていないか確認する。そして，作家ファイル資料の有無の情報と共に，要購入図書リストに書き入れる（司書は要購入リストを随時確認し，未収蔵の図書資料の収集を進める）。

②次に文献歴補填作業スタッフは，OPACで当該作品の掲載注記を検索する。ヒットした図書資料の中で，展覧会図録，所蔵品目録，研究書，研究論文，美術雑誌，報告書などの学術文献で作品データベースの作品掲載文献歴未収録の文献がある場合，データベースに新規収録する。新規収録された文献情報について，学芸員がその内容を確認する。

③依頼されていた要購入図書が到着したら，まず司書が現物を確認し，掲載作品と掲載箇所を明記した付箋を資料に挟み込み，司書補助に渡す。司書補助は図書館システムに図書登録を行い，作品掲載注記を採録し，作家ファイル担当スタッフに渡す。作家ファイル担当は文献のコピーをとり作品フォルダに収

納する。それを経てようやく資料は文献歴補填作業スタッフの手に渡り，作品データベースへの文献歴登録を完遂させる。

以上のフローにより，作家ファイルの中身とOPACの掲載注記が連動して補填されながら，所蔵品データベースの作品文献歴リストが整えられ，拡充されていく仕組みとなっている。なお，作品データベース上の作品掲載文献情報リストの記述形式は，シカゴ・マニュアルをベースとしながら，日本美術，西洋美術それぞれの学芸員の立場から見やすい形式を聞き取り方針を決めた。細かいさまざまなケースのバリエーションを割愛して原則を示すと，以下の形式で文献情報が表示されるようにシステムを組んでおり，将来バイリンガルで作品掲載文献を公開できるように備えている。

■洋文献

［日・英両インターフェイス］

Surname, First name. Title. City: Publisher, Year, p.XX, no.XX.

（図版有りの場合，最後に「ill.」と表示）

■和文献

［日本語インターフェイス］

著者姓名『書名』出版社（出版地），出版年，p.XX, no.XX

（図版有りの場合，最後に「図版あり」と表示）

［英語インターフェイス］

Surname, First name. ローマナイズした日本語タイトル*. City: Publisher, Year, p.XX, no.XX.

（図版有りの場合，最後に「ill.」と表示）

＊現物に英語タイトルが表記されている場合，括弧で括り英語タイトルを続ける。英語でのみタイトルが付けられている場合，括弧を付けずにタイトルを記入し，［in Japanese］という補記をタイトルの後に続ける。

さらに，所蔵品データベースに文献情報を記述する際，書誌IDを入力する項目を追加で設けた。これはあくまで担当者レベルの野望に過ぎないが，資料ごとに付されたパーマネントのIDである書誌IDを項目立てて記載しておくことで，将来このデータベースを元にウェブサイト上で作品掲載文献リストが公開された際に，そのリストの書誌情報をクリックすると自館OPACの書誌情報画面に直接飛んで，詳細情報や文献の所在情報にアクセスできるようにできないかという目論見である。

こうしたアーティゾン美術館の取り組みは，あくまで作品の歴史情報の一部である文献歴の，あらかじめ蓄積された情報を整理する域を出ない段階ではあるが，司書のもつノウハウを活かして作品の歴史情報の編纂や整理に着手するファーストステップとしての意義は十分にある。こうした一歩を踏み出せた背景には，作品は学芸，図書資料は司書，という縦割りの考え方ではなく，ともに作品の歴史情報を集成するチームとして一体的に協働作業を行う姿勢が館内で理解されていたことと，歴代の学芸員や司書が，完璧ではなくとも，断片的であっても，可能な範囲で資料や情報を集めていた実績があったからであろう。

4.5　まとめ

本章では，作品の歴史情報の編纂やその根拠となる資料群の収集や管理について述べ，フランスの美術館における専門業務を紹介した。このような情報資料活動はしかし，日本の美術館では往々にして，展覧会業務を中心にさまざまな業務に追われる学芸員が片手間に担っているケースが多い。またせっかくライブラリーがあり司書担当者がいたとしても，公共図書館をモデルとした図書整理や閲覧サービスの実績に重きが置かれ，組織内の研究活動に直接コミットして調査研究を担う体制がなかなか構築されないのが現状である[28]。またそこに雇われる職員は非常勤やアルバイトの形態であったり，期限付きであるという不安定な雇用条件から，長期的に作品資料の調査研究に携われる機会や立場も与えられていない。作品を直接的に扱うのは学芸員であることから学芸員が作品の歴史情報を管理することは合理的なことのようにも思えるが，作品についてのことだからというだけの安易な発想で，作品の情報資料の調査研究能力をもつ情報資料系の人材を生かしきれず，展覧会業務に追われる学芸員の個人の自助努力に負う状況に陥ってはいないか。またそうした習慣が，例えば司書は多忙な学芸員が使用する図書のお片づけ係程度にしか思われないというような，専門性軽視の心理を助長してはいないか。

オランジュリー美術館の司書が強調していたように，元来美術館に求められている情報資料機能とは，コレクションや美術館の価値を証明し，またさらに形成していくための調査研究や実務作業である。それはキュレーター，ライブラリアン，アーキビスト，ドキュメンテーション・スタッフ，レジストラーという各専門職の垣根を超えた美術館員共通の任務であろう。その大前提を意識することは，今すぐに「ドキュマンタシオン」のような部署がつくれないとしても，美術館に今ある情報資料系の部署や担当者が本来担うべき役割について考えさせてくれる。

なお本章では，作品の歴史情報の編纂とその資料の集成に焦点を当てたが，その先にめざされるべきことは，その情報の公開や発信である。ライブラリー資料，アーカイブ資料，そしてフランスの美術館で言うところのドキュマンタシオンが扱うような作品資料を基盤として成り立つさまざまな作品情報の総合的な管理と公開は，館内の情報連携や，作品管理システムについての議論へとつながる。それについては次の章，「ミュージアムの中の情報連携」にその議論を委ねたい。

＊写真はすべて筆者撮影。写真掲載のご協力をいただいたアーティゾン美術館，オランジュリー美術館，オルセー美術館に記して感謝申しあげます。

引用参考文献・注

1：欧米圏の美術館における「オブジェクトファイル」について説明している文書として，2018年にキャンベラのオーストラリア国立図書館で開催されたワークショップのハンドブックに収録されているカイリー・ウィンクワースの以下論考が参考となる。Winkworth, Kylie, “Object Files: Getting Started on Significance Assessment,” in *Community Heritage Grants, Preservation and Collection Management Training Workshops, National Library of Australia, Canberra 30 October-1 November 2018, Workshop Handbook*, 2018, p.18-19. https://museum.hall.act.au/get/3538.pdf,（accessed 2022-09-30）.

2：例えばボストン美術館では作品ファイルの管理担当職員として「Documentation Staff」という言葉を用いている。“Collection Management”, *Museum of Fine Arts Boston Homepage*. https://www.mfa.org/collections/conservation/division_collectionsmanagement,（accessed 2022-09-30）.

3：波多野宏之「美術館における情報専門職制の枠組みの形成に向けて」『美術館・博物館，文書館における情報専門職の開発と養成：現状と課題 公開シンポジウム記録』「情報専門職の養成に向けた図書館情報学教育体制の再構築に関する総合的研究」研究班（LIPER），［2003］. http://old.jslis.jp/liper/record/hatano1115.html,（accessed 2022-09-30）.

4：ほかに日本語でドキュマンタシオンについて触れられている文献としては，以下を参照。木村三郎「ピエール・ローザンベールの精緻な世界：「美術図書館学」の勝利」『日本18世紀学会年報』（3），1988，p.15-17.；波多野宏之「アート・ライブラリアン」加藤哲弘ほか編『変貌する美術館』昭和堂，2001，p.228-232.；波多野宏之「情報論」岡部あおみ監修『ミュゼオロジー実践篇［ミュージアムの世界へ］』武蔵野美術大学出版局，2003，p.147-170. 加えてインターネットで読める文献として，以下でもドキュマンタシオンについての言及がなされている。喜多崎親「展覧会カタログに思う」『HQ : Hitotsubashi quarterly : 一橋大学広報誌』（19）（春号），2008，p.45. https://www.hit-u.ac.jp/hq-mag/archive/pdf/hq19.pdf,（参照 2022-09-30）.；波多野宏之「アート・ドキュメンテーションの専門職能とデジタル・アーカイブズ　教育・研修に向けて」『アーカイブズ学研究』5，2006，p.66-73. https://doi.org/10.32239/archivalscience.5.0_66,（参照2022-09-30）.

5：Jouys-Barbelin, Corinne, “Dossier d’œuvre et dossier de régie d’ œuvre. Constitution et communicabilité,” *Documenter les collections des museés: Investigation, inventaire, numérisation et diffusion*, La documentation française, 2014, p.57-74.

6：木村三郎，前掲書.

7：Michel, Édouard, “Au Musée du Louvre: 1. Le service d'étude et de documentation du département des peintures (La vie dans les Museés),” *Revue des beaux-arts de France*, Nr.9, 1944, p.137-146. ; “Le service d'étude et de documentation du département des peintures du Louvre,” *Gazette des beaux-arts*, VIe période, Tome XCVI, 122e Année, p.51-52.

8：Michel, op.cit.

9：Michel, op.cit.

10：川口雅子は，以下論文で葛飾北斎の《富嶽三十六景　神奈川沖浪裏》を所蔵する国内外の主要美術館のウェブサイトを比較し，欧米に対して日本の美術館が作品の歴史情報発信に遅れをとっている現状を浮き彫りにしている。川口雅子「美術作品の来歴を物語る記録資料：「デジタルアーカイブ」の国際化に向けて」『美術フォーラム21』（35），2017，p.119-126.

11：「ドキュメンテーション」という語彙については以下文献でも議論されている。波多野宏之「アート・ドキュメンテーションの提起するもの：日本の現状から」『現代の図書館』28(4)，1990，p.198-204.；嘉村哲郎．芸術資料とアーカイブ／ドキュメンテーション（CA1852）．カレントアウェアネス（324）．2015-06-20．https://current.ndl.go.jp/ca1852,（参照 2022-09-30）.

12：大堀哲，水嶋英治編著『博物館学 III：博物館情報・メディア論　博物館経営論』（新博物館学教科書）学文社，2012，p.19-20.

13：例えば以下の書籍を参照。ホルム，S.A 著，田窪直規監訳『博物館ドキュメンテーション入門』勁草書房，1997.；エリザベス・オルナ，チャールズ・プティット『博物館情報学入門』（アート・ドキュメンテーション叢書 2）勉誠出版，2003.

14：水嶋英治，田窪直規編著『ミュージアムの情報資源と目録・カタログ』樹村房，2017.

15：日本におけるレジストラー職の事例としては，以下を参照。小川絢子，坂口千秋．スタッフエントランスから入るミュージアム（3）レジストラー：他分野との連携でコレクションを管理する．artscape．2020-02-15．https://artscape.jp/report/topics/10160316_4278.html,（参照 2022-09-30）.
またレジストラーについて日本語で紹介している文献として，以下を参照。山脇佐江子「レジストラー」『変貌する美術館：現代美術館学 II』昭和堂，2001，p.222-227.；保坂健二朗．シリーズ：これからの美術館を考える（4）「学芸員」という概念を解体しよう．美術手帖オンライン．2018-08-18．https://bijutsutecho.com/magazine/series/s13/18268,（参照 2022-09-30）.
また，国立西洋美術館では2022年7月より学芸課にレジストラーが配属された。

16：Vogel, Carol, "High Hopes for a Rothko Painting at Auction," *The New York Times*, 2007-03-22. https://www.nytimes.com/2007/03/22/arts/design/22roth.html,（参照 2022-09-30）.

17：この事件はドキュメンタリーとして書籍化されている。レニー・ソールズベリー，アリー・スジョ著，中山ゆかり訳『偽りの来歴：20 世紀最大の絵画詐欺事件』白水社，2011.

18：作品情報における来歴情報の重要性や国際社会からの要請については川口雅子の以下論文を参照。「美術作品の来歴を物語る記録資料：「デジタルアーカイブ」の国際化に向けて」『美術フォーラム21』(35)，2017，p.119-126.；シリーズ：これからの美術館を考える（10）日本の美術館はコレクション情報をどう扱っていくべきか．美術手帖オンライン．2019-04-20. https://bijutsutecho.com/magazine/series/s13/19640,（参照2022-09-30）．；「報告1：高度化・グローバル化する美術作品の情報ニーズと国立西洋美術館の取り組み」『アート・ドキュメンテーション研究』(23)，2016，p.35-43.

19：例えば有償のデータベース「artnet.com」http://www.artnet.com/,「art-price.com」https://www.artprice.com/,「Art Sales Catalogues Online」https://primarysources.brillonline.com/browse/art-sales-catalogues-online など（いずれも参照2022-09-30）。

20：例えばドイツ没収文化財財団（German Lost Art Foundation）が公開した「Proveana」https://www.proveana.de/ や，ゲッティ財団が管理するデータベース群「Getty Provenance Index」https://piprod.getty.edu/starweb/pi/servlet.starweb?path=pi/pi.web など（いずれも参照2022-09-30）。

21：来歴研究についてはわかりやすいガイドも国際美術研究財団（IFAR）によって公開されている。"Provenance Guide", *International Foundation for Art Research*. https://www.ifar.org/provenance_guide.php,（参照2022-09-30）．また来歴研究のガイドとしては以下書籍も参照されたい。Yeide, Nancy H.; Akinsha, Konstantin; Walsh, Amy L.,*The AAM guide to provenance research*, American Association of Museums, 2001.

22：例えば19世紀以降に刊行された展覧会カタログのデータをその展覧会開催地ごとに地図上にマッピングして表示するデータベース「Artl@s」https://artlas.huma-num.fr/map/#/ や，ヨーロッパ大陸で1905年から1915年の間に開かれた1,000以上の展覧会情報をオープンソースで公開し，作家名や作品タイトルから展覧会を検索できる「Database of Modern Exhibitions (DoME): European Paintings and Drawings 1905-1915」https://exhibitions.univie.ac.at/ など（いずれも参照2022-09-30）。

23：以下シンポジウムの記録でも，ドキュマンタリストとともに展覧会をつくりあげた経験談が水嶋英治により語られている。水谷長志，水嶋英治ほか「パネル・ディスカッション：美術館・博物館，文書館の情報専門職制の開発と養成」『美術館・博物館，文書館における情報専門職の開発と養成：現状と

課題 公開シンポジウム記録』「情報専門職の養成に向けた図書館情報学教育体制の再構築に関する総合的研究」研究班（LIPER），［2003］．http://old.jslis.jp/liper/record/hatano1115.html，（参照 2022-09-30）．

24：なお，国立西洋美術館のいわゆる図書資料室にあたる施設は「ライブラリー」ではなく「研究資料センター」と呼ばれており，組織内の部署名としては「情報資料室」がその運営管理を担当している。対外的な名称が「ライブラリー」と名付けられなかった理由は，同部門が設けられた当初より，ライブラリーに限らずアーカイブやドキュマンタシオンといった諸外国の多面的な情報資料活動を念頭に置いていたからである。

25：国立西洋美術館の作品ファイル資料については，以下文献に詳述されている。川口雅子「美術館の情報活動に関する一考察」『国立西洋美術館研究紀要』（18），p.43-54．http://id.nii.ac.jp/1263/00000165/，（参照 2022-09-30）．

26：作品の歴史情報の典拠として自館の作品ファイル資料を示す事例は海外でもよく見受けられる。例えば大英博物館 HP の所蔵品データベースでは，複数の作品の来歴情報などに対して「～からの手紙に基づく（オブジェクト・ファイルを見よ）」という文言が付されている。例として以下作品ページの「（From a report by Toby Martin（see object file）」等（https://www.britishmuseum.org/collection/object/H_1870-1105-15）。また，ボストン美術館の HP の所蔵品データベースでも来歴情報の情報源として「in MFA curatorial file」という表記が見られるほか（例：https://collections.mfa.org/objects/34222），クリーブランド美術館の HP の所蔵品データベースにも「in CMA curatorial file」という情報源の示し方が見受けられる（例：https://www.clevelandart.org/art/1961.39）。こうした事例は枚挙にいとまがなく，諸外国の豊かな所蔵品情報公開の裏側には作品ファイルの集積が欠かせないということを痛感させられる（いずれも参照 2022-09-30）。

27：アーティゾン美術館の作品掲載文献注記採録含むさまざまな取り組みについては，以下拙稿に紹介した。黒澤美子「石橋財団アートリサーチセンターライブラリーからの報告：ライブラリーセミナー紹介と美術系オンラインリソースの動向」『現代の図書館』57(3)（通巻 231 号），2019，p.146-152.

28：日本の美術館図書室が専門図書館として発展してこなかった背景については，以下論文を参照。川口雅子「美術館で専門図書館が担う役割は何か－国立西洋美術館研究資料センターの事例から」『現代の図書館』57(3)（通巻 231 号），2019，p.160-166.

コラム5　国立国会図書館における博物館・美術館刊行物

国立国会図書館（以下，当館）は，主に納本制度によって，日本全国の博物館や美術館の刊行物を収集している。一口に博物館の刊行物と言っても，展示会図録や収蔵品目録，年報や紀要あるいはニュースレター，周年史など実にさまざまなものが含まれている。これらの多くに共通する点として，一般的な出版流通ルートにはのらない，「本屋に並ばない」刊行物だということが挙げられる。本コラムではその中の代表的な刊行物について類型ごとに取り上げて簡単に説明したい。

展示会や展覧会の図録・収蔵品目録

当館は，博物館や美術館などが開催する展示会や展覧会の図録（以下，図録と総称）や収蔵品目録の多くを図書として所蔵している。所蔵している図録の総数は戦前のものを含めて数万点にのぼると見られるが，正確な数を把握することは難しい。後述の例外を除いて，内容によって分類されているためである。一般的な美術展の図録であれば国立国会図書館分類表（NDLC）の K16（芸術一般 — 美術図録 — 中型・小型）・KC16（絵画・書・写真 — 図録 — 中型・小型）などに分類されるが，歴史関係あるいは科学技術関係といった特定のテーマに関する展示会の図録であればそれぞれの内容にもとづいた別の分類となる。例えば 2017 年に江戸東京博物館で開催された展覧会「江戸と北京」の図録は GC67（地方史・誌 — 東京都区部），同じ年に国立科学博物館で開かれた「大英自然史博物館展」の図録は M71（自然誌・学術探検）に分類されている。また，図録を見分けるポイントとして，多くの書誌には「会期・会場」の情報が注記してあることが挙げられるが，資料から明らかでない場合など注記の無い図録も存在する。他機関所蔵を含めた図録の探し方についてはリサーチ・ナビ「展覧会図録・カタログ（展観目録）を探す」（https://rnavi.ndl.go.jp/guides/theme_honbun_101074.html）で紹介している。

図録のうち，戦前に発行された美術関係のものについては石渡裕子「国立国会図書館所蔵戦前期美術展覧会関係資料目録」（『参考書誌研究』(50)，1999.2，p.2-258）にまとめられている。さらに図録の特別コレクションとして，「加藤まこと展覧会図録コレクション」がある。このコレクションは出版社に勤務していた加藤誠（1923-1987）が 1980 年代までに訪れた国内外の展覧会の図録約 2800 点から成り，没後の 1988 年に遺族から寄贈されたものである。上述の一般の図録とは異なり，ひとまとまりのコレクションとして保存されており，すべて NDLC の VG2（加藤まことコレクション）に分類されている。図録によってはチケットの半券などが貼り込まれており，失われがちな貴重な情報を今日に伝えている。バラエティに富んだこれらの図録は現在東京本館人文総合情報室で閲覧できるほか，同室に数点ずつ展示している。

なお，当館では図録を人物調査などのレファレンスのためにしばしば利用する。図録に記載された作家の略歴が有用なケースが多いためだ。調査の効率を高めるため，一部の図録に掲載された人物名を「日本人名情報索引（人文分野）データベース」（https://rnavi.ndl.go.jp/jinmei/index.html）に登録し，どの図録に収録されているかを検索できるようにしている。

年報・紀要・ニュースレター

年報や要覧，活動報告類（以下，年報と総称），さらに研究紀要類（以下，紀要）も当館が所蔵する代表的な博物館・美術館刊行物の一つであると言えよう。

年報と紀要は分けて発行されることが多いが，一体化したタイプのものもあり，刊行形態は多様である。前述の図録・目録類の多くが図書であるのに対して，年報・紀要の大半は雑誌（逐次刊行物）として分類されている。近年ではウェブ上に公開されるものが増えており，当館は国立国会図書館インターネット資料収集保存事業（WARP）（https://warp.da.ndl.go.jp/）やオンライン資料収集制度（e デポ）（https://www.ndl.go.jp/jp/collect/online/index.html）の枠組みで，公開された年報・紀要の電子ファイルを収集することにも努めている。

論文の一部は当館の作成する雑誌記事索引の採録対象となっている。採録対象誌のタイトル数は時期により変動するものの，2022年2月現在で採録継続中の雑誌のうち，約200誌が博物館・美術館関連の刊行物とみられる。これらの採録誌とは別に，電子版の紀要のうち論文単位で収集したものや当館がデジタル化した紀要についても，蔵書検索の「国立国会図書館オンライン」（https://ndlonline.ndl.go.jp/）や全国の図書館などが提供する資料の統合検索サービスである「国立国会図書館サーチ」（https://iss.ndl.go.jp/）では論文名から検索することができる。

年報・紀要のほかに，博物館・美術館関連の定期刊行物ではニュースレター類も所蔵している。少ないページ数で年報・紀要より頻繁に発行されるが，デザインに工夫を凝らしたものが多い。年報・紀要と同様にウェブ公開される例が増えており，WARP や e デポを通じた収集も行っている。

周年史・記念誌

刊行される頻度は高くないが博物館や美術館などの周年史や記念誌（以下，年史と総称）も見逃せない。展示会図録と同様に，年史についても館の種別にもとづいて分類されている。美術館であればK（芸術一般）のうちK3（美術館・展覧会）やK6（団体・研究機関）に分類される一方，博物館はUA31（博物館），文学館はKG4（日本文学 ― 団体・研究機関）などである。例えば『国立西洋美術館50年史：1959-2009』はK3に，『京都文化博物館10年のあゆみ』はUA31に，『神奈川近代文学館30年誌』はKG4にそれぞれ分類されている。

さらに記念展示会の図録と一体化したものもあり，名称だけでは判断がつかないものも見受けられる。

その他の刊行物

これら以外にも全国の博物館や美術館は実に多種多様な資料を刊行している。例えば歴史系の公立博物館の中には所在自治体の史誌の編纂に関わっている館があり，土浦市立博物館の『土浦市史資料集』のように自治体史や関連資料を刊行しているところがある。また，自然科学系の博物館では神奈川県立生命の星・地球博物館の『神奈川自然誌資料』のように地域の自然誌・環境誌を刊行している例もある。

やや趣の異なる，厳密には博物館・美術館の刊行物ではないが関連するものとして，博物館・美術館の友の会が刊行する資料も所蔵している。こちらも会報や会の記念史もあれば，博物館と関連した古文書の翻刻，文学同人誌などさまざまである。

こうした多種多様な刊行物からは，各地の博物館や美術館が地域社会で担う役割や連携のありようが垣間見えてくる。

おわりに

ここまで博物館・美術館の刊行物のうち，代表的な類型を駆け足で見てきた。最後に強調したいことは，当館の活動に対して，博物館・美術館等ミュージアム関係者のみなさまに長年にわたってご理解とご協力をいただいていることへの感謝である。このご理解，ご協力無しには今日当館がこれほど多くの「本屋に並ばない」刊行物を所蔵するのは難しかったであろう。改めて，心より感謝を申し上げたい。情報環境の変化に伴ってオンラインのみの刊行物が増加する中で，当館もこれら多様な情報資源の収集にいっそう努めていきたい。そのためにも関係者のみなさまには引き続き，刊行物の納本やウェブサイト等での公開についてご協力をお願いしたい。

5章

ミュージアムの中の情報連携

5.1　なぜ MLA 連携は AM (L＋A) から始まるのか？——「作品の「生命誌」を編む」をめぐって[1]

本シリーズの最終巻となる『ミュージアム・ライブラリとミュージアム・アーカイブズ』の終章「ミュージアムの中の情報連携」は，斯界においてすでに語られて久しい時間を閲したMLA連携の一つのかたち——すなわちミュージアムの中にあってそのライブラリやアーカイブズとミュージアムの所蔵作品とが関係するという「内なるトライアングル」として捉えることができるだろう[2]。

この「内なるトライアングル」としてのMLA連携はその萌芽を，ミュージアムの中の，とりわけ AM (L＋A)：Art Museum (Library＋Archives)) に見いだすことができる。

本節では，「なぜ MLA 連携は AM (L＋A) から始まるのか？」の問いを掲げて，その解を「作品の「生命誌」を編む」という言辞に求めたいと考えている。

もとより「生命誌」という言葉は，中村桂子の『生命誌の扉をひらく』(哲学書房，1990) 以来，広く馴染まれてきた言葉であるが，これを「〔美術〕作品の「生命誌」を編む」へと連関して，筆者に強く印象づけたのは，かつて東京国立文化財研究所で情報資料部長であった米倉迪夫によって先導された基礎研究「日本における美術史学の成立と展開」(1997-2000) とその報告書に拠っている。ただし，その報告書中に「文化財の生命誌」（三浦定俊）の記述のほかは「作品誌」の言葉が使われていて，言葉の直截の起源をたどれてはいないのであるけれども[3]。

大正期関西日本画壇において異彩を放ち，日本近代絵画史に大きな足跡を遺した国画創作協会の創立会員の一人である村上華岳には「製作は密室の祈り」[4]という言葉がある。西欧において，かつて美術品は教会や王や貴族といったパトロンたちの依頼において作品となり，あるいはルーベンスのように多くの弟子たちを抱えた工房で生み出されるものであった。

近代的な作家の自立性は，作品の制作それ自体を作家自身の内なる空間においてのみに閉ざすものとなり，吐息のように小さいながら清心で深いつぶやきこそは，大正期日本画壇においてその深い精神性をもって独自の地歩を築いた村上華岳の言葉であった。

画室でありアトリエという密室から作品が作家の手を離れ，社会化していく，観者を得ていく過程，それはつまり社会が作品と作家とを受け入れていく，その受容の歴史，受容史にほかならなくて，作品は受容史の成立において，時間軸をもち始め，その時間に沿って記されるのが「作品の生命誌」なのであろう。

図5-1は1987年，東京国立近代美術館でのポール・ゴーギャン展図録においての大原美術館所蔵のゴーギャン作《テ・ナヴェ・ナヴェ・フェヌア（かぐわしき大地）》の作品データの詳細である。本展覧会は本邦での本格的なゴーギャン回顧展であるとともに，全テキスト和英バイリンガルで2冊の図録が別途に刊行されて，日本におけるゴーギャン研究の精華を問うものであったと記憶されている。

このデータを詳細に見ていくならば，二系統のデータの記載であることがわかるし，謂ゆる欧米でのカタログ・レゾネ（個人作家作

テ・ナヴェ・ナヴェ・フェヌア(かぐわしき大地)

1892年
油彩，麻布
91.0×72.0cm
中央下底に署名と年記：P. Gauguin 92
中央下底に書きこみ：Te Nave Nave Fenua

倉敷，大原美術館蔵

Te Nave Nave Fenua (The Delicious Earth)

Te Nave Nave Fenua (Terre délicieuse)

1892
Oil on canvas
91.0×72.0cm
Signed and dated center bottom : P. Gauguin 92
Inscribed center bottom : Te Nave Nave Fenua

Prov. : Vente Gauguin, Paris 1895, no. 18 ; bought Roderick O'connor ; Camille Weber ; Bernheim-Jeune, Paris (bought August 1921) ; Magosaburo Ohara (bought 2 November 1922).

Exh. : Paris 1893, no.16.
Lit. : Andersen 1971, pp. 174-75, fig. 99 ; Jirat-Wasiutynski 1978, pp. 267 ff., fig. 130 ; Vance 1983, p. 231 ; Amishai-Maisels 1985, pp. 175 ff. ; W455 ; F33.

Ohara Museum of Art, Kurashiki

図 5-1　ゴーギャン《テ・ナヴェ・ナヴェ・フェヌア(かぐわしき大地)》(1862 年，大原美術館蔵)の作品データ

出典：『ゴーギャン展』図録　東京国立近代美術館，1987，p.96-97.

品総目録，Catalogue raisonné）の記載のスタイルと項目を遵守している。

二系統とは，図 5-1 においてデータの両脇に太実線を付した部分，すなわち作品自体に内在しているデータと，点線を付した部分は作品の制作の後日に，ゴーギャン自身ではなく他者またはこの作品を取り巻き，受け入れていった「社会」が作品に付与した，すなわち作品の外から受容の履歴において生じ，まとわり付いていったデータということになる。

今日，美術館や博物館からの所蔵作品のデジタル・アーカイブ化とその公開，さらにはジャパンサーチやその本家とも言えるヨーロピアーナをめぐるメタデータの議論においては，どちらかと言えば前者のデータ群が注目されがちであるが，「作品の「生命誌」を編

む」という受容史の観点をもって，美術史と作家作品研究を詳細に見るならば，この後者の「受け入れていった「社会」が作品に付与した」データ，すなわち受容史という歴史の中で作品に「まとわり付いていったデータ」もまた同等に重要度を増すのである。

「作品の来歴や文献歴，修復記録などの歴史情報に加え，参考文献と接続できるようにし，また作品の赤外線写真や額縁のデータも提供し，学術的にも高いレベルで情報公開が行なわれるようにしていきたいと考えてい」るという国立美術館のトップからの発言が2015年に記録されているが，その証左として，近年において進む国立美術館の「独立行政法人国立美術館所蔵作品総合目録検索システム」における後者のデータの精緻化の進展を強調しておきたい（図5-2）[5,6,7]。

さらに付言するのが本節であって，つまり，後者の，来歴としてのプロブナンス（Provenance，Prov.と略記），展覧会歴（Exhibition，Exh.と略記してカタログ末尾に詳細の一覧を付す），文献歴（Literature，Lit.と略記してカタログ末尾に詳細の一覧を付す，Bibliographyと記す場合も多い）という，これら3つの「歴」は，いわば，作品という「もの」に付された，移動と展覧会と言説あるいは研究という，「こと」の係りをデータ化することは，MLA連携の実相を文献資料（L＋A）をもってして，エビデンスとして明示することなのである。かつそのデータ構築の作業の主たる現場がAM（L＋A）であることは，本書4章においてすでに繰り返し示し得ていることだろう。

モネ、クロード 1840 - 1926
MONET, Claude

作品詳細

絵画 :

舟遊び
1887年 油彩・カンヴァス 145.5 x 133.5
左下に署名、年記
昭和34年度 松方コレクション P.1959-0148
国立西洋美術館

Paintings :

On the Boat
1887 oil on canvas 145.5 x 133.5
Signed and dated lower left: Claude Monet 1887
P.1959-0148
The National Museum of Western Art, Tokyo

作品画像

画像をクリックすると、拡大して表示されます.

来歴

1922年5月、松方幸次郎氏購入; 1944年フランス政府が接収; 1959年フランス政府より寄贈返還.

展覧会歴

1924 Exposition Claude Monet, organisée au bénéfice des Victimes de la Catastrophe du Japon, Galeries Georges Petit, Paris, 1924/1/4 - 1924/1/18, cat. no. 10

1948 Gli impressionisti alla XXIV Biennale di Venezia, Venezia, 1948/0/0 - 1948/0/0, cat. no. 7

（中略）

参考文献

1927 Duc Édouard de Trévise. Le pèlerinage de Giverny. Revue de l'Art ancien et moderne. tome 1, 1927, p. 49, repr.

1955 松方コレクション. 東京. 朝日新聞社, 1955, no. 15, col. repr.

1959 図説世界文化史大系. 第10巻, 東京, 角川書店, 1959, pp. 145-146, col. repr.

（後略）

図 5-2 モネ《舟遊び》（1887 年，国立西洋美術館蔵）の作品データ
出典：https://search.artmuseums.go.jp/records.php?sakuhin=100285

5.2　東京国立博物館資料館と情報連携事例

5.2.1　東京国立博物館の歴史

明治5(1872)年3月10日，文部省博物局が，翌年のウィーンで開催される万国博覧会の出品の準備を兼ね，湯島聖堂大成殿において政府によるわが国最初の博覧会を開催した。恒久的な展示を行う博物館の誕生であり，東京国立博物館（以下，東博）はこの年をもって博物館創設の年としている[8,9,10]。草創期の博物館は，動物園・植物園・図書館を含む総合博物館をめざしており，明治15(1882)年に歴史・美術・天産（自然史）・図書館・動物園を含む大博物館は完成した。創設以来文部省，内務省，農商務省，宮内省等所属官庁の変更や大規模な組織の改変が行われ，明治22(1889)年には帝国博物館となり，同時に帝国奈良博物館・帝国京都博物館も設置している。大正12(1923)年9月1日の関東大震災では，表慶館以外の展示館は大きな損害を受けて使用に耐えなくなったため，表慶館のみで展示を続けた。翌13(1924)年2月，皇太子殿下御成婚を記念して上野公園および動物園は東京市へ，京都帝室博物館は京都市へそれぞれ下賜されることとなり，東京帝室博物館の管轄は東京・奈良の2館と正倉院だけとなった。翌14(1925)年には，動・植・鉱物標本を主とする天産部関係資料が東京博物館（現国立科学博物館）等に譲渡され，天産課は廃された。この結果東京帝室博物館は美術博物館としての性格を鮮明にした。

この時期の活動で注目されるのは，陳列案内や目録をはじめ図録・講演集・学報・資料覆刻など刊行物が相次いで発行されている点で，博物館の基本的業務報告である年報も大正 14 年より刊行されている。そして昭和 13(1938)年復興本館開館より終戦までの間は美術博物館としての性格をいっそう明確にし，戦後は再び文部省の所管となって昭和 22(1947)年には「国立博物館」と，昭和 27(1952)年に「東京国立博物館」と改称した。その後も何度か大きな改組を経て平成 13(2001)年には独立行政法人化し，さらに改組を重ねて平成 19(2007)年 4 月，独立行政法人国立博物館（東京国立博物館，京都国立博物館，奈良国立博物館，九州国立博物館）と独立行政法人文化財研究所（東京文化財研究所，奈良文化財研究所）が統合して，独立行政法人国立文化財機構が発足し，現在に至る。

5.2.2 資料館概要

東博の図書館部門を担う資料館は現在，日本および東洋の美術・工芸・歴史・考古学を主題とする博物館の中の美術専門図書館である（図 5-3）[11]。

利用資格を問わず広く公開・提供する施設として昭和 59(1984)年に開館したが，その礎は東博の創設と同時期にある。明治 5 年，博物館の開館に伴って「書籍館」が設けられた。「書籍館」は各官庁に継承されていた，江戸幕府等の文教施設の旧蔵本他書籍類を 1 カ所に集め，一般公開するために設けられたわが国における最初の近代図書館である。その後蔵書は「書籍館」から「浅草文庫」へ，さらに「博物館書籍室」に引き継がれて公開を続けたが，明治 19(1886)年 1 月に閲覧を停止し閉室した。その後博物館の所属官庁の変更や大規模な組織の改変に伴い，「書籍館」の名称や建物，蔵書の一部を文部省や内務省・宮内省に移管したものの，多くは現在にまで引き継がれ博物館蔵書の基礎となっている。それらの資料は内

図 5-3　閲覧室風景

部で，あるいは限定的に外部公開してきたが，満を持して広く一般に向けて開館したのが現在の資料館である。資料館開館当初は和古書や歴史資料なども所管していたが，現在それらは別部署に移管され，資料館では原本は扱っていない。

資料館の管理運営は博物館情報課という部署が担当している。博物館情報課は情報管理室と情報資料室の２室で構成され，前者は博物館全体のシステム構築や資料のデジタル化・デジタルコンテンツ管理を担い，後者がいわゆる図書館部門を担っている。本節では情報資料室が担当する図書館機能を中心に紹介する。

資料館の役割は，大きく３つあると考えている。
図書等資料の収集，整理，保存，提供は図書館の基本的役割で，それを大前提として，

①博物館の学芸部門の研究員の調査・研究および展覧会，教育普及等の事業の支援
②博物館の活動や研究成果の永続的な保管・公開・提供（普及）
③外部の研究者，一般利用者への資料・情報の提供

の3つである。

②の「成果の公開・普及」とは，博物館としては通常主に展覧会や教育普及活動，そして論文発表等を指すと考えられるが，特別展は時限的であり，特別展図録や紀要類その他東博刊行物を所蔵している図書館も限られている。当館の機関リポジトリは現在準備中であるが，展覧会のエフェメラなど含め，東博の研究や活動の成果を一同に集めて整理し，永続的に内外に向けて公開・提供が可能な施設が資料館であると考えている。歴史研究や周年事業に際しては，過去の刊行物やポスター・チラシ等の印刷物を必要とされることも多く，広い意味でのアーカイブの役割も果たしている。なお，刊行物ではない記録資料などは百五十年史編纂室が収集管理している。

博物館所蔵の図書等の扱いは，大きく博物館の収蔵品（以下，列品），館史資料，資料館の貴重書，一般図書に分かれ，江戸時代以前の和古書は列品としていわゆるミュージアム部門（博物館），館史資料はアーカイブズ部門（百五十年史編纂室），それ以外はライブラリー部門（資料館）がそれぞれ管理している。

列品や館史資料は，資料館で原本を閲覧することはできないが，媒体変換事業と変換した資料の閲覧提供を博物館情報課で担っている。マイクロフィルムは資料館内で閲覧することが可能であり，デジタル化された資料はデジタルライブラリー[12]でウェブ公開している。

資料館の蔵書は，博物館が創設以来収集・保管してきた写真・図書などの学術資料を中心としている。

図書資料は，主題分野を中心に，和・漢・洋書，展覧会カタログ，埋蔵文化財の発掘調査報告書などの図書約27万冊，雑誌約7千タイトルを所蔵している（2021年12月現在）。貴重書としている資料は

図5-4 「シーボルト旧蔵本」棚

主に初期からの博物館活動に必要とされた博覧会関連の資料や洋書・漢籍であり，来歴を示す蔵書印含め，その蔵書群そのものが博物館の歴史の証左の一つでもある。コレクションの一例としては，シーボルトが2度目の来日の際に将来した洋書があり，「「シーボルト旧蔵本」デジタルアーカイブ」[13]として公開もしている（図5-4）。

写真資料は，文化財の記録手段として写真技術が明治初期に取り入れられて以来，調査の記録，展覧会の開催，刊行物の作成など博物館活動のための写真撮影を継続的に行ってきた記録資料でもある。当館の館蔵品だけでなく国内他機関所蔵の文化財の写真資料も多数蓄積し，現在写真原板およびデジタル画像約41万件を収蔵し

図 5-5　写真カード

ている。なかには写真史上著名な写真家が撮影した作品や，すでに焼失してしまった文化財の写真なども含まれているため，たいへん貴重である。

写真原板等の管理や画像データベース（以下，データベースは DB と表記）構築は当室の担当ではないが，焼付写真を貼付した写真カード約 28 万枚を閲覧室のキャビネットに配架し，自由に閲覧できるようにしている（図 5-5）。アナログの画像 DB であり，出版物や展覧会，調査研究にと，今でも活用されている。ほとんどはデジタル化もされており，当館の館蔵品はウェブで公開しているが，ウェブでは公開していない画像も資料館内の閲覧端末で閲覧可能である。

資料館では資料貸出は行っていないが，閲覧，画像検索，複写，レファレンスサービス，国立国会図書館デジタル化資料送信サービスや ILL による文献複写を行っている。画像利用サービスの手続きについては，現在は株式会社DNPアートコミュニケーションズと提携し，TNMイメージアーカイブとして行っている。

開館日は博物館の展示施設とは異なり，月曜日を含む平日に開館し，土日祝日および月末は休館日である。通常は利用資格を問わず，予約も不要で，特別展を見た帰りにふらりと立ち寄ることも可能であるが，新型コロナウイルス感染症対策の必要がある期間は開館時間含めて運用が異なり，室内の密を避けるために予約制とした。

5.2.3　内部のMLA連携事例――資料館の立場から

資料館の活動はどの事業もMLA連携は欠かせないが，本稿では特別展関連，資料収集，レファレンス，資料保存について紹介する。

特別展関連はわかりやすい事例の一つであろう。準備期間の研究員への資料提供や他館への紹介状作成，また展示用に貴重書を貸し出すこともある。当室も，特別展開催時には資料館内に関連図書コーナーを設置し，リストをウェブや展示会場で配布するため，その準備をする。展示を見て展示品や歴史背景等をもっと詳しく知りたいという来館者のニーズに応えるためであり，さらに資料館利用のためだけに来館した利用者に特別展についての興味をもっていただく広報的な側面もある。基本的には蔵書の中から選定しているが，事前に内部で情報共有されている図録原稿用の参考文献目録データを参照して，蔵書として必要と判断した未所蔵資料はできるだけ購入している。また図録は登録・装備を済ませた資料の提供が特別展初日に間に合うよう，事前に納入される。ただ図録は展覧会期間中に改訂や増刷の際の多少の修正が入ることもある。自館特別展の図録もポスターも東博の活動記録の一つであり，特別展の本家本元である館の図書館としては，より正確な情報が載っている最新版を後世に残し伝えたいため，近年では巡回含めた特別展終了の都度，増刷時の修正や改訂の有無を関係部署に問い合わせて入手するようにしている。修正は正誤表のみの場合もあるが，最新版が入手できても，初版も比較できるよう残している。

資料収集は，当館刊行物は発行した各部署からの提供，研究員からの寄贈や外部出版物への執筆情報，特に入手の難しい灰色文献や海外出版物などは内部からの協力が貴重な収書の一助となっている。また，列品を貸与した他館の展覧会図録は貸与担当部署から寄贈され，列品の画像利用による出版物の納本の割合も大きい。そうして入手した多くの資料は列品の関連文献であり，また博物館や館所属研究員の活動の成果物でもある。

レファレンスは，東博の歴史や収蔵品（列品），展覧会，蔵書の来歴に関する質問も多い。M・A それぞれが作成する DB を活用するとともに，館内 DB 上で列品情報と文献情報との紐づけを行っている。図書検索システム（OPAC）[14] には列品番号を入力して列品掲載文献を検索できるようにしており，収蔵品管理システムには該当列品が掲載されている文献情報を提供して「文献歴」として表示し，OPAC の書誌・所在情報にアクセスしやすいようにリンクも張っている（図 5-6）。収蔵品管理システムの詳細は後節に譲るが，作品自体の情報のほか，当館への来歴や展覧会の出品履歴，修復履歴等も載っているため，重要なレファレンス・ツールとなっている。列品と紐づけている文献情報は，まだ列品画像が掲載されている刊行物中心で，遡及分は当館刊行物（図録や紀要，調査報告書など）が中心である。新着資料は受入登録時に入力し，既蔵分は別途遡及調査し入力している。手間も予算もかかる作業ではあるが，資料館のレファレンスにも研究員の調査研究にもたいへん有用であるため，遡

図 5-6　列品番号 A-1637 で検索した OPAC 検索結果画面

及分も継続し，順次収録範囲を広げてゆく予定である。

列品に限らず，資料館で管理している図書についても来歴の問い合わせがある。図書資料に押された蔵書印は現物から直接確認できるが，入手経緯などは館の記録史料が重要な手がかりとなる。現在貴重書扱いの資料を中心に OPAC では印記からも検索できるようにしており，判明した範囲で非公開の業務用データには入手経緯も入力しているが，一般図書扱いの資料は来歴情報未入力が多く，古い記録を改めて紐解くことも少なくない。入手時期や経緯により，資料館で保管している古い図書受入台帳と，内部職員向けの列品記載簿や旧台帳などの DB を併用して入手記録をたどっている。

DB 不記載の列品情報などは人的連携に頼る。資料館で受けた列品や歴史に関する質問内容がより専門的な場合は，資料館で調査可能な範囲で一通り調査した後，担当室の研究員や百五十年史編纂室に照会し，回答内容の確認などの協力を得ている。研究員も多忙の中でも迅速な回答も多く，より正確で専門的な知識や資料にもとづいた回答を提供することが可能となる。

また前述したように，列品扱いとなった和古書や歴史資料，記録史料は資料館で原本の閲覧はできないが，問い合わせは多い。マイクロフィルム化されたデータは資料館内で閲覧可能であり，またデジタル化された資料はデジタルライブラリーでウェブ公開しているので紹介しているが，マイクロフィルム化もデジタル化もされていない資料についての問い合わせがあった際は，列品管理課等に相談し，資料の状態や閲覧希望期限など条件が合う場合には新たなデジタル化資料として追加される場合もある。

資料保存については，図書資料も 100 年後，と言わず，博物館とともにずっとあるならば 1000 年後も伝える可能性を考慮して管理している。現時点では重要な課題である閲覧と保存の両立は，将来的にはすべてデジタル化されて課題では無くなっているかもしれないが，それでも原本には原本でしか検証できない情報が存在し，物理的に保存する価値があると考えている。長期保存を視野に置いて管理することについては，国宝や重要文化財を多数所蔵する博物館であるため，信頼できる専門部署の存在はたいへん大きい。利用方法が列品と異なるため，資料の装備や保管方法・取り扱いルールは異なるが，保存環境の改善含め，資料保存や修復の方法，外部の専門業者，保存修復用具など，さまざまな事柄を相談し，専門家の立場から助言・支援を得られる。内部での資料館の資料修復や燻蒸の機会は限られているが，時代により変わる資料保存の考え方や技術・製品は，その時点で最新・最善の方法を情報共有しながら選択できるのである。

5.2.4　課題

上述のように恵まれている部分も多々あるが，課題も山積している。

連携促進のためにも，予算・人員不足，書庫スペース不足，館内MLA間の情報共有不足，感染症対策と非来館サービスの検討は現在の大きな課題である。

まずは，多くの館も同様と思われるが，予算と人員の不足である。資料購入もデータ入力もデジタル化も進捗の程度，すべての事業が予算と人員に比例する。独立行政法人化して予算も自己収入に左右されるため，長期的な計画を立てていても予算が確保できず，途中で事業を休止することも少なくない。列品と文献情報の紐づけ作業も，MLA連携のもと進めている資料のデジタル化・DB化やリポジトリも予算・人員不足のため思うように捗らない。遠方からの東博刊行物の複写依頼などは，リポジトリで公開していれば不要になるため，資料館としても早期のリポジトリ公開を望むところではある。その他予算をかけない工夫も限度はあり，予算が復活した際には速やかに実施できるよう計画・準備を進めるのみである。

建物については，本稿執筆時点で設立から約40年経ち，建物の老朽化と書庫スペース不足は喫緊の課題となっているが，書庫はスペース以外にも課題を多数抱えている。資料館設立以来，書庫増設や資料館内の他用途の室を転用して，現在書庫は10庫を超えている。外部利用者の入庫は認めていないが，当館の研究員は立入り可能であり，資料も館内限定ではあるが貸出もしている。当然，OPACでは配架場所も表示されているが，スペース不足で別置している資料も多く，スタッフの助けを借りないと探せない資料もある。

館内 MLA 間の情報共有のしくみは DB 含めて館内システムにだいぶ構築されてきているものの，運用面や内容により，まだまだ属人的な側面がある。具体例を挙げるならば，研究成果による列品の情報更新，成果資料の発行情報の共有と提供，各部署保存のエフェメーラ保管情報などがその一例である。研究成果による列品の情報更新については，現在列品情報と文献情報を紐づける作業の過程で，収蔵品管理システムと刊行物の記載情報とを照合しながら進めているが，情報の相違も散見される。担当研究員に確認すると，刊行物が正しく，収蔵品管理システムの情報が更新されていないというケースも少なくない。収蔵品管理システムの情報更新は担当研究員対応のため，当室でできるのは確認と変更依頼までである。

資料と資料情報の収集も，館内の協力もあるとはいえ，限定的で網羅は難しい。担当者が異動すれば情報共有が途絶えてしまうことも少なくない。館の印刷物は各部署に発行時に一定部数資料館への提供を依頼しているが，人事異動の季節は確認が必要である。また研究員個人の成果については館内 DB 等でもある程度情報を得られるが，館外活動を網羅することは難しく，どのように情報を得るか模索中である。

エフェメラは，本節では東博の展覧会やイベントのポスター・チラシ・無料観覧券のほか，展示会場で配布した印刷物等をいうが，資料館では途中から収集を開始したため，過去分からすべて揃っているわけではない。また一部資料は整理方法を検討中のため，所蔵情報を公開しておらず，他部署が確認することは難しい。エフェメラは館内複数部署で不揃いな状態で保管していると推察されるが，情報共有はされていない。資料館としても未登録資料の情報をどのように館内に共有するかは課題であり検討中だが，資料館だけでなく他部署の保管状況もわかる仕組みの検討は必要と思われる。

感染症対策と非来館サービスへの取り組みについて，新型コロナウイルス感染症の拡大により臨時休館や移動制限期間を経て，今後の大きな課題の一つである。感染症対策を取りながらの開館は，MとLは機能が異なるため，共有可能な部分と不可能な部分がある。Mは日本博物館協会やICOMの，Lは日本図書館協会やIFLAのガイドラインに準じている。開館曜日が異なることもあるが，同じ構内にありながら時に情報共有や調整が不足して，Mの対策の公表直前に慌てて資料館も対策を講じたこともある。非来館で可能なサービスなども，資料館としてはMの取り組みを横目で見つつ，著作権法の動向や所有権なども考慮しながら検討中である。

いずれにしても，館内MLA連携がサービスに大きく貢献している一方で，情報共有不足もまた大きな課題である。

5.3　東京国立博物館百五十年史編纂事業に関わる活動と情報連携事例

5.3.1　東京国立博物館百五十年史編纂室について

東京国立博物館百五十年史編纂室（以下，百五十年史編纂室）は，2022年度の博物館創立150周年記念事業の一つとして，『東京国立博物館百五十年史』を刊行すること受け，2015年度に発足した（図5-7）。

百五十年史編纂室は，編纂事業とともに博物館内の機関アーカイブズとしての役割を担っている。すなわち，館史関係資料や業務文書・刊行物などを館史編纂の基礎的資料として収集し，周年事業や

図 5-7　百五十年史編纂室入口表札

他の館内事業にも有効に活用できるよう，東京国立博物館の多種多様な資料群を集約する位置づけとなる。そして，博物館情報課と連携しながら情報提供・公開を行い，館内の閲覧・調査依頼等に応じつつ，研究活動の向上を図っている。

ここではミュージアムの中の情報連携の一事例として，内部的な機関アーカイブズとしての百五十年史編纂室の活動概要や課題について報告したい。

5.3.2　百五十年史編纂室の活動

百五十年史編纂室の主な業務を簡潔にまとめると，

①資料の収集・受け入れ

②資料の調査

③資料の整理・分類

④資料の保存措置（デジタル化）

⑤資料の公開・提供

の5つとなると考える。館史編纂に向けて博物館の活動記録を保管し，情報を提供するため，資料の収集・調査を進め，目録を作成し，保存措置を継続的に講じている。

実際の業務内容について，これまでの活動にふれながら述べていきたい。

創立150周年記念事業に向けての館史関係資料や業務文書などの収集・調査は，調査研究課において2012年度より始まった。利用の便宜に供するため，収集資料の目録作成も行っている[15]。この成果を引き継ぎ「百五十年史編纂資料」の目録とし，番号と対応させるための付箋（目録番号を記載したインデックス）挿入，混在する刊行物の抜き出しなどの整理，ホチキス・クリップ留め外し，中性紙箱への入れ替えなどの措置も進めた。目録については，受入日を資料の大番号とし，以下，資料タイトル，作成部署，移管部署，員数，年代，数量，配架位置といった情報を掲載している。

図5-8　『東京国立博物館百年史』［本編］［資料編］（東京国立博物館編，1973）

また2015年度より，『東京国立博物館百年史』（1973）（図5-8）編纂の際に用いられた資料・原稿類のPDF化も実施している。「百年史編纂資料」として保管しているこれらの資料は，原資料だけでなく，ホチキス・クリップ留めの複写物や感熱紙等の脆弱資料が多く含まれる。そのため，内容確認を行いながら目録作成とPDFデータでの保存を進めている。

博物館の活動記録を伝える出版・刊行物についてはPDF化を進め（『新収品目録』『年報』『概要』『国立博物館ニュース』『東京国立博物館百年史』『図版目録』など），次のような活動記録ついてはリストを作成している（表5-1）[16]。

表5-1　本館展示

本館	昭和8年3月以前	昭和8年3月	昭和8年5月	昭和8年6月	昭和8年7月24日	昭和8年7月29日	昭和9年4月
1F	墳墓　上古	墳墓　上古	考古	考古	考古	考古	考古
	宗教	宗教	宗教	宗教	宗教	宗教	宗教
	服飾・家什	服飾・家什	服飾	服飾	服飾	服飾	服飾
	兵戒	兵戒	兵戒	武具	兵戒	武具	兵戒
	兵戒	兵戒	兵戒	武具	兵戒	武具	兵戒
	外国	外国（考古的資料）	参考品	参考品	参考品	参考品	金属玉石
	外国	外国（歴史的資料）	参考品	参考品	参考品	参考品	甲角木竹
	金属玉石甲角木竹	金属玉石甲角木竹	金属玉石甲角木竹	金属玉石甲角木竹	金属玉石甲角木竹	金属玉石甲角木竹	陶瓷
	陶瓷	陶瓷	陶瓷	陶瓷	陶瓷	陶瓷	彫刻
	陶瓷	陶瓷	陶瓷	陶瓷	陶瓷	陶瓷	彫刻
	正倉院	特別陳列	特別陳列	特別陳列	特別陳列	特別陳列	特別陳列
	特別陳列	特別陳列	特別陳列	特別陳列	特別陳列	特別陳列	特別陳列
	—（大陳列室）	—（大陳列室）	—（大陳列室）	—（大陳列室）	—（大陳列室）	—（大陳列室）	彫刻
2F	絵画	絵画	絵画	絵画	絵画	絵画	書蹟
	絵画	絵画	絵画	絵画	絵画	絵画	書蹟
	絵画	絵画	絵画	絵画	絵画	絵画	絵画
	絵画	建築	絵画	絵画	絵画	絵画	絵画
	漆器	漆器	漆器	漆器	漆器	漆器	漆器
	染織	染織	染色	染色	染色	染色	染色
	建築	彫刻	彫刻	彫刻	彫刻	彫刻	絵画
	彫刻	彫刻	彫刻	彫刻	彫刻	彫刻	絵画
	彫刻	絵画	彫刻	彫刻	彫刻	彫刻	絵画
	彫刻	絵画	絵画	絵画	絵画	絵画	絵画
	書蹟	書蹟	書蹟	書蹟	書蹟	書蹟	特別陳列
	特別陳列	特別陳列	特別陳列	特別陳列	特別陳列	特別陳列	特別陳列
出典	館資889「浅田参事殿へ總長ヨリノ希望案」（1933.3.10）昭和4年4月8日時点の図面か。	館資889「浅田参事殿へ總長ヨリノ希望案」（1933.3.10）昭和4年4月11日時点での図面か。鉛筆で修正。	館資889「決議第八号　臨時帝室博物館施設調査委員会　第二部第三回委員会議事要項」（1933.5.8）付属図面。昭和4年5月23日以降の図面と思われる。	館資889「臨時帝室博物館施設調査委員会議事要項」（1933.6.29）	館資889「臨時帝室博物館施設調査委員会」（1933.7.24）	館資889「臨時帝室博物館施設調査委員会」（1933.7.29）	館資889「帝室博物館制（主査案）中追加」（1934.9.4未定稿）

室変遷（部分）

昭和9年5月	昭和12年7月	昭和13年		昭和13年	昭和14年	昭和22年		昭和27年	昭和30年
考古	考古遺物	1	考古	考古	考古	1	考古	考古	考古
宗教	祭祀具	2	宗教	考古	考古	2	考古	考古	—
服飾	服飾	3	服飾	染織	染織	3	染織	染織	染織
兵戒	染織	4	染織	染織	染織	4	染織	染織	染織
兵戒	調度	5	調度	金工	金工	5	金工	金工	金工
金属玉石	武具	6	武具	金工	金工	6	金工	金工	金工
甲角木竹	武具	7	刀剣	金工	金工	7	刀剣	刀剣	刀剣
陶瓷	陶磁	8	陶磁	陶磁	陶磁	8	陶器	陶器	陶磁
陶瓷	彫刻	9	彫刻	彫刻	彫刻	9	彫刻	彫刻	彫刻
彫刻	彫刻	10	彫刻	彫刻	彫刻	10	彫刻	彫刻	彫刻
特別陳列		特1				特1	特別展観	特別展観	—
参考品		特2				特2	特別展観	特別展観	—
彫刻	彫刻	特5	彫刻			特5	特別展観	特別展観	彫刻
書蹟	絵画	11	絵画	絵画	絵画	11	絵画	絵画	絵画
書蹟	絵画	12	絵画	絵画	絵画	12	絵画	絵画	絵画
絵画	絵画	13	絵画	絵画	絵画	13	絵画	絵画	絵画
絵画	金工	14	金工	絵画	絵画	14	絵画（浮世絵）	絵画（浮世絵）	絵画（浮世絵）
漆器	金工	15	金工	漆工	漆工	15	漆工	漆工	漆工
漆器	漆工	16	漆工	漆工	漆工	16	漆工	漆工	漆工
絵画	漆工	17	漆工	漆工	漆工	17	漆工	絵画	漆工
絵画	絵画（摸本）	18	絵画	絵画	絵画	18	絵画	絵画	絵画
絵画	絵画（版画）	19	絵画	書跡	書跡	19	書跡	書跡	書跡
絵画	書跡	20	書跡	書跡	書跡	20	書跡	書跡	書跡
特別陳列		特3				特3	特別展観	特別展観	—
特別陳列		特4				特4	特別展観	特別展観	—
館資890「臨時帝室博物館施設調査委員会未了事項調」（1934.5.29）	館資880『復興造営工事実施設計』のうち「陳列品ノ区分ト陳列室割」（1937.7.1）	館資887『開館準備に関する書類』帝室博物館　編『東京帝室博物館復興開館陳列案内』東京帝室博物館（1938）		『東京国立博物館略史』（1952）P36 ※どの時点の配列か不明。変更後の配列	『東京国立博物館百年史』（1973）P538	『東京国立博物館略史』（1952）P61・62 ※昭和22年の配置かどうか明記されていないが，22年の記述の頁に記載されている。		『東京国立博物館案内』（1952）	「TOKYO NATIONAL MUSEUM JAPAN」（1955）英語版パンフレット

▒＝展示室名変更箇所

・組織変遷
・幹部変遷
・施設変遷
・本館展示室変遷
・展覧会・入館者数一覧
・行幸啓一覧
・教育普及年表
・出版物発行年表

数十年前，数百年前の資料となると，組織や施設の変遷，業務についてたどることはなかなか容易ではない。一覧にすることで全体の構造や流れがみえてくることも多いため，活用頻度が高い。

収集資料から作成した目録やリスト，画像データは随時更新しており，館内の業務用パソコンにていつでも閲覧ができる。

なお，百五十年史編纂室の年度ごとの業務状況や主な成果については，室長が『東京国立博物館年報』に報告しており，東京国立博物館ウェブサイトで公開されている[17]。

5.3.3 百五十年史編纂室の保管資料と活用状況

博物館内の機関アーカイブズとして，百五十年史編纂室では次に挙げるような資料を保管し，閲覧申請のあった職員に予約制で資料を公開している。

（1）館史資料

東京国立博物館で所蔵する公文書で，『列品録』『重要雑録』『土地建物録』『動物録』『埋蔵物録』『例規録』『展覧会録』『東京帝室博物館美術品台帳』などから成り（図5-9），『東京国立博物館百年史』

図5-9　館史資料

編纂以前に収集された。これらは博物館の草創期から1945年代までのもので，以前よりマイクロフィルム化されて資料館内でも公開されている。また，2014～2017年度には「博物館における文化財の情報資源化に関する研究」（科学研究費助成事業　研究代表者：高橋裕次）によって，博物館が収集した文化財と関連する図書・文書などを整理・分類，分析し，データとして取り込み，相互利用が可能となるよう情報資源化が進められた。その際，「館史資料」として登録されていた2,046件（2017年度現在）の資料のデジタル化がほぼ終了している[18]。研究成果としてデジタル化された「館史資料」は，百五十年史編纂室と博物館情報課などで共有しており，各種業務や事業に活用されている。

（2）百年史編纂資料

『東京国立博物館百年史』（1973）編纂の際に用いられた文献資料・原稿類など，現状278件の資料。1975年代以降に38箱に整理され，その状態が都度点検されながら維持されてきた。箱の側面に

図 5-10　百年史資料が収納された箱

は，収納された各資料のリストが貼付されている（図 5-10）。資料名の周辺には「登録」との鉛筆での書き込みがあるものが多く，これらの編纂資料が「館史資料」に登録されたことが知られる。

『東京国立博物館百年史』は，日本の博物館史や美術史，歴史学などを研究するうえで欠かせない文献となるとともに，日本近代史研究にとっても基本文献となってきている。箱番号の後半部には原稿類も含まれており，一次資料としての保存意義も高い。百五十年史編纂の資料として活用すべく，2015 年度より目録作成と PDF 化，中性紙封筒への収納も継続して進めている。箱に収められた各種資料は，さまざまな目的の個別閲覧・調査にも利用されている。

（3）百五十年史編纂資料

2012 年度以降に収集した業務文書や館内刊行物など，博物館内で保管されていた多岐にわたる資料類の整理・分類を進めている。形式・形状は問わず，編纂資料として活用価値のある資料を特定し，随時受け入れている。収集資料の内容の目安については，作成者・

作成元が明記されていることを原則として，下記のようにまとめている。

・組織の法規
・各種会議記録（運営会議，合同会議，鑑査会議，部課長会議等）
・各種委員会
・土地，施設
・予算，決算
・職員，人事
・列品の収集（購入・寄贈）
・列品の修理
・列品の貸与，特別観覧
・総合文化展（常設展）
・特別展
・調査研究
・出版
・広報
・教育普及
・ボランティア，友の会
・展示以外のイベント
・外部委託事業

資料は現状10,049件で，「運営」「会計」「人事」「学芸」「個人資料」などのカテゴリーに大別して配架している（図5-11)。各資料の作成時期，保管状況を考慮したうえで，資料群としてのまとまりを尊重しながら配架を検討した。個別の閲覧・調査のほか，各種事業にも有効に活用されている。

図5-11　百五十年史編纂資料の収納・配架状況

（4）館史関係写真資料

博物館の草創期以来，撮影されてきた記録写真。「職員集合写真」「浅草文庫」「湯島大成殿」「内山下町博物館」「博物館表門」「旧本館」「本館・表慶館」「博物館陳列室」「地震・台風等の被災記録」など，博物館の歴史や活動が目に見える貴重な記録であり，研究資源としての活用の可能性もある。現状1,068件の写真資料が中性紙箱に保存されている。形状については，台紙に貼付されたもの，アルバムに収められたもの，ネガフィルムなどさまざまである。データ化と併せて目録作成を進めており，周年事業などに有効に活用されている。

5.3.4　内包的MLA連携事例 —— 編纂事業に向けた博物館活動記録の情報資源化という観点から

百五十年史編纂室の活動として，資料の目録作成とデータ化が一連の業務の柱の一つとして挙げられるが，近年は科学研究費での博物館研究員の成果が共有され，学術研究と博物館業務との連携も行われている。「館史資料」については，デジタル化したデータが館内で共有され，各部署の業務や個別の調査研究になどに活用されている。マイクロフィルム化されたものについては資料館内で閲覧可能であるが，主要な資料の目次のデータベースも作成されたことで，調査研究だけでなく，業務の利便性も向上している。博物館の活動記録資料を文化財の活用という観点から捉えたことで，相互利用や連携が果たされた。

また，保管資料の「館史資料」「百五十年史編纂資料」「百年史編纂資料」の目録については，エクセルファイルにまとめ，博物館内部（資料館も含む）で情報共有できる「サイボウズガルーン」上にて2015年度より公開している。在宅勤務用のPC端末環境を整備したことによって，博物館内だけでなく在宅勤務時（館外）でもアクセスでき，各種調査に発展的な利用が可能になった。このような連携のなかで，館内職員の各種問い合わせに随時対応し，資料検索や閲覧・調査，資料提供などの調査研究支援を実施している。

5.3.5　課題

博物館活動の記録化は，博物館の職員にとって必要不可欠な記録の蓄積となる。館史編纂に向けた業務のなか，多岐にわたる記録を蓄積していくと，資料の保管（保管場所の確保），利用者の利便性（目録化・情報公開・連携）などからみて，考えられる課題がいくつかある。

書架のスペースが限られているため，資料（図書・カタログ・刊行物など）の整理とデジタル化を進め，資料館蔵書との関連づけを行うことで一元的な管理が可能な資料がある。また，資料や複写物が重複して保管されているので，資料館蔵書との重複資料の確認作業を進め，同一資料であれば廃棄を検討したいところである。そして，利用頻度が高い資料についての一括保存についても検討の余地がある。例えば，リリース，フライヤー，ポスター，チケット，出品リスト等の広報資料は，「広報」「学芸」「ポスター」と別コーナーに分けて保管されている。収納されていない資料については補いあえるものの，重複資料も多い。デジタル化を進めて，一覧できるかたちにすると活用しやすく，利便性が高まるだろう。

また，収集資料のなかには個人情報を含むものもある。資料の閲覧に際して利用制限を要するので，文書をコピーしたうえで黒塗りする，あるいは紙などで覆うなど，その部分をマスキングしたうえで利用に供する必要がある（目録には個人情報記載について注記している）[19]。

資料の後世への継承という点では，百五十年史編纂に使用した資料も「百年史編纂資料」と同じく，登録に値するものは「館史資料」へ登録していくことが望ましいと思われる。選別基準を設け，登録に値しない資料については廃棄について検討したいところである。とはいえ，館内のMLA間の情報共有が不足しているのが現状である。これらの蓄積された資料が，博物館活動を支えるべくアーカイブズ資料としての役割を果たすよう，情報資源化の観点から三者がより連携して情報共有していくことも大きな課題となるだろう。

5.4　東京国立博物館における情報連携事例から見るミュージアム情報の流通

東博におけるミュージアム・ライブラリならびにミュージアム・

アーカイブズといえる，資料館ならびに百五十年史編纂室の活動と，それぞれの視点からの連携を紹介してきた。ここでは，調査研究，展示や修復などの博物館活動を支える収蔵品情報管理の仕組みを案内し，資料館と百五十年史編纂室で収集・整理されている資料と，その資料に関する資料情報がどのようにつながりMLA連携を成し得ているか紹介する。さらに，博物館で生まれるミュージアム情報が，多様な博物館活動と連動している場面や，外部機関との接続事例についても述べたい。ミュージアム情報は，日々の博物館活動に連動し，更新されていくものである。それゆえ，ミュージアム情報の連携が成立することが到達点ではなく，その連携の中でミュージアム情報がいかに効率的に流通し活用されているかが重要であると考える。よって，このミュージアム情報の流通という視点も交えながら，東博での情報連携事例を案内したい。

5.4.1　ミュージアムにおける情報とその連携

まず，具体的な連携事例に入る前に，改めてミュージアム情報とは何かを整理したい。ミュージアムで発生し取り扱う情報の種類については，本「博物館情報学シリーズ」の第1巻である『ミュージアムの情報資源と目録・カタログ』にまとめられている。冒頭で水嶋英治がミュージアム情報の種類について次のように整理している[20]。

①資料・コレクション情報（object/collection information）
②運営・活動情報（museum activity information）
③経営・財政・人事等のマネジメント情報（museum management information）
④ネットワーク情報資源（network information resources）

これらミュージアム情報の具体的内容についても同書で紹介されているがここでは引用を割愛し，東博での具体的な情報運用を紹介しながらミュージアム情報の内容についてみていきたい。ミュージアムが取り扱う情報の中で最も特徴的であり核となる「資料・コレクション情報」について，東博では「ミュージアム資料情報構造化モデル」[21]を情報記述の基本としている。このモデルは2005年にCIDOC-CRM[22]などの国際標準を参照しつつ，「東京国立博物館 博物館情報処理に関する調査研究プロジェクトチーム」によって検討・作成されたものである。そして，このモデルを採用した収蔵品管理システム「protoDB」が内部開発され[23]，継続的な機能更新を図りつつ運用している。

ミュージアム資料情報構造化モデルでは，資料属性を34項目設定し，4種類の性格に分類している（表5-2)。資料番号や名称といった資料の「識別・特定」に必要となる属性から始まり，品質形状などの「物理的特性」を記述する属性群，そして，「履歴」や「関連・参照」といった資料に関わる博物館活動を記述する性格を有する属性から成る。属性一覧を眺めるとわかるが，前述の「資料・コレクション情報」を中心としつつ，「運営・活動情報」「マネジメント情報」の一部が含まれている。「24 修復」「25 展示」は，博物館の活動に関わる情報を記述する属性項目である。そして，「22 取得」「27 価格評価」「29 権利」は資料を適切な管理下においてマネジメントするために欠かせない情報を記述する属性項目である。水嶋によって整理されたミュージアム情報すべてを網羅しているわけではないが，ミュージアム資料情報構造化モデルは，基本的なミュージアム情報を包括的に取り扱っているものであるとわかる。よって，このモデルを採用しているシステムであるprotoDBが東博

表5-2 「ミュージアム資料情報構造化モデル」における属性一覧

性格		属性名	役割
識別・特定	1	識別子	記述単位を一意に識別する記号，番号
	2	資料番号	組織によって資料に付された記号，番号
	3	名称	資料の名前，呼称，タイトル
	4	分類	資料の分野，種別
	5	用途	民俗・考古資料などで資料が本来持っていた機能
	6	様式	資料が作られているスタイル，流派
物理的特性	7	品質形状	「材質」「技法」「形状」をまとめて記述する。この3つをそれぞれ記述する場合は省略
	8	材質	資料を構成する材料，材質
	9	技法	制作に用いられている技法
	10	形状	資料の形状の類型
	11	員数	資料の数量，点数
	12	計測値	数値で表現できる計測値。寸法や重量
	13	部分	資料の部分，下位の記述単位への参照
	14	保存状態	資料の保存状態
	15	付属品	資料に付属する物品。付属文書や箱
	16	印章·銘記	資料に直接書き込まれた文字や印
履歴	17	制作	資料の制作，成立に関する情報
	18	出土·発見	資料の出土，発見に関する情報
	19	来歴	資料の伝来，所有，使用の歴史
	20	取得	購入，寄贈などにより資料が管理下におかれることになった際の記録
	21	整理·処分	移管，売却，破壊，盗難などにより資料が管理下におかれなくなった際の記録
	22	受入	寄託，借入などにより資料を受入れた際の記録
	23	調査	資料の調査履歴
	24	修復	資料の修復履歴
	25	展示	資料を公開した際の記録
	26	所在	資料が保管されている場所。収蔵庫，貸出先などを含む
	27	価格評価	資料に対する価格評価の履歴
	28	受賞·指定	資料が受けた賞の履歴や文化財指定の履歴
関連・参照	29	権利	所有権，著作権，複製権など権利についての記述
	30	関連資料	他の資料への参照。関連する記述単位への参照も含む
	31	文献	関連する文書，刊行された図書，論文等への参照
	32	画像	写真などの視覚的二次資料
	33	記述ノート	その他の情報についての文章による記述
	34	記述作成	記述の作成者，変更歴など

における ミュージアム情報の基軸であり，各情報をネットワーク化する際の核となっていることも理解いただけるのではないだろうか。

これらミュージアム情報は，日々の博物館業務を通じて追加更新され，充実していく。では，実際に博物館業務の中でprotoDBがどのように活用されているか見ていきたい。protoDBのトップ画面では，「作品」「人物・団体」「地名」「リスト」「平常展」「鑑査会議」「修理」「貸与」「文献」のタブを準備しており，デフォルトでは「作品」タブが開かれ，作品検索ができるかたちになっている（図5-12）。検索対象は，東博所蔵の列品だけではなく，寄託品や古写真，そして図書や館史資料もなども含まれる。

個々の作品情報を閲覧する画面では「簡易表示」と「詳細表示」を準備しており，さらに，protoDBに移行される前の元データや編集履歴を確認することも可能である。「簡易表示」では，名称などの作品基本情報と共に，当館での展示情報，貸与情報，修理情報，会議情報，文献掲載歴情報を閲覧可能である（図5-13）。また，併せて，作品を撮影した画像情報をも閲覧できる。そして，「詳細表示」に移れば，題箋や各種ウェブサイトに掲載している解説文と

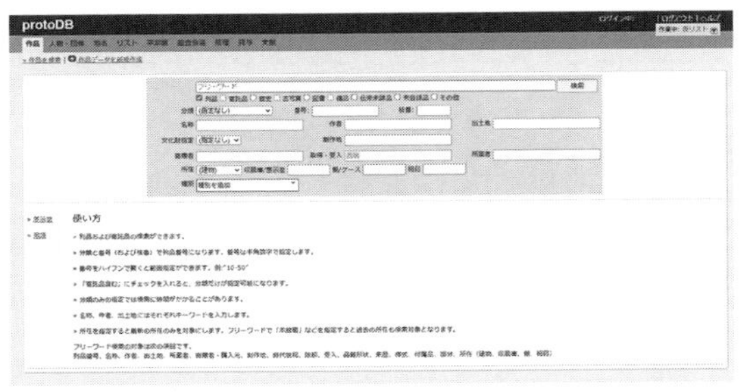

図5-12　portoDB トップ画面

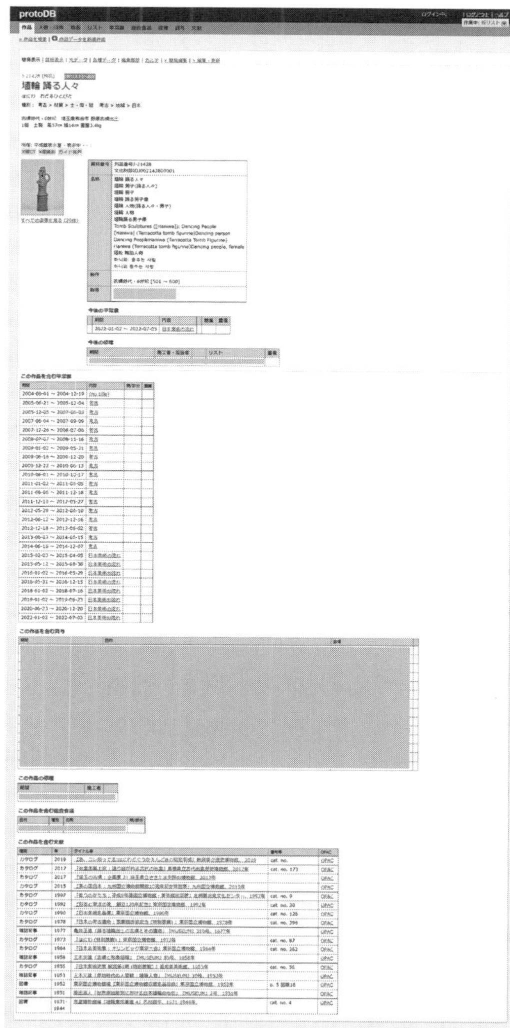

図 5-13　portoDB 作品簡易表示

いった情報も確認することができ，編集権限をもった研究員であれば，その場で記載内容の編集が可能である。

この「作品」タブと同様に，「平常展」タブではこれまでの展示実施内容を閲覧，新たな展示企画の立案が可能となっている。「修理」タブにおいても，これまでの修理内容を閲覧，新たな修理計画の立案が可能となっている。もちろん，「貸与」タブについても同様で，これまでの貸与履歴を閲覧，新規貸与案件の立案ができる。このように，作品が関係する学芸業務の大半をprotoDB上で進めていくことで，各担当がそれぞれに並行して進めている学芸業務であっても，作品情報へそれら学芸業務情報が紐づき，反映集約されることになる。よって，protoDBで作品の履歴や予定を包括的に把握することが可能なのである。

これだけでも作品に関わるかなり広範な情報を扱っているように感じられるかもしれないが，protoDBのみで多様かつ膨大なミュージアム情報すべてを扱えているわけではなく，博物館活動の特性に応じた情報システムがそれぞれに役割を分担している。そして，全体として，protoDBがミュージアム情報の連携軸となり，各種情報システムと連携し，ネットワークを形成している。このシステム同士の連携の形はさまざまであるが，東博内での情報充実を図る「内包的MLA連携」と，館外（他機関）との接続で情報拡大を図る「外接的MLA連携」に大きく分けて連携のかたちを説明していきたい（図5-14　東博における情報連携）。

5.4.2　内包的MLA連携

東博内で運用している各種システムが連携している状態を「内包的MLA連携」（「内なるトライアングル」に相当するもの）と呼んで

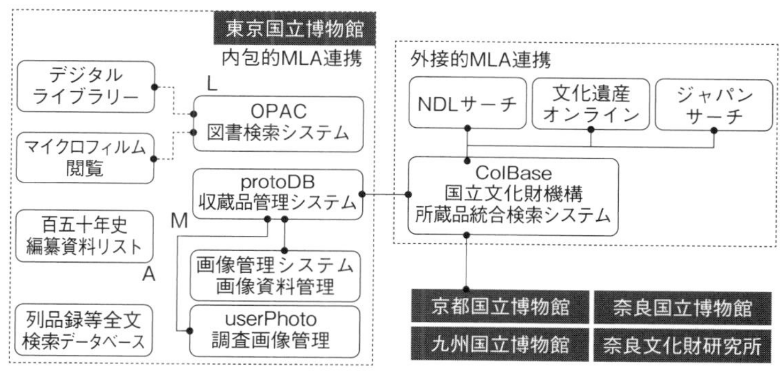

図 5-14　東博における情報連携

みたい。MLA と称しているが，連携しているシステムは取り扱っているデータや業務の特性に応じて分化し整備しているため，MLA のうち，どれに属しているかと判断できないものも多くあることをご承知いただきたい。内包的 MLA 連携は，protoDB が各種システムからの情報を集約していると捉えるとわかりやすい（図5-14 左部分）。

まず，ライブラリ（資料館）との連携をみてみたい。資料館ではOPAC を運用している。そして，展覧会カタログにおける当館所蔵列品の掲載番号（カタログナンバー）も記録しているという特徴をもつ。よって，ある列品情報を閲覧した場合，その列品が掲載された文献一覧が表示される。一方，逆にある文献の情報を見ると，その文献に掲載されている当館列品の一覧を閲覧することも可能になる（図 5-15）。これは，文献情報が各列品に紐づけられていることによってはじめて実現されるものである。この作業は，資料館で行っており，資料館が受け入れた文献に対し，書誌情報を採りOPAC へ登録するという一般的なライブラリ業務に加えて，文献に

図 5-15　protoDB 文献掲載情報

収録されている東博所蔵列品に関わる情報を protoDB に登録するのである。この文献が，展覧会カタログであった場合，展覧会実施に向けた業務として，protoDB に担当研究員が展示もしくは貸与の企画案を作成する。そうすると，protoDB 上に「平常展」もしくは「貸与」の記録として登録・保存される。その後，展覧会カタログが刊行されれば，掲載情報がライブラリ業務として protoDB に「文献」として登録・保存される。この結果，protoDB において「平常展」もしくは「貸与」の記録と，「文献」の記録を同時に見ることが可能になる。より具体的なライブラリ業務の場面を想定すると，とある展覧会カタログに列品が掲載されているかどうかは，protoDB

の「貸与」情報を見れば判明するので，取りこぼしなどのミスを防ぐことができるうえ，展覧会カタログ内での掲載場所を探す手間も大幅に減る（展覧会カタログの全ページを端から端までくまなく探す必要がない）。もちろん，展覧会に関連した研究員にとっては，自身で入力する必要がないというメリットがある。

次に，アーカイブズ（館史資料等）との連携をみてみたい。東博の列品目録は，これまでに何度も作成されており，それは来歴をたどる貴重な館史資料である。それら資料原本はもちろん紙媒体であるが，記載内容はこれまでにデータベース化されてきている。このデータベース化されてきたデータの一部はprotoDBでは「元データ」として参照できるようになっている。これによって，来歴調査などを進めることが可能となっている。また，これら『列品記載簿』など自身についても，記載内容の全文検索と撮影画像（マイクロフィルム）の閲覧が可能なシステム「列品録等全文検索」が存在しているが，これについては，現状残念ながら，protoDBとのシステム連携が実現していないため，別途利用をしなければならない状況である。

このようなかたちで，それぞれの資料種や業務に適した情報連携を行い，それらで整備された情報が可能な限りシームレスにprotoDBへつながるかたちとなるようにしている。整理と利用の両面からバランス良いシステムをめざし，各種システムをどのように繋げば学芸業務の効率化を図れるかを考えている。東博ではprotoDBという軸を決めて各種システムを内包するかたちを形成している。列品貸借や展示企画といった学芸業務もprotoDBから始まり，その成果が再びprotoDBに還元される仕組みとなっている。現在的な表現をするのであれば，digitalization ではなく digital transformation（DX）

を部分的ながら実現してきたと言えよう。

また，あらゆる業務の場面で取り扱うことになる画像データについて，東博では画像データのみを扱うシステムを別立てで運用している。各業務に関わるシステムで画像を扱う場面があるが，それぞれで画像を管理する機能を保有するのではなく，画像を集中的に取り扱う独立したシステムとの連携で業務実現を図っている。現在，画像を取り扱うシステムとして，「画像管理システム」と「userPhoto」を運用している。これらは共通して撮影画像を取り扱うシステムであるが，取り扱う画像情報の性質が異なる。前者は広く利活用に供するもの，後者は組織内部で利活用するものである。「画像管理システム」で管理している画像は，外部からの利用申請に応じて提供可能な画像を整理しており，その中で利用に関わる手続きならびにその履歴を取り扱っている。これら画像の中には，東博所蔵以外の寄託品や他機関所蔵の作品を撮影したものも多く含まれる。それぞれの画像がどのような目的で撮影され，画像自身の権利はどうなっているのか，利用に際しての許諾の有無なども画像に関するメタデータとして有している。他の所蔵品管理システムをベースとした画像管理では，作品情報の一部として作品撮影画像が登録される場合もあり，画像自身に関する情報が乏しい場合や，画像自身の利用歴などを管理することが困難な場合がある。一方，東博の場合は，所蔵品管理と画像管理が独立しつつ，それぞれに連携するかたちでの運用を行っている。そのため，管理運用するシステム数は増えるものの，機能や役割が明確なシステムであることから業務効率があがっている。そして，この設計思想があることにより，図書検索システム等との連携もとりやすく，内包的 MLA 連携の強化を進めることができている。

5.4.3　外接的 MLA 連携

次に，東博が他機関と連携をとっている「外接的 MLA 連携」について述べたい。ただし，本稿においては所蔵品に関するデータベース連携に焦点を絞り，分野横断的な資料情報検索サービスとの連携を紹介する。

東博では誰もが検索・閲覧できる一般公開向けの館蔵品データベースサイトを有していない。これまでに『東京国立博物館図版目録』等の目録を刊行し，公式ウェブサイトにて「名品ギャラリー」や「画像検索」などにて所蔵品についての情報を提供してきたが，あくまでも部分的なものであったことは否めない。しかし，2017 年 3 月に国立文化財機構に属する 4 つの国立博物館（東京・京都・奈良・九州）の所蔵品を統合的に検索・閲覧できる「ColBase」[24] を公開したことにより，その状況は変化してきた（2020 年には奈良文化財研究所の所蔵品も加わる）。2022 年 4 月現在では，掲載している所蔵品数は約 14 万 4 千件，そのうち 2 万 6 千件で作品撮影画像がついている。1 件の作品に複数枚の画像がついていることもあるので，画像掲載数は約 8 万枚となっている。まだまだ作品画像がなく，所蔵品の基本情報のみしか掲載できていないものも含まれているが，東博所蔵品の全体像がやっとわかるようになってきた。

また同時に，国立文化財機構に属する各施設がそれぞれに整備してきた所蔵品情報を，ColBase では 1 つのメタデータフォーマットに揃えて掲載することができた。ColBase のシステムは，データベースを管理運用するバックエンド部分と，ウェブサイトの機能と表示を提供するフロントエンド部分で構成されている。機構の各施設が使用している所蔵品管理システムはそれぞれであるが，

ColBaseのバックエンドとのシステム連携が図られたことにより，各施設における調査・研究成果によって更新された所蔵品情報が速やかに展開されるようになってきた。加えて，「NDLサーチ」[25]「文化遺産オンライン」[26]「ジャパンサーチ」[27]といった分野横断型のポータルサイトとのシステム連携をColBaseが担うことにより，各施設の収蔵品管理システムの改修を必要とせず，効率的に連携を進めることができるという利点もある[28]。まさにジャパンサーチで「つなぎ役」[29]という言葉で表現された役割をColBaseが担っており，外接的MLA連携の結節点となりつつある（図5-14右部分）。

一方，外接的MLA連携といっても，東博から見るとデータを一方的に提供しているだけになってしまっている感がある。連携により生まれた効果，連携先での利用者からのフィードバックをいかに受けるかについては，まだまだ検討が必要である。ColBaseで提供している作品撮影画像などがどのような場面で利活用されているのか，各種データベースの利用方法や掲載内容についてどのように受け止められているのか。これらを把握できるような仕組みを用意できておらず，今後の課題となっている。

5.4.4 作品をめぐる情報の流通整備

ここまで東博でミュージアム情報がどのようなかたちで接続し，MLA連携を成立させているのかを紹介してきた。それら連携の中で，感じていただきたかったのは，連携のかたちではなく，連携の中でミュージアム情報がどのように流通しているかである。各担当業務の中でどのような情報が作成され，別業務のどのような場面で利用されていくのかを想定し，適切な範囲と経路に沿って情報流通（Information Logistics）を確立することが大事である。

紙媒体における所蔵品台帳は印刷段階で固定化され更新されない場合が多かったのだが，いっそう重要なのは台帳に記載された所蔵品に関わる活動情報が記録され，活用・更新され続けることである。ある列品がこれまでに出陳された展覧会履歴や掲載された文献歴は，内包的MLA連携で実現しているものの，まだ東博内部でしか利用できない状況である。すでに，国立西洋美術館の収蔵品検索では「来歴」「展覧会歴」「文献歴」が公開されている[30]。また，奈良国立博物館の収蔵品データベースでは，一部の収蔵品については文献が示され，さらに蔵書検索（OPAC）へリンクされており，詳しい書誌情報を得ることができる（例：如意輪観音坐像[31]）。これら実施館に比べると東博は，まだ十分にミュージアム情報を内外に適切なかたちで流通させることができているとは言えない。

本稿では紹介できなかったが，公式鑑賞ガイドアプリ「トーハクなび」[32]や公式ウェブサイトの「展示作品リスト」で掲載されている所蔵品の展示状況や解説文は，protoDBとシステム連携を図っており，情報更新が自動化されている。これら以外にも適切な情報流通が成立することによって，効率的かつ魅力的なサービスを生み出せる場面はたくさんあるであろう。今後，ミュージアム情報の充実には，各博物館活動に関わる情報整備に注力できるようにし，関連情報との接続は自動的に機械処理されることが必須であると考える。もちろん，その際，ミュージアム情報が意図しない形で公開されたり，漏洩したりすることの無いよう，適切に処理される仕組みをもっておかねばならない。流水不腐のごとく，ミュージアム情報の流通が促進し，それに伴ってミュージアム自身の活性化ならびにMLA連携の充実が図られていくと信じている。

引用参考文献・注

1：MLA 連携と「作品の「生命誌」」については，アート・アーカイブズの議論の系譜をたどる下記の拙稿を参照されたい。本稿も加筆してのその一部である。水谷長志「アート・アーカイブを再考（レビュー）するということ：「作品の「生命誌」を編む」に与って」『跡見学園女子大学文学部紀要』(58)，2023.

2：水谷長志「極私的 MLA 連携論変遷史試稿」『美術フォーラム 21』(35)，2017.

3：米倉迪夫「美術史の場」平成 9(1997)-12(2000) 年度科学研究費補助金（研究代表者：米倉迪夫）研究成果報告書『日本における美術史学の成立と展開』2001，p.219-220 および島尾新「文化財のドキュメンテーション：作品の「生命誌」」静岡大学情報学部での口頭発表（2001 年 7 月 29 日）.

4：村上華岳「談話　製作は密室の祈り」『畫論』弘文堂書房，1941.『同　新装版』中央公論美術出版，1968.

5：影山幸一.（独)国立美術館理事長 馬渕明子氏に聞く：「法人・国立美術館の野望」―全国の美術館をリードする．アートスケープ．2015-10-15. https://artscape.jp/study/digital-achive/10115413_1958.html,（参照 2023-02-13).

6：川口雅子．日本の美術情報国際発信の夜明け―美術作品や文献をめぐる 3 つのプロジェクト．アートスケープ．2019-01-15．https://artscape.jp/study/digital-achive/10151622_1958.html,（参照 2023-02-13).

7：川口雅子．シリーズ：これからの美術館を考える（10）日本の美術館はコレクション情報をどう扱っていくべきか．美術手帳．2019-04-20．https://bijutsutecho.com/magazine/series/s13/19640,（参照 2023-02-13).

8：東京国立博物館．館の歴史．https://www.tnm.jp/modules/r_free_page/index.php?id=143,（参照 2022-05-26).

9：東京国立博物館．3. 書籍館と浅草文庫　博物館蔵書の基礎．https://www.tnm.jp/modules/r_free_page/index.php?id=146,（参照 2022-05-26).

10：東京国立博物館編『東京国立博物館百年史』［本編］［資料編］東京国立博物館，1973.

11：東京国立博物館．資料館利用案内．https://www.tnm.jp/modules/r_free_page/index.php?id=138,（参照 2022-05-26).

12：東京国立博物館．デジタルライブラリー．https://webarchives.tnm.jp/dlib/,（参照 2022-05-26).

13：東京国立博物館．シーボルト旧蔵本．デジタルアーカイブ．https://webarchives.tnm.jp/infolib/meta_pub/G0000002150406SB,（参照 2022-05-26）．

14：東京国立博物館．資料館図書検索．https://webopac.tnm.jp/,（参照 2022-05-26）．

15：国立文化財機構「自己点検評価報告書個別表」『独立行政法人国立文化財機構年報』平成24年度～26年度にて報告。
https://www.nich.go.jp/wp/wp-content/uploads/2015/11/nenpo2012.pdf, p.308-309,
https://www.nich.go.jp/wp/wp-content/uploads/2015/11/nenpo2013.pdf, p.328-329,
https://www.nich.go.jp/wp/wp-content/uploads/2016/08/nenpo2014.pdf, p.314-315,
（いずれも参照 2022-05-21）．

16：東京国立博物館百五十年史編纂室アソシエイトフェロー（2015～2017年度）三輪紫都香が2016年に作成。

17：国立文化財機構「自己点検評価報告書個別表」『独立行政法人国立文化財機構年報』平成27年度より令和2年度について公開。
https://www.nich.go.jp/wp/wp-content/uploads/2017/01/nenpo2015.pdf, p.241,
https://www.nich.go.jp/wp/wp-content/uploads/2018/01/nenpo2016.pdf, p.278,
（以上，井上洋一室長〔現・奈良国立博物館館長〕）
https://www.nich.go.jp/wp/wp-content/uploads/2019/03/nenpo2017.pdf, p.264,
https://www.nich.go.jp/wp/wp-content/uploads/2020/01/nenpo2018.pdf, p.218,
https://www.nich.go.jp/wp/wp-content/uploads/2021/03/nenpo2019.pdf, p.220,
https://www.nich.go.jp/wp/wp-content/uploads/2021/12/nenpo2020.pdf, p.198,
（以上，恵美千鶴子室長）
（いずれも参照 2022-05-21）．

18：「博物館における文化財の情報資源化に関する研究」（基盤研究（A）（一

般）26242022　研究代表者：高橋裕次）「科学研究費助成事業　研究成果報告書」（2017 年 6 月 18 日現在）。なお，2022 年 5 月現在の館史資料の登録件数は 2,701 件。

19：『逐条解説公文書管理法・施行令』ぎょうせい，2011，p.311-313.

20：水嶋英治・田窪直規編著『ミュージアムの情報資源と目録・カタログ』（博物館情報学シリーズ 1）樹村房，2017，p.13-47.

21：村田良二「『ミュージアム資料情報構造化モデル』の構築」『MUSEUM』（602），2006，p.47-66.

22：CIDOC-CRM．https://cidoc-crm.org,（参照 2022-04-29）.

23：村田良二「文化財情報の構造と組織化について：データベース化の実践をもとに」『東京国立博物館紀要』（52），2016，p.5-108.

24：国立文化財機構所蔵品統合検索システム（ColBase）．https://colbase.nich.go.jp/,（参照 2022-04-29）.

25：国立国会図書館サーチ（NDL Search）．https://iss.ndl.go.jp,（参照 2022-04-29）.

26：文化遺産オンライン．https://bunka.nii.ac.jp,（参照 2022-04-29）.

27：ジャパンサーチ．https://jpsearch.go.jp,（参照 2022-04-29）.

28：村田良二「ColBase とジャパンサーチの連携」『デジタルアーカイブ学会誌』4(4)，2020，p.338-341.

29：ジャパンサーチ．ジャパンサーチの概要．用語について．https://jpsearch.go.jp/about/terms#hd3ix21dxqnka,（参照 2022-04-29）.

30：国立西洋美術館所蔵作品検索．https://collection.nmwa.go.jp/artizeweb/index.php,（参照 2022-04-29）.

31：奈良国立博物館収蔵品データベース．如意輪観音坐像．https://www.narahaku.go.jp/collection/885-0.html,（参照 2022-04-29）.

32：「トーハクなび」について．https://www.tnm.jp/modules/r_free_page/index.php?id=2010,（参照 2022-04-29）.

コラム6　ジャパンサーチでのMLA資料キュレーション

ジャパンサーチ[1]は，日本の幅広い分野のデジタルアーカイブ群と連携し，多種多様なデジタルコンテンツを検索・閲覧・活用できるプラットフォームである。MLAが提供するコンテンツはもちろん，放送番組や行政資料をも含んでおり，これまでにない情報資源の集約拠点といえよう。そのため，収録されている膨大なコンテンツの検索や閲覧に注目が集まりがちであるが，それらコンテンツを活用する「マイノート」や「マイギャラリー」という利用者自身がコンテンツをキュレーションできる機能は画期的であり，見逃せない。本コラムでは，ジャパンサーチの活用に焦点を当てつつ，マイギャラリー／マイノート機能を使用したキュレーション活動を紹介し，MLA資料の相互連携について考えたい。

ジャパンサーチに収録されているMLA資料群

ジャパンサーチは試験版を経て2020年8月25日，正式版公開に至った。正式版公開以降も逐次機能改善が図られると同時に，連携する機関・データベースも増加しており，2022年7月現在，84機関・175データベースが連携し，収録されているメタデータ件数は25,953,446件にのぼる。収録されているコンテンツの分野は，書籍・公文書・文化財・美術・人文学・自然史／理工学・学術資産・放送番組・映画など多岐にわたり，MLAを含む多くの資料所蔵機関が参画している。ジャパンサーチでは，これら広範な資料群のメタデータが整理され，横断的な検索と閲覧をすることができる。

また，各コンテンツの利用条件を整理したうえで，直感的にもわかりやすく提示することで，閲覧だけにとどまらないコンテンツの利活用を促している[2]。各コンテンツ閲覧ページの下部に，“どうやったらこの資料の画像を使えるの？”との誘導があり，それに続いて具体的な利用方法を明記している。例えば，「自由に利用可」「クレジット表記をすれば利用可」「原則として許諾を得る手続きが必要」などである。さらに，「教育」「非商用」「商用」の利用区分については，○×マークを用いて一目で利用可／不可が判断できる。このように利用条件が明示されることによって，利用者は利用目的に応じコンテンツを探すことができる。膨大なコンテンツを検索し閲覧するにとどまらず，発見したコンテンツの活用を意識したプラットフォームであることを象徴している部分であろう。

マイノート／マイギャラリー機能

マイノート／マイギャラリーは，利用者自身が，ジャパンサーチ内で発見したコンテンツを収集し，メモを書き込むなどの編集を行い記録発信できる機能である。その名のとおり，ジャパンサーチに収録されているコンテンツを用いて，自分のノートやギャラリーを作成することができる。さらに，作成したノートとギャラリーは，CSV，JSON，ウェブパーツの 3 形式でエクスポート可能である。CSV 形式では，保存したコンテンツ内容一覧を出力する。Excel などの表計算ソフトウェアで取り扱うことができるファイル形式なので活用が容易である。JSON 形式は，ノートやギャラリーの構成全体を保存しているので，インポート機能を使うことにより，別のノートなどに取り込むことができる。そして，ウェブパーツ形式は既存のウェブページにノートやギャラリーをウェブページの一要素と追記できる。

これらマイノート／マイギャラリー機能を活用することによって，手軽にMLA資料をキュレーションし，記事やウェブ展示を制作・発信できるようになった。

学芸員養成課程や学校教育現場での活用

ジャパンサーチでのキュレーション活動を「博物館情報・メディア論」や「博物館展示論」における演習課題として取り入れる例が増えてきている。テーマに適した資料（コンテンツ）の選択，閲覧者の想定，内容構成と解説の執筆をウェブ展示の制作を通じて学んでいくというものである。「博物館情報・メディア論」では，資料種別によって記述されている情報項目の違いや検索の仕組みなども併せて学ぶことができる。また，「博物館展示論」では，実空間の会場での展覧会を想定した企画案としたり，実展覧会とウェブ展示を組み合わせての活用を検討したりしている。これら事例の一部は，ジャパンサーチウェブサイトの「利活用事例　USE CASE」で紹介されている[3]。

キュレーション活動は学芸員養成の専門性教育の場に限らず，学校教育の場においても適用可能である。平成29・30・31年改訂学習指導要領では，「主体的・対話的で深い学び（アクティブ・ラーニング)」の視点からの授業改善がめざされている[4]。ジャパンサーチに収録されている資料について児童・生徒同士で話し合ってみたり，検索結果で現れた資料と資料の関係性を考えてみたりといった学びのかたちがある。その中でもキュレーション活動は，あるテーマや問いに関する資料を読み取り，自身の中で考察を深めていく力を養っていくのに適している。慶應義塾普通部3年生（中学3年生）の歴史の授業でのキュレーション活動は，「江戸時代を紹介する博物館をつくってみる」をコンセプトとして行われ，生徒たちが制作したギャラリーが公開されている[5]。いずれのギャラリーも興味深い視点でテーマが設定され，多様な資料が展示として挙げられている。また，ウェブ展示として閲覧することを念頭に，年表を活用したり，コンテンツの表示レイアウトを工夫したりするなどの作り込みも素晴らしい。このほか，もちろん博物館・美術館でも一般向けのギャラリー制作イベントや，自館運営ウェブサイトへのギャラリー取り込みなどの活用が可能であり，参考となる解説動画もジャパンサーチ公式チャンネルで配信されている[6,7]。

MLA 資料の相互連携

執筆者自身も都留文科大学の「博物館情報・メディア論」にて，ジャパンサーチを用いたキュレーション活動を演習課題として課してきた。学生達の制作過程を観察したり，話を聞いたりしていると，ジャパンサーチに収録されている情報は部分的であり，実際は収録元のデータベース等に遡り詳細な資料情報を取得して，キュレーションの参考にしていることがわかった。さらに，解説を執筆する際には，採用した資料を取り扱っている書籍・カタログ等を，大学図書館や博物館図書室で探して読んでいることもわかってきた。実際の現場で展示を企画する学芸員と同じ行為を特に指示せずとも行っていることに気づかされた。当たり前のことであるかもしれないが，MLA 資料を統合的に検索できることはあくまでもきっかけに過ぎず，より重要なのは資料同士の関係性を見いだし，一つのキュレーション成果としてつくりあげていくことである。

ジャパンサーチでは MLA 資料を統合的に検索できるものの，資料の相互関係が検索結果に現れることはない。しかし，特に博物館・美術館において言えることであるが，所蔵品の情報には，これまでの展示歴や書籍掲載歴が含まれている。もし，これらの記録がジャパンサーチにも反映されるようになれば，キュレーション活動もいっそう充実したものになることは間違いない。利用者は，ある資料への理解を進める助けとなる書籍情報が紐づいていれば，その書籍を読もうとするであろう。過去の展示歴が紐づいていれば，以前の展示テーマは何だったのか，展示内ではどのような位置づけで扱われたのかといった，展示自体に関心を寄せるであろう。執筆者の在籍する東京国立博物館内で使用している所蔵品管理システムでは，展示歴や書籍掲載歴が紐づいており，所蔵品情報を閲覧すると，名称等の基本情報とともに，それら関連する情報群を把握することができる。しかし，現状では，これら情報の関連性を含めた状態で所蔵品情報を公開し，広く利用できるかたちにはなっていない。

まだまだ多くのMLA機関では資料種別ごとのデータベース（所蔵品データベースと蔵書データベースなど）が独立して運用されているが，ジャパンサーチのような分野横断型の検索が可能なサービスも増えてきている。次の段階は，単に異なる資料種別をまたぐ横断検索ができるだけでなく，MLA資料相互の関連性を有するかたちでの情報提供がめざされるべきではないだろうか。誰もが学びや趣味の中でキュレーション活動を実施し，その活動を通じMLA資料群への関心や理解を深めていくことができるようになってほしい。

引用参考文献・注

1：ジャパンサーチ．https://jpsearch.go.jp，（参照 2022-07-30）．
2：ジャパンサーチ．デジタルコンテンツの二次利用条件表示について．

https://jpsearch.go.jp/policy/available-rights-statements,（参照 2022-07-30）.
3：ジャパンサーチ．利活用事例　USE CASE．https://jpsearch.go.jp/usecase,（参照 2022-07-30）.
4：文部科学省．平成 29・30・31 年改訂学習指導要領（本文，解説）．https://www.mext.go.jp/a_menu/shotou/new-cs/1384661.htm,（参照 2022-07-30）.
5：ジャパンサーチ．慶應義塾普通部プロジェクト．https://jpsearch.go.jp/project/kf_keio,（参照 2022-07-30）.
6：【教育機関・美術館・博物館向け】ジャパンサーチのイベント活用術！．https://www.youtube.com/watch?v=6izl7LGYNHA,（参照 2022-07-30）.
7：【博物館・美術館の学芸員向け】ウェブ展覧会を作ってみよう！．https://www.youtube.com/watch?v=4mT9EYbP38E,（参照 2022-07-30）.

あとがき

2013年6月17日，当時筑波大学図書館情報メディア系にいらっしゃった水嶋英治先生の研究室で初の編集会議が開かれました。第1巻『ミュージアムの情報資源と目録・カタログ』はほぼ順調に2017年の1月早々に刊行されましたが，第8巻になる本書『ミュージアム・ライブラリとミュージアム・アーカイブズ』はとうとう初回の会議から約10年の歳月を経てしまいました。このような大幅な遅延はひとえに本書担当の編者の不手際によるものであります。

一つお詫びしなければならないのは，この書名にかかわらずミュージアムの全般に話を及ぶことが叶わなかったことであります。本書の全5章が美術館（東京国立博物館を含み）に偏ったことも，同じく，ひとえに編者の知縁知見にもとづいて，章構成を再編したからにほかなりません。

ただ，本編の5章にわたる3美術館と1博物館からの報告によります『ミュージアム・ライブラリとミュージアム・アーカイブズ』の内容は，ミュージアムの館種の違いを超えて，十分に応用の利く知恵と実践に富み，参考とされるに足る問題意識に貫かれていることは保証いたします，と自負を持って言えるのであります。

かつて16世紀のコンラート・ゲスナーが『世界書誌（*Bibliotheca universalis*）』をめざしたように，遍く資料へのアクセスを可能にするためには，その書誌的記述の網羅をめざさなければなりません。MoMAのライブラリのクライブ・フィルポットさんが指摘したように（本書 p. 27），それは決して巨大な一館（モノリス，monolith）によって達成完結するのではなく，コレクションの大小にかかわらず，多数の「ミュージアム・ライブラリとミュージアム・アーカイブズ」という部分が連携し，結集することによってのみ達成できることなのだと思います。しかもミュージアムにアーキビストが居ること自体がまだまだ稀なことであるし，いまも多くのミュージアム・ライブラリを支えているのが，ジェーン・ライト（p. 17）と同じワンパーソンのライブラリアンであることを思えば，ミュージアムのライブラリアンであれアーキビストであれ，個々人が部分のまま全体に連結する回路こそ必要であることは重ねて確認しておかなければなりません。

またミュージアムの中のライブラリとアーカイブズがより活性化するためには，ミュージアムの主役たるコレクションやその展示との間に橋を架け，知識と情報の往還が常にこのMLAのトライアングルの中で，血脈のごとくにフレッシュな流れと協働の志向が巡ることの肝要さも，繰り返し確認されるべきであることは，また同じでありましょう。6編のコラムもまたそのことを雄弁かつ多様に語っていませんでしょうか。

美術館から発せられた本書に続けて，さらに歴史・考古・自然科学ほか多様なミュージアムの中のライブラリやアーカイブズの実践と理念が語られる次なる一冊が新たに誕生することを切に願っております。それがまた「ミュージアム・ライブラリとミュージアム・アーカイブズ」のさらなる切磋琢磨につながることでしょう。

2023年3月

編著者　水谷長志

参考図書案内

（さらなる学習のために）

『図書館のしごと：よりよい利用をサポートするために』第2版，国際交流基金関西国際センター，2021.

▶美術館の中には展覧会準備に伴い収集されてきた資料をもとに，将来的に図書室の設置を検討しているところもあるのではないだろうか。しかし，美術館と図書館は社会教育施設という面では共通しているものの，運営方法含めて似て非なるものである。「何から手をつければいいものか……」，そんな方に手に取っていただきたいのが本書である。独立行政法人国際交流基金関西国際センターで「研修に参加する海外の司書，並びに海外で日本語資料を扱う司書が日本の図書館事情や図書館業務に関する知識を得て，業務に役立てる」ことを目的に編まれたものであるが，日本の図書館の仕事を学ぶための入門として，非常に配慮が行き届いた内容となっている。

Bierbaum, Esther Green. *Museum Librarianship*. 2nd Edition. McFarland Publishing, 2000.

▶博物館における図書館と情報サービスの企画・提供のための実用的なガイダンス。蔵書構築，書誌作成，スペースや設備要件，基本的サービス，拡張的サービス，博物館と図書館のパートナーシップ，執筆当時の電子リソースも網羅されている。著者はアイオワ大学図書館情報科学学部の名誉教授。初版は1994年出版，第2版では主に設立時や活性化のため，情報サービスの目標，およびそのようなサービスを達成するためのプロセスに重点を置いたものへとわずかにシフトしている。

Benedetti, Joan M. Ed., *Art Museum Libraries and Librarianship*. Scarecrow Press, 2007.

▶美術館に限らずあらゆる博物館の付属研究図書館を組織・運営するための実用的なガイド。管理，利用者サービス，自動化，セキュリティ，目録作成，スペース計画，蔵書構築，画像資料，エフェメラ，特別コレクション，アーカイブ，資金調達，広報活動，ボランティア，人材教育，ワンパーソンライブラリーなどのトピックを扱う。編著者のBenedettiは美術館・博物館司書としての経験が豊富で，北アメリカ美術図書館協会の活動的メンバーである。各項の課題解決事例執筆は欧米の公立私立・大小さまざまな規模の美術館司書たちによる。

Nelson, Amelia and Timmons, Traci E. Ed., *The new art museum library*, Rowman & Littlefield, 2021.

▶本書は美術図書館学の基礎文献として知られる*Art Museum Libraries and Librarianship*（2007）の後継として，北米美術図書館協会のメンバーを中心に企画・共同執筆された。北米のさまざまな美術図書館の現場の事例や最新動向を伝える20章から構成される。コレクション形成やアウトリーチ活動，スタッフマネジメントやデジタル化等の実践的なトピックが並ぶ。所蔵資料の脱植民地化を論じた章が含まれるなど近年美術図書館を取り巻く社会の変化を反映している点も特徴的である。作家ファイル等エフェメラ資料の取り扱いにも触れられており，美術図書室の幅広い活動の現在形を知ることができる。

Merleau-Ponty, Claire, et al., *Documenter les collections de musées: investigation, inventaire, numérisation et diffusion*, La Documentation française, 2014.

▶『博物館の所蔵品を記録する：調査研究，目録，電子化，普及』というタイトルの本書は，政府刊行物を取り扱う書店「ドキュマンタシオン・フランセーズ」から刊行されている「ミュゼ・モンド」シリーズ（博物館学・文化遺産学をテーマとする書籍シリーズ）の一冊である。オルセー美術館やルーヴル美術館等フランスの主要美術館に勤めるドキュマンタリストや学芸員が執筆者に名を連ね，作品に関する情報資料の収集，管理，デジタル化についてのさまざまな事例を紹介している。「目録と調査研究」「作品とその資料」「所蔵品の情報化」「デジタル化と文化の普及」の4章から成り，特に第2章「作品とその資料」は，フランスの美術館におけるドキュマンタシオンについての理解に役立つ。巻末の参考文献表と用語集も有用である。

岡部あおみ監修『ミュゼオロジー実践篇：ミュージアムの世界へ』武蔵野美術大学出版局，2003.

▶武蔵野美術大学の教員や美術館の現場で働く各分野の専門家が共同で著した，博物館学の教科書的書物である。1章では国内外のミュージアム21館の事例紹介が取り上げられており，2章では教育普及，保存修復，情報論等の専門家が各分野の知識や現状，職能形成について論じている。刊行から約20年経つものの，ドキュマンタシオンやレジストレーション業務にまで言及しながら包括的に美術館の情報資料活動について日本語で書かれている数少ない書籍として，変わらず示唆に富む。

壺阪龍哉ほか『文書と記録：日本のレコード・マネジメントとアーカイブズへの道』樹村房，2018.

▶本書はレコード・マネジメントに関するインタビューや論考がまとめられた専門書である。レコード・マネジメントとは「組織体における記録の作成，保管，利用，最終処置を効率性や全体的な観点から制御するためのマネジメントの一分野」を指す。特に「第7章　文書管理の概念整理と問題提起」では，日々発生する記録・文書を管理するレコード・マネジメントから，評価選別を経て歴史的資料としてアーカイブズへと至るプロセスが簡潔にまとめられており，これらを一連の流れとして把握することの重要性を知ることができる。そのほかにも，普段私たちが整理作業で用いるキャビネットやフォルダーといった用品が生み出された歴史的背景に関する話なども参考になる。

大阪大学アーカイブズ編『アーカイブズとアーキビスト：記録を守り伝える担い手たち』（阪大リーブル 76）大阪大学出版会，2021.

▶ 2020 年度に新設された大阪大学「アーキビスト養成・アーカイブズ学研究コース」の教員が中心となって執筆したアーカイブズ入門書。第一講から第八講で構成し，アーカイブズ学の基本事項，公文書管理に関わる法や制度，公文書管理をめぐる実態を紹介する（第一～六講）ほか，第七講では企業アーカイブズ，第八講ではボーンデジタル記録の管理を扱い，現代的な議論や課題にも触れる。各講の参考文献も充実しており，アーカイブズ機関とアーキビストの仕事について，基礎的かつ総合的な理解を促す一冊である。

下重直樹，湯上良編『アーキビストとしてはたらく：記録が人と社会をつなぐ』山川出版社，2022.

▶アーカイブズという言葉が広まりつつある中，その担い手であるアーキビストの仕事について，私たちはどれくらい知っているだろうか。本書は，知られざるアーキビストの仕事をまとめたガイドブックである。多義的な「アーカイブズ」という言葉に対し，①記録アーカイブズ（業務遂行の過程で個人または組織により作成・収受されて蓄積され，ならびにその持続的価値ゆえに保存された記録），②アーカイブズ施設（アーカイブズを保存し，利用できるようにする建物），③アーカイブズ機関（アーカイブズを選別，取得，保存，提供することに責任をもつ機関またはプログラム）と整理するなど，初学者への配慮も行き届いている。図書館との関わりという点で，「第 4 章　人と資料・情報をつなぐ：図書館情報学から」も読んでおきたい。

Deborah Wythe, Ed., *Museum Archives: An Introduction*. Second Edition, Chicago: Society of American Archivists, 2004.

▶アメリカ・アーキビスト協会（SAA）が公式に発行するミュージアム・アーカイブズ入門書の第 2 版（2004）。「序」「アーカイブの基礎」「アーカイブ・コレクションの管理」「ミュージアム・アーカイブの課題」を主題に，全23章を現場のアーキビストたちが中心となって執筆している。北米におけるその活動の始まりから，処理・保存管理の実践，災害対策，先住民族に関わる資料の取り扱いまで，ミュージアム・アーキビストが直面するさまざまな課題や状況がカバーされ，北米のミュージアム・アーカイブ活動を概観できる。また，40ページ超の「参考資料集（Resource Guide）」が充実しており，主要文献のほか，各館で実際に使用している綱領（ミッション・ステイトメント）や寄贈受入文書の様式サンプルなどが一覧でき，便利。新版刊行も待たれるが，方針や手続きに関わる様式のサンプル等，SAAのミュージアム・アーカイブズ分科会ウェブページから最新版をダウンロードできるものも多数あり，こちらも参考にされたい。

Library of Congress. The Signal (blog, 2011–)
https://blogs.loc.gov/thesignal/

▶図書館界周辺の動向・最新ニュースを知るための国内の情報源としては「カレントアウェアネス-E」（メールマガジン，ISSN 1347-7315）などが知られているが，「The Signal」は米国議会図書館（Library of Congress）が2011年より運営している「デジタル保存（Digital Preservation）」関連情報を提供するブログ（逐次刊行，ISSN 2691-672X）である。世界最大規模を誇る図書館の「デジタル保存」をめぐるテーマは，データの長期保存管理はもちろんのこと，流通や活用をきちんとカバーし，ファイルフォーマット，ウェブアーカイビング，オープンアクセスといった聞き慣れたカテゴリから，データライブラリアンシップ，パーソナルアーカイビングなど，日本ではまだ議論の薄い話題まで，図書館内外の人々のリアルな課題や取り組みを紹介していて，読み物としてもおもしろい。

「アーカイブ立国宣言」編集員会編『アーカイブ立国宣言』ポット出版，2014.

▶デジタルアーカイブが，文化資源全般にわたる記録の蓄積と活用を担うであろうと捉え，議論が重ねられてきた成果を「アーカイブ立国宣言」として示したものである。アーカイブという言葉は，文書の保存・提供を行っている施設ならびに機関を指すアーカイヴズから大きく飛躍し，音楽・映画，放送・脚本，アニメ，マンガ，ゲーム，そして，災害記録をも含む多方面かつ膨大な資料を対象とするようになった。これら，デジタルアーカイブが切り開く新たな可能性と課題が盛り込まれている。

水谷長志編著『MLA 連携の現状・課題・将来』勉誠出版，2010.

▶ 2009 年に開催されたアート・ドキュメンテーション学会創立 20 周年を記念したフォーラムの記録。MLA3 館長（国立文化財機構理事長／京都国立博物館長，国立国会図書館長，国立公文書館長）による記念鼎談の様子が収められている。この鼎談は当時における将来の MLA 連携の在り方を指し示したものであった。また，MLA の現場におけるディスカッションや事例報告も含まれ，MLA の理念から実際までを知ることができる一冊である。同時期に MLA をテーマとした『図書館・博物館・文書館の連携』（勉誠出版，2010）と『つながる図書館・博物館・文書館』（東京大学出版会，2011）も出版されているので，併せて参考としてほしい。

さくいん

あ行

か行

さ行

た行

な行

は行

ま行

や行

ら行

アルファベット

[編著者]

水谷　長志（みずたに・たけし）

金沢大学法文学部，図書館情報大学図書館情報学部卒業
独立行政法人国立美術館本部事務局情報企画室長／東京国立近代美術館企画課情報資料室長（～2018年3月末日）を経て，
現在　跡見学園女子大学文学部教授
主著　『図書館文化史』（勉誠出版，2003）
「極私的MLA連携論変遷史試稿」（『美術フォーラム21 = Bijutsu forum 21』no.35，2017）
Art Libraries and art documentation in Japan, 1986-2012: progress in networking in museums, libraries and archives and the ALC: Art Libraries' Consortium. *Art Libraries Journal* (ARLIS-UK & Eire), vol. 38, no.2, 2013.
『MLA連携の現状・課題・将来』（編著，勉誠出版，2010）

[執筆者]

長名　大地（おさな・たいち）

一橋大学大学院言語社会研究科博士後期課程修了
博士（学術）
現在　東京国立近代美術館企画課主任研究員，情報資料室長
主著　『「言語社会」を想像する：一橋大学言語社会研究科25年の歩み』（共著，小鳥遊書房，2022）
「第二次世界大戦下におけるピエール・マティス画廊の役割：ヨーロッパとアメリカの美術交流を中心に」（『鹿島美術研究：年報別冊』no. 36，2019）
「東京国立近代美術館における図書館業務：美術館と図書館との連携への展望について」（『大学図書館研究』no. 112，2019）

松山ひとみ（まつやま・ひとみ）

アムステルダム大学大学院人文学研究科修士課程修了
MA（Preservation and Presentation of the Moving Image, Media Studies）
現在　認証アーキビスト，大阪中之島美術館アーキビスト（執筆時）
主著　「デジタル・ジレンマの行方」（『NFCニューズレター』127号，2016）
「海外博物館だより 美術関連資料の情報化：ゲッティ研究所での実務研修から」（『博物館研究』vol.55，no.1，2020）

黒澤　美子（くろさわ・よしこ）

東京大学大学院総合文化研究科修士課程修了
修士（学術）
現在　国立西洋美術館学芸課主任研究員，情報資料室長
主著　『挿絵本にみる20世紀フランスとワイン』（石橋財団アーティゾン美術館，2021）

「宇佐美圭司年譜，展覧会歴，文献目録」（『よみがえる画家 宇佐美圭司』東京大学駒場博物館，2021）
「石橋財団アートリサーチセンターライブラリーからの報告：ライブラリーセミナー紹介と美術系オンラインリソースの動向」（『現代の図書館』vol.57，no.3，2019）

山﨑　美和（やまざき・みわ）

図書館情報大学図書館情報学部卒業
現在　東京国立博物館学芸企画部博物館情報課情報資料室長
主著　『日本のアート・ドキュメンテーション-20年の達成：MLA連携の現状，課題，そして将来：予稿集＋資料編』（共著，アート・ドキュメンテーション学会，2009）
「「守り伝える」を支える：東京国立博物館資料館の役割（特集 博物館・美術館の図書室をめぐって）」（『現代の図書館』vol.57，no.3，2019）
「時間と空間を越えて伝え続けるために：東京国立博物館資料館紹介（特集 芸術と図書館）」（『専門図書館』no.303，2020）

小野　美香（おの・みか）

学習院大学大学院人文科学研究科哲学専攻博士前期課程修了
修士（哲学）
現在　東京国立博物館学芸企画部東京国立博物館百五十年史編纂室アソシエイトフェロー

阿児　雄之（あこ・たかゆき）

東京工業大学大学院情報理工学研究科計算工学専攻修了
博士（学術）
現在　東京国立博物館学芸企画部博物館情報課情報管理室長
主著　「博物館・美術館にデジタル・アーキビストは必要か？」（『これからのアーキビスト－デジタル時代の人材育成入門』勉誠出版，2014）
「デジタルアーカイブ活用の技術：美術館・博物館の例」（『入門デジタルアーカイブ』勉誠出版，2017）
「デジタルアーカイブと展示」（『展示学辞典』丸善出版，2019）

［コラム執筆者］

岡本　直佐（おかもと・なおすけ）

国立美術館情報企画室

曽木颯太朗（そぎ・そうたろう）

国立国会図書館

博物館情報学シリーズ…8

ミュージアム・ライブラリとミュージアム・アーカイブズ

2023 年 4 月 22 日　初版第 1 刷発行

〈検印省略〉

編著者ⓒ　水谷長志

発行者　大塚栄一

発行所　株式会社 樹村房

JUSONBO

〒112-0002

東京都文京区小石川5-11-7

電　話　03-3868-7321

ＦＡＸ　03-6801-5202

振　替　00190-3-93169

https://www.jusonbo.co.jp/

組版・印刷／美研プリンティング株式会社

製本／有限会社愛千製本所

ISBN978-4-88367-377-3　乱丁・落丁本は小社にてお取り替えいたします。